入門テキスト
建築環境・設備

朴 賛弼 著

Park Chanpil

学芸出版社

はじめに

　建築環境は、建築における健康で快適な生活環境を与える重要な自然の要素です。建築環境工学とは、「建築環境を数値化して、それを客観的に解釈し、工学的手法で解いてゆく学問」といえます。このような科学的に自然環境を扱う科目が「建築環境工学」です。しかし、都心部の住宅やビルでは自然エネルギーを利用した手法だけでは快適な室内環境を実現することは難しいです。そこで、エネルギーを用いる機械的な手法が必要になりますが、これが「建築設備」です。両者とも目的は、人間生活の快適性を求めることであり、「省エネルギー」を目指すことです。

　今まで頼りにしてきた化石エネルギーは、資源の枯渇と地球温暖化の問題があります。その対策として、最近の世界では SDGs とゼロカーボンの活動が行われています。このなかで、省エネルギーが絶対必要な建築は、大きな影響を与えますので、ますます、建築環境工学と建築設備の重要性が理解できるはずです。

　「建築環境工学」「建築設備」「省エネルギー」の三分野の範囲は広く、難しく感じます。そして、建築環境工学・建築設備は省エネルギーと関連する内容が多いので、当然ながら重複し、混乱する内容も多いです。本書では、この三分野を 1 冊にまとめることで、重複している部分をなくし、つながりをわかりやすくしました。そのため総合的に理解を深めることができ、この三分野が三位一体となって上手く建築に適用できれば、建築計画・設計への応用はもちろん、サステイナブル建築にもなります。

　また、建築環境工学、建築設備、省エネルギーのなかで、必ず習得しなければならない内容を解説し、演習問題と建築士チャレンジ問題を多数掲載しているので、力試しもできます。

　この一冊で、建築環境・建築設備・省エネルギーの三分野を総合的かつ効率的に勉強できるのが本書の大きな特徴です。建築環境・設備・省エネルギーを勉強する学生をはじめ、建築士を夢見る受験生にとって良いテキストになれば幸いです。また、建築設計にも応用していただけることを願っております。

2022 年 6 月　　朴 賛弼

目 次

はじめに　3

序章
サステイナブル建築に 向けて ·······················6

1章
建築環境工学 ·················11

1-0 建築環境　12

1-1 室内空気　14
1　室内空気汚染　14
2　換気　15
3　必要換気量　18

1-2 伝熱　22
1　伝熱　22
2　断熱　25

1-3 結露　30
1　空気線図　30
2　結露　32

1-4 日照・日射　37
1　日照　37
2　日影　39
3　日射　42

1-5 採光・照明　49
1　採光　49
2　照明　52

1-6 色彩　58

1-7 音・音響　65
1　音　65
2　音響　70

1-8 吸音・遮音・騒音　74
1　吸音　74
2　遮音　75
3　騒音　78

1-9 気候　84
1　外部気候　84
2　室内気候　87

1-10 地球・都市環境　93
1　地球環境　93
2　都市環境　95

2章
建築設備 ·················99

2-0 建築設備とは　100

2-1 空気調和設備　102
1　空気の混合と熱負荷　102
2　空気調和設備　103
3　冷暖房設備　110

2-2 空調機器・換気設備　116
1　空調機器　116
2　換気設備　120

2-3 給水・給湯設備　124
1　給水設備　124

2　給湯設備　129

2-4　排水・通気設備　135

1　排水設備　135
2　通気・浄化槽設備　140

2-5　衛生・ガス設備　144

1　衛生設備　144
2　ガス設備　145

2-6　電気設備　148

1　電気設備　148
2　受電設備　151

2-7　照明・通信設備　155

1　照明設備　155
2　通信設備　157

2-8　消火・防災設備　160

1　消火設備　160
2　防災設備　164
3　避雷・振動設備　166

2-9　避難・搬送設備　169

1　避難設備　169
2　搬送設備　173

2　太陽エネルギー　188

3-3　省エネルギー手法　191

1　熱の制御　191
2　ペリメーターレス手法　193

3-4　省エネルギー技術　196

1　省エネルギー設備　196
2　自然再生利用　201

3-5　蒸暑地の省エネルギー手法　203

3-6　寒冷地の省エネルギー手法　210

演習問題・チャレンジ解答　215

索引　220
おわりに・参考文献　222

3章
省エネルギー ……………177

3-0　エネルギー　178

3-1　省エネ指標　180

3-2　自然エネルギー利用　184

1　自然エネルギー　184

サステイナブル建築に向けて

（1）人間と環境

　環境とは、人や生命体を取り囲む外部のすべての要素と条件をいう。人類の歴史は環境とともに歩んできており、現在の人類の文明も環境の役割が大きい。環境は光、水、空気、土、動物、植物、景観などの**自然環境**と、家、地域、言語、政治、宗教など人々の活動によってつくられた**人工（社会）環境**に区分される（表0・1）。人間は自然から得た資源を絶えず消耗して経済活動をしている。すなわち、資源から原料を得て工場で商品を生産し、流通・消費するまで多くの資源とエネルギーを消費する。この過程で自然にたくさんの廃棄物が捨てられて環境問題が発生する。このような問題を解決することができる自浄能力やエネルギー資源には限界があるので自然環境の汚染など**環境問題**が発生している（図0・1）。

（2）環境問題

　人間の経済活動と関連する環境問題は産業革命前後であり、今はその時とその性格は大きな違いがある。産業革命以前にもギリシャとローマなどでは過多な資源消費で環境問題が発生したと伝えられている。その原因が山林資源の濫用のように比較的単純な問題であって、汚染範囲も特定地域に限られていた。一方、産業革命以後の環境問題は、科学技術の発達による産業化が主要原因であって、人類だけではなく生態系まで脅かしている。

表0・1　環境の要素と区分

自然環境	物理的環境	光、熱、風、音、雨、雪、気温、湿度、気圧、放射、ほか
	生物的環境	動物、植物、微生物
	地理的環境	地形、河川、海、山、谷、緯度、経度、時差、景観、ほか
	化学的環境	空気、水、ガス、原子力、化学物質、空気汚染、ほか
人工環境	社会的環境	家族、住まい、建築物、地域、会社、産業、交通、ほか
	刺激的環境	政治、経済、保健、宗教、教育、文化、人種、ほか

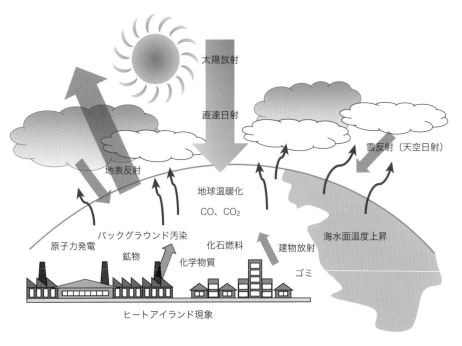

図0・1　地球環境問題

科学技術の発達は我々の日常生活を便利で豊かにするが、気候変化やオゾン層破壊、生物多様性減少、新型コロナウィルスなど環境問題を起こす原因となっている。したがって、環境問題のような産業化の副作用を最小化することや人類の持続的な発展を追求するためには、化石エネルギーを減らす**省エネルギー手法の建築環境工学**と、科学技術による**建築設備**の双方からのアプローチが必要である。

（3）建築環境工学、建築設備と省エネルギーの関連性

建築では、機能的でデザインが優れているだけでは必ずしも良い建築とは限らない。優れた建築とは、ある空間で生活し、仕事をする人間に対して、安全で衛生的であり、かつ快適な環境を与え、機能的であり、それに相応しいデザインを持つことである。

このような優れた建築において、**健康を保ち快適性**を実現するためには、建築環境と設備の手法が重要である。この両者を互いに理解して建築計画に応用すれば、健康で快適な暮らしができるとともに省エネルギーにつながり、環境問題を解決する鍵にもなる。また、省エネルギーは環境設備の主役であり、目標でもある。

建築環境では、地域の自然環境が建築物に与える空気、熱、光、水、音などを快適な室内環境のために受け入れて利用したり、逆に遮ることが重要である。この自然のエネルギーを活用するには物理的な

理論と数値的な根拠が必要である。このような科学的で**客観的な自然環境**を扱う科目が**建築環境工学**である。しかし、都心部の住宅やビルでは、伝統民家のように自然エネルギーを利用した自然的手法だけでは快適な室内環境を実現することは難しい。そこで、電気などのエネルギーを用いる**機械的な手法**が必要になる。これが**建築設備**である。

建築設備は空気、熱、光、水、音などの自然を機械装置によって、人工的にコントロールすることができる。そうすることで居住者の健康や快適性、利便性、安全性などを確保するとともに、工場などにあっては生産性を上げることができる。

現在の社会では、科学技術の進歩によりエネルギー使用が著しく増加しているが、建築計画では自然的手法を最大限利用した環境工学をもとに、その不足分を機械的手法である建築設備で補い、省エネルギー手法を用いることで**エコ（ecolygy）対策**につなげている。表0・2は、建築環境工学と建築設備、省エネルギーの関連性のなかで、主な部門と項目をまとめたものである。

（4）建築環境・設備・省エネルギーの応用

環境工学的な手法では、単独で自然エネルギーを使うことができる。一方、設備手法では、**自然エネルギーを利用して新しいエネルギーをつくることが可能である**。この2つの手法を共有すると、クリーンな一次エネルギー（➔ **3-0 エネルギー** p.178 参照）

表0・2　建築環境工学・建築設備・省エネルギーの関連性

建築環境工学		建築設備		省エネルギー	
主な部門	主な項目	主な部門	主な項目	主な部門	主な項目
空気環境	空気汚染、温熱、換気、通風	空気調和設備	換気、冷暖房、排気、還気	指標	ゼロエネルギー、環境効率、サステイナブル
光環境	日照、日影、採光、照明、色彩	電気設備	電力、受電、照明、通信	エネルギー源	地中熱、風力、海力、水力、太陽力
熱環境	日射、伝熱、遮蔽、断熱、蓄熱、結露	空気調和設備	空気、熱、温度、湿度、冷暖房	手法	エネルギー生産、遮熱、断熱、蓄熱、緑化
音環境	音響、騒音、吸音、遮音	防災設備	消火、避難、排気、警報、通信	技術	ソーラーパネル、燃料電池、ヒートポンプ、スマートハウス
都市環境	気象、気候、地球温暖化、環境問題	給排水設備、衛生設備	給水、給湯、排水、通気、ガス	効果	環境・設備応用手法、雨水利用

て、開放的な室内空間構成と畳の通気性、欄間の通風構造がある。また、過酷な寒さと雪対策として玄関が突出した中門造りやイロリの暖房設備がある。雪対策では、豪雪地域の合掌造りは屋根に積もった雪を落とすために急勾配屋根としている。また、コミセ（雁木）という軒下の通路は、大雪の時に家と村をつなぐ通路になる。

山岳地方では、自然の地形をできるだけそのまま利用した棚田や家屋が発達した。漁村では、海からの強風を抑制するための防風柵があり、台風が多く、風の影響を受ける地域では石垣と石屋根が発達した。このように古建築を見れば、自然を理解し、自然を利用し、自然の被害から守るために形成された様子がよくわかる。このような知恵は、建築環境工学、建築設備、省エネルギーが目指す**サステイナブル建築**の根本的な手法である。

温暖地域の開放的空間（鹿児島県知覧）

雪国の中門造り（新潟県荻ノ島集落）

暖房と炊事イロリ（岩手県旧星川家住宅）

強風対策の柵（山形県鶴岡市油戸集落）

雪下ろしのための急勾配屋根、合掌造り（岐阜県白川村）

雪対策の建築空間コミセ（雁木）（青森県黒石中町）

図0・8　日本の風土と建築

1章

建築環境工学

富山県菅沼集落

合掌造りは豪雪による雪下ろしの作業軽減と屋根裏の床面積拡大のため、急勾配の屋根になっている。同じ豪雪地域でも、菅沼の五箇山地方の雪は湿気を多く含み重いため、少しでも屋根から雪が落ちるように勾配が他の地域より若干急に考慮されている先人の知恵である。

建築環境は、建築における健康で快適な生活環境を与える重要な自然の要素である。建築環境工学とは、自然現象を数値化して、それを客観的に解釈し、工学的手法で解いてゆく学問といえる。この自然現象を科学的に理解できればもっと良い建築計画が可能である。

1-0 建築環境

(1) 建築環境工学の概要

　建築環境は、建築における健康で快適な生活環境を与える重要な自然の要素である。建築環境工学とは、その建築環境を数値化して、それを客観的に解釈し、工学的手法で解いてゆく学問といえる。さらに、快適な空間を満たした上に、自然的に相応しい美的感覚のデザインを含む総合的な学問である。工学というのは、課題に対して技術的に解決策を提示する学問であるので、科学的でよく組織された知識を現実的な問題解決のために体系的に適用する学である。建築環境工学の分野に関わる自然要素は、気候風土のもとで、室内環境に影響を与える空気、熱、光、色、音、雨、雪、風などがある。これらをそれぞれ、**空気環境**、**温熱環境**、**光環境**、**音環境**、**気象気候環境**と区別することができる（図1・0・1）。

　建築環境工学は日本独特の比較的新しい言葉であり、1935年頃には**計画原論**という分野が確立し、1945年頃に建築設備の認識が高まり始め、1965年になって計画原論と建築設備とが合体する形で建築環境工学と総称されるようになった。最近は世界的な環境問題、エネルギー問題の高まりを受けて建築環境工学は建築から都市にまで拡大し、多様な展開を見せている。建築環境工学は日本特有の言葉であり、英文では environmental engineering と表現する。アメリカでは環境技術であり、environmental technology という。そして、イギリスでは環境科学といい、environmental science と表現する。また、ドイツは環境物理で、environmental physics という。それぞれの国では呼び方が違っても、自然と建築を扱うものであり、根拠がある数値を使い、**客観的**に解決する点が基本的には同じである。

　すなわち、建築環境工学は建築計画・設計で必要となる科学的な問題を体系化した、応用分野である。

(2) 建築と環境

　巨大化する建築物と機械の発達によりエネルギーの消費量は増えているのが現実である。エネルギーを削減するためには建築物による環境への配慮が必要である。建築家が果たす仕事は、建築や都市などを創造することに留まらず、できるだけ化石エネルギーを使わず、その地域の風土や季節に対応した自然エネルギーを使いながら、環境汚染をさせないような建築物をつくることである。

　地球環境汚染という世界的問題に対し、自然環境に順応しながら、自然の恵みを最大限に利用する建築計画が必要である。このような環境問題は**建築環**

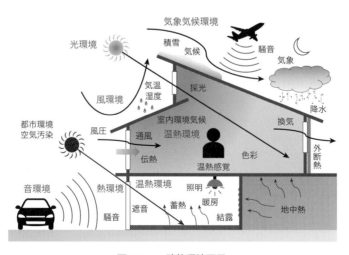

図1・0・1　建築環境因子

境分野が最も重要であることを認識するべきである。

（3）自然を可視化する環境工学

　サーモグラフィ（thermography）は、物体から放射される赤外線を分析し、熱分布を画像として行う装置であるが、この道具を使い日射が建築物に与える熱を**可視化**し、温熱環境を明確にすることが可能である。図1・0・2は韓国伝統床暖房方式であるオンドル部屋である。図1・0・3は図1・0・2の冬における15時頃のサーモグラフィ写真であり、重ねてみると熱の分布がよくわかる。下の温度バーが示す13〜42℃は、この画像の温度分布である。すなわち、黒い部分が内壁で13〜約16℃、灰色〜白色は床で約35〜42℃の温度分布になっている。床中心部の表面温度は35.1℃で、壁の表面温度は15.1℃である。1日中で床の表面温度が低い時であってもサーモ

ラフィは赤く（図では白く）なっていることがよくわかる。前日の18時に薪を1回焚きつけただけで21時間後にも室内温度は暖かく、安定している（図1・0・4）。これは石床材であるオンドルの優れた蓄熱効果を表している。

　図1・0・5は一般的な2階建ての居室であるが、図1・0・6のサーモグラフィ写真を見ると熱分布を読むことができる。窓ガラスの白赤く（図では白く）見える部分が熱負荷が大きい部分である。サーモグラフィ写真では、この室内壁の温度分布が37〜46℃であることが簡単に把握できる。このサーモグラフィは結露や雨漏り、ヒートブリッジ（熱橋）などの調査でも役に立つ**建築環境工学の技術**である。

図1・0・2　オンドル部屋

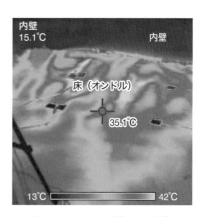

図1・0・3　サーモグラフィ写真

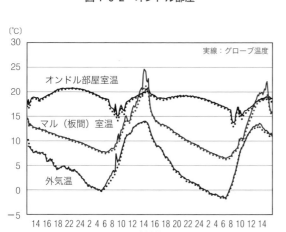

図1・0・4　冬におけるオンドル暖房の室内温熱環境

図1・0・5　現代風家の内部
2019年8月2日16時測定
外気温 32.5℃

図1・0・6　サーモグラフィ写真
2019年8月2日16時測定
外気温 32.5℃

1-1 室内空気

室内空気は、環境工学と設備に共通性する分野であり、汚染された室内空気を排出し、室内へ新鮮な空気を取り入れる**換気**と、室内の涼を得るための**通風**を扱う（図1・1・1）。

室内空気における快適な室内環境をつくり、健康な暮らしができ、建築物の結露からの被害を防ぐのが環境設備の目的である。環境工学分野では自然エネルギーによるものを扱い、設備分野では換気、冷暖房の機械的なことを扱う（**→ 2-2 空調機器・換気設備 p.116**、**2-9 避難・搬送設備 p.169** 参照）。計画

換気は気密性を高めるほうが行いやすい。

⚫ 1 室内空気汚染

(1) 室内の空気汚染物質

a) 一酸化炭素（CO）

一酸化炭素は、炭素を含んだ物質を燃やす時に発生する気体である。換気が不十分な場所における火気の使用や、コンクリート養生作業、車のガソリンエンジン、発電機の使用などで発生する。一酸化炭素中毒になると血液の酸素運搬能力が極端に低下して致命的になる。室内空気環境において、一酸化炭素は毒性が強いので、許容濃度は10 ppm[*2]（0.001%）である。一酸化炭素による人体影響は表1・1・1に示す。

b) 二酸化炭素（CO_2）

二酸化炭素濃度は、呼吸や喫煙などの生活行為や調理などの燃焼により発生し、空気中に臭気や塵埃が増えるにつれ二酸化炭素量も増える。住宅の居室において、二酸化炭素の許容濃度基準は1,000 ppm（0.1%）である。

表1・1・1　一酸化炭素濃度の人体影響

濃度〔ppm〕	濃度〔%〕	暴露時間	影響
5	0.0005	20min	高次神経系の反射作用の変化
30	0.003	8h 以上	視覚、精神機能障害
200	0.02	2〜4h	前頭部頭重、軽度の頭痛
500	0.05	2〜4h	激しい頭痛、悪心、脱力感、視力障害、虚脱感
1,000	0.1	2〜3h	脈はくこう進、けいれんを伴う失神
2,000	0.2	1〜2h	死亡

（出典：日本建築学会編『建築設計資料集成1・環境』丸善、1978年、p.140 に加筆修正）

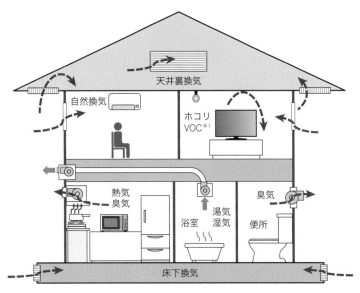

図1・1・1　室内空気汚染と換気

天井裏換気
自然換気
ホコリ VOC[*1]
熱気 臭気
湯気 湿気 浴室
臭気 便所
床下換気

図1・1・2　天井裏換気

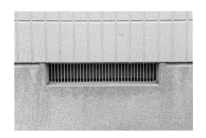

図1・1・3　床下換気

＊1　VOC（volatile organic compounds）：揮発性有機化合物を意味する。
＊2　ppm（parts per million）：微量な濃度や割合を表現する100万分の1の単位、1 ppm ＝ 1/1,000,000 ＝ 0.0001%

容積の異なる2つの居室において、それぞれの室内の二酸化炭素発生量および換気回数が同じ場合、室内の二酸化炭素濃度は、容積の小さい居室のほうが大きい居室より高くなる。二酸化炭素による人体影響は表1・1・2に示す。

c）ラドン

ラドンは無味無臭、無色で**放射性**がある気体である。住居内におけるラドンは健康に悪い影響を与えるので汚染物質である。

d）ホルムアルデヒド

ホルムアルデヒドは、身近で多く使用されている化学物質である。建材として接着剤、塗料、防腐剤などの成分として広く用いられている。日本工業規格（JIS）および日本農林規格（JAS）において定められている等級区分の表示記号では、「F☆☆☆☆」の材料は自由に使える。「F☆☆☆」、「F☆☆」の場合は使用面積に制限があり、「F☆」の場合は使用禁止である。すなわち、「F☆☆☆」より「F☆☆☆☆」のほうが放散量は小さい。

表1・1・2　二酸化炭素濃度の人体影響

濃度〔ppm〕	濃度〔%〕	影響
1,000	0.1	呼吸器、循環器、大脳などの機能に影響
40,000	4	耳鳴り、頭痛、血圧上昇が現れる
80,000～100,000	8～10	意識混濁、けいれんなどを起こし呼吸が止まる
200,000	20	中枢障害を起こし生命が危険となる

（出典：日本建築学会編『建築設計資料集成1. 環境』丸善、1978年、p.140に加筆修正）

表1・1・3　ビル管理法上の室内環境基準

温度	17℃ 以上・28℃ 以下、居室と外気温の差を少なく
相対湿度	40%以上・70%以下
二酸化炭素	1,000ppm（0.1%）以下
気流	0.5m/s以下
一酸化炭素	10ppm（0.001%）以下
浮遊粉じん	0.15mg/m³以下
落下細菌	病原体汚染防止の措置を講ずる
ホルムアルデヒド	0.1mg/m³以下
換気	粉塵・二酸化炭素・一酸化炭素・気流・VOC：空気を浄化し、流量を調節して供給する

（出典：朴賛弼・伏見建『基礎講座 建築環境工学』学芸出版社、2020、p.64）

空気調和設備が中央管理方式の居室において、許容されるホルムアルデヒドの量の上限は0.1mg/m³以下である。また、ホルムアルデヒドを発散する材料を使用した天井裏からの汚染物質の流入を抑制するためには、居室内の圧力を天井裏より低くしないことが有効である。ビル管理法上の室内環境基準を表1・1・3に示す。浮遊粉じんの量は0.15mg/m³以下とする。

（2）燃焼器具

燃焼器具には開放型、密閉型、半密閉型の3種類がある（図1・1・4）。開放型燃焼器具は、室内の酸素濃度が18%近くに低下した場合、人体に対しては生理的に大きな影響を与え、不完全燃焼をもたらすおそれがある。また、半密閉型燃焼器具も、室内空気を燃焼用に用いるため、室内の酸素濃度の低下に起因する**不完全燃焼**が発生する。

台所でガスコンロを使用する場合、換気扇の有効換気量の算定には、**理論廃ガス量**（完全燃焼したと仮定された時の燃焼廃ガス量）が関係する。

2 換気

換気の種類は大きく分けると、自然換気と機械換気がある。

（1）自然換気

a）風力換気

風力換気は風の圧力によって換気を行う現象をいう。風がなければ効果はない。建物の外壁面に風が

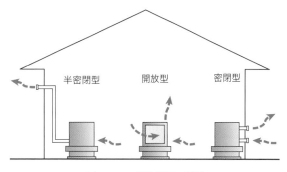

図1・1・4　燃焼機器の種類

＊3　正圧：室内気圧が周囲よりも高くなり、空気を押す力が発生（＋圧）。

当たった時、風上側では**正圧**[*3]（＋圧）が作用し、風下側では**負圧**[*4]（−圧）となり、風の移動により換気が行われる（図1・1・5）。風力による換気量の計算式は次の通りである。

$$Q = \alpha \times A \times \nu \times \sqrt{C_1 - C_2} \quad [\mathrm{m^3/h}]$$

Q：換気量〔$\mathrm{m^3/s}$〕 × 3,600 ＝〔$\mathrm{m^3/h}$〕
α：流量係数（表1・1・4）
A：合成開口部面積〔$\mathrm{m^2}$〕
ν：風速〔$\mathrm{m/s}$〕
C_1：風上側風圧係
C_2：風下側風圧係数

開口部に風圧力が作用した時の換気量は、外部風向と開口条件が一定の場合、外部風速に比例する。また、風圧係数の差の**平方根に比例する**。

b）重力換気（温度差換気）

高さがある室内において、屋内の温度よりも外気温が低い場合、下階には外気が入ってくる力が生じ、暖かい屋内の空気は上部から流出する力が生じる。これを利用したものが、温度差換気である（図1・1・6）。

温度差による自然換気を重力換気といい、開口部の高低差と室内外の温度差が大きいほど換気量は多くなる。これは、室内側と室外側にある温かく軽い空気と冷たくて重い空気の圧力差を換気駆動力とするもので、給排気口の高低差が大きいほど換気能力は高くなる。

季節では日較差が小さい夏より大きい冬のほうが換気量は多くなる。温度差による換気において、外気温度が室内温度よりも高い場合、外気は中性帯よりも上側の開口から流入する。

重力換気量の式は次の通りである。

$$Q = \alpha \times A \times \sqrt{\frac{2 \times g \times h(t_i - t_o)}{273 + t_i}}$$

Q：換気量〔$\mathrm{m^3/s}$〕 × 3,600 ＝〔$\mathrm{m^3/h}$〕
α：流量係数（表1・1・4）
A：合成開口部面積〔$\mathrm{m^2}$〕
g：重力加速度（9.8〔$\mathrm{m/s^2}$〕）

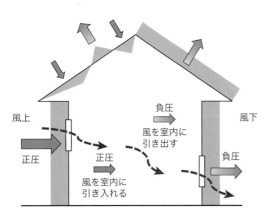

図1・1・5　風力換気

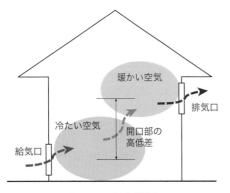

図1・1・6　温度差換気

表1・1・4　流量係数

名称	形状	流量係数 α	圧力損失係数 ζ	備考
通常開口部		0.65 〜 0.70	2.4 〜 2.0	単純な窓など
オリフィス型		0.60	2.78	刃型
ベルマウス型		0.97 〜 0.99	1.06 〜 1.02	なめらかな吸込口
ルーバー型	β 90° 70° 50° 30°	0.70 0.58 0.42 0.23		よろい戸 ガラリ

（出典：日本建築学会編『換気設計、設計計画パンフレット18』彰国社、1965年に加筆修正）

*4　負圧：室内気圧が周囲よりも低くなり、空気を引っ張る力が発生（−圧）

h：流入口と流出口の高低差〔m〕

273：絶対温度〔K〕

t_i：室内温度〔℃〕

t_o：室外温度〔℃〕

外気に面して上下に同じ大きさの2つの開口部がある室において、無風の条件で温度差換気を行う場合、換気量は、内外温度差および開口高さの差の**平方根に比例する**。

・中性帯

中性帯とは、図1·1·7のように上下に開口部がある場合に、内外の圧力差が等しくなる床と天井の中間あたりをいう。中性帯より下方から外気が流入するのは、室内温度より外気温が低い冬期である。

一方、外気温度が室内温度よりも高い夏期の場合、外気は中性帯よりも上側の開口から流入する。大きさの異なる上下の2つの開口部を用いて、無風の条件で温度差換気を行う場合、中性帯の位置（高さ）は、有効開口面積が**大きい**ほうの開口部に近づく。

・空気齢

空気齢は、図1·1·8に示すように流入口から室内に入った所定量の空気が、室内のある地点に到達するまでに**経過する平均時間**である。空気齢が短いほど空気が新鮮である。

（2）機械換気

a）第1種機械換気

第1種機械換気方式は、図1·1·9aのように給排気ともに機械換気設備を用いることにより、室内の気圧を正圧にも負圧にも制御できる。この方式は、機械により新鮮な空気を入れ、汚れた空気を排出することが自由自在にできるので、効率の良い換気計画が可能である。電気室、ボイラー室、大規模空間や調理室などで用いられる。

b）第2種機械換気

第2種機械換気方式は、図1·1·9bのように給気を送風機で行い、排気を換気口で行う方式である。強

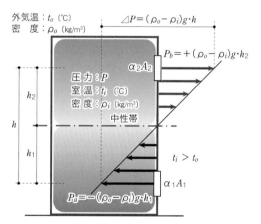

図1·1·7 重力換気（温度差換気）

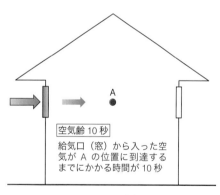

図1·1·8 空気齢

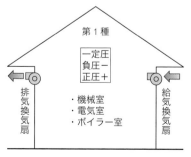

a. 第1種機械換気

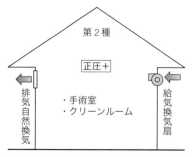

b. 第2種機械換気

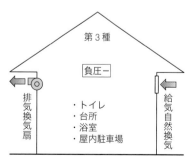

c. 第3種機械換気

図1·1·9 機械換気

17

制的に給気が行えることから、室内は**正圧**とすることができる。正圧は、大気圧より高い状態にあるため、室内より室外へ空気を押し出すので、外部からの汚染空気を入れたくない室内に用いられる。すなわち、室内への汚染空気の流入を防ぐことができる。手術室やクリーンルームなどのように、汚染空気が周囲から流入してはならない室においては、第2種機械換気または室内を正圧にした第1種機械換気とする。

c) 第3種機械換気

第3種機械換気方式は、図1・1・9cのように室内の汚染空気を**排出**することができるので、トイレや浴室、厨房など水回りや臭気を発生する室に用いられる。すなわち、汚染空気を機械換気設備により排気をすることで、室内が**負圧**となり新鮮な空気が流入する。

住宅の場合、居室に設ける自然給気口は、床面からの高さを1.6m以上とすることが望ましい。

● 3 必要換気量

(1) 換気回数による必要換気量

居室の換気回数は、室において1時間当たりの換気量を**室容積**で除した値である。言い換えれば、室容積は必要換気回数を用いて必要換気量を求める場合に用いる。居室の1人当たり必要換気量は表1・1・5の通りである。

・換気回数：n〔回/h〕とは、換気をするべき室の

空気が、1時間に何回、入れ替わるかを表したものである。

$$Q = n \times V \qquad n = \frac{Q}{V}$$

Q：必要換気量〔m³/h〕

n：換気回数〔回/h〕

V：室の容積〔m³〕

必要換気回数が0.5回/hの室とは、1時間で0.5回換気を行うことである。すなわち、2時間に1回は、室容積と同じ量の新鮮な空気を入れ替える必要がある。

(2) 必要換気量計算

汚染質除去を目的とした単位時間当たりの必要換気量は、「単位時間当たりの室内の汚染質発生量」を「室内の汚染質濃度の許容値と外気の汚染質濃度との差」で除して求めることができる。これは、室内許容濃度と新鮮外気の汚染質濃度との差に反比例し、室内の汚染質発生量に正比例することになる。必要換気量は、室内の二酸化炭素濃度を基準にして算出するが、人から排出される発生量をk〔m³/h〕とした時、次のような式が成立する。

$$Q = \frac{k}{P_i - P_o}$$

Q：必要換気量〔m³/h〕

k：室内二酸化炭素（汚染質）発生量〔m³/h〕

表1・1・5　居室の必要換気量参考値

室名	標準在室密度〔m²/人〕	必要換気量〔m³/(m²・人)〕	室名	標準在室密度〔m²/人〕	必要換気量〔m³/(m²・人)〕
事務所（個室）	5.0	6.0	劇場・映画館（普通）	0.6	50.0
事務所（一般）	4.2	7.2	劇場・映画館（高級）	0.8	37.5
銀行営業室	5.0	6.0	休憩室	2.0	15.0
商店売場	3.3	9.1	娯楽室	3.3	9.0
デパート（一般売場）	1.5	20.0	小会議室	1.0	30.0
デパート（食品売場）	1.0	30.0	バー	1.7	17.7
デパート（特売場）	0.5	60.0	美容室・理髪室	5.0	6.0
レストラン（普通）	1.0	30.0	住宅・アパート	3.3	9.0
レストラン（高級）	1.7	17.7	食堂（営業用）	1.0	30.0
宴会場	0.8	37.5	食堂（非営業用）	2.0	15.0
ホテル客室	10.0	3.0			

（出典：空気調和・衛生工学会換気規格HASS102）

P_i：居室の二酸化炭素の許容濃度（室内汚染濃度）、0.1% ＝ 1,000 ppm ＝ 0.001

P_0：外気の二酸化炭素濃度（室外汚染濃度）

成人1人当たり0.015 m³/hの二酸化炭素を発生するが、例えば、外気の二酸化炭素濃度が0.03%で、室内の許容濃度が0.1%の場合、必要換気量は次式のようになる。

$$\frac{0.015}{0.001 - 0.0003} = 21 \ [\text{m}^3/\text{h}]$$

一般的に、居室における必要換気量は、20〜35 m³/h・人を推奨値としている。建築基準法上の必要換気量の最低値は、20 m³/(h・人) 以上であり、成人1人当たり30 m³/h程度とされている。

（3）汚染物質発生量

定常状態[*5]を想定した場合、室の容積によらず、その室の汚染物質の発生量kは、許容濃度P_iおよび外気中の汚染物質の濃度P_0により求めることができる。

$$k = Q \times (P_i - P_0)$$

上の式より汚染物質が発生する室の必要換気量（Q）は、汚染物質の発生量（k）によって変化し、その室の容積の**大小によって変化しない**。

しかし、ある建築物の容積の異なる2つの室において、室内の二酸化炭素発生量〔m³/h〕および換気回数（回/h）が同じ場合、定常状態での室内の二酸化炭素濃度〔%〕は、容積が**大きい室より小さい室**のほうが高くなる。この場合、

$$Q = n \times V = \frac{k}{P_i - P_o}$$
$$P_i - P_o = \frac{k}{n \times V}$$

より、Vが小さくなるとP_iは大きく（高く）なる。

（4）燃焼器具に対する必要換気量

$$Q = N \times K \times q$$

Q：必要換気量〔m³/h〕

N：定数（図1・1・10）

K：理論廃ガス量〔m³/kWh〕、〔m³/kg〕

q：燃料消費量または発熱量〔m³/h〕、〔kg/h〕または発熱量〔kW/h〕

定数Nは換気扇やレンジフードの形状によって変わり、理論廃ガス量Kは燃料の種類によって変わる。

開放型燃焼器具に対する必要換気量は、一般に、燃料消費量に対する理論廃ガス量の40倍である。

（5）室内換気

a）全般換気

室における全般換気とは、**室全体**に対して換気を行い、その室における汚染物質の濃度を薄めることをいう。すなわち、室全体の空気を入れ替えることにより、室内で発生する汚染物質の希釈、拡散および排出を行う換気方式のことである（図1・1・11、図1・1・12）。全般換気は、建築物全体に換気の経路を

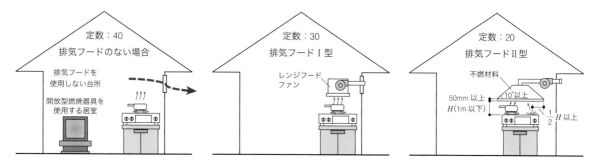

図1・1・10　燃焼器具に対する必要換気量の定数

*5　定常状態：時間的に一定して変わらない状態を意味し、環境設備分野で使われる概念である。定常状態の空気の質量は、外部から室内へ流入する時と、室内から外部へ流出する時では等しい。非定常状態は定常状態の反対の意味で、様々な現象において、ある安定な状態に到達するまでの過程を意味する。

計画し、外気を常に室内へ取り込むものである。2階建ての住宅において、屋内の温度よりも外気温が低い場合、下階には外気が入ってくる力が生じ、上階には屋内の空気が出ていく力が生じる。

b) 局所換気

居室全体を換気する全般換気に対して、台所（厨房）や便所のように一時的で、**一部分だけ行う換気**を局所換気という（図1·1·13、図1·1·14）。

図1·1·11　伝統民家の全般換気

図1·1·13　台所の局所換気

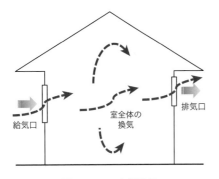

図1·1·12　全般換気

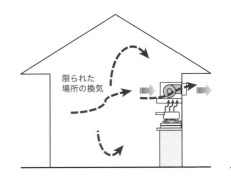

図1·1·14　局所換気

演習問題─ 1·1　室内空気

1) 風速2m/sの場合、開口部面積は0.8m²であり、流量係数を0.7とした時の風力による換気量を求めよ。風力係数は、風上側が＋0.8、風下側が−0.5とする

2) 次の条件における換気量を求めよ。
   ・室温17℃、外気温2℃で風のない状態とする。
   ・流入・流出口の開口部は、引き違い窓で、その合成面積は0.8m²であり、流入窓と流出窓の高さは3mとする。
   ・流量係数を0.7とする。

3) 室容積が25m³の居室で5人がいる時の換気量と換気回数を求めよ。ただし、1人当たりの二酸化炭素排出量は0.02m²/h、外気二酸化炭素濃度は300ppm、室内二酸化炭素許容濃度は1,000ppmとする。

4) 室内の空気汚染物質のなかで、一酸化炭素と二酸化炭素の許容値をppmと％で述べよ。

5) VOCとホルムアルデヒドについて説明せよ。

6) 風力換気と重力換気の違いについて説明し、それぞれの換気量を求める式を書け。

7) 空気齢について述べよ。

8) 機械換気の種類を述べ、それぞれの室内の圧力を明らかにせよ。

9) 換気回数を求める式を書き、説明せよ。

10) 全般換気と局所換気について、それぞれの特徴を述べよ。

建築士チャレンジ問題 1・1 室内空気

【1】室内空気に関する次の記述のうち、**最も不適当な**ものはどれか。

1.日本工業規格(JIS)および日本農林規格(JAS)において、「F☆☆☆」より「F☆☆☆☆」のほうが放散量は小さい。

2.台所でガスコンロを使用する場合、換気扇の有効換気量の算定には、理論廃ガス量が関係する。

3.室内空気環境において、一酸化炭素は毒性が強いので、許容濃度は 0.001%（10 ppm）である。

4.局所換気とは居室全体を換気する全般換気に対して、台所やトイレのように一時的で、一部分だけ行う換気をいう。

5.住居内におけるラドンはラドン温泉のように健康に良いので汚染物質ではない。

【2】室内換気に関する次の記述のうち、**最も不適当な**ものはどれか。

1.居室における必要換気量は、一般に、成人 1 人当たり 30 m³/h 程度とされている。

2.第 2 種機械換気方式は、強制的に給気が行えることから、室内は負圧とすることができる。

3.温度差による自然換気を重力換気といい、開口部の高低差と室内外の温度差が大きいほど換気量は多くなる。

4.必要換気量は、室内の二酸化炭素濃度を基準にして算出する。

5.中性帯より下方から外気が流入するのは、室内温度より外気温が低い冬期である。

【3】室内換気に関する次の記述のうち、**最も不適当な**ものはどれか。

1.汚染物質が発生する室の必要換気量は、汚染物質の発生量によって変化するが、汚染物質の発生量が同じ場合はその室の容積の大小によって変化しない。

2.必要換気回数が 2 回/h とは、1 時間で 2 回換気を行うことである。

3.第 3 種機械換気方式は、トイレや浴室、厨房などに用いられる。

4.居室の換気回数は、室において 1 時間当たりの換気量を室面積で除した値である。

5.計画換気は気密性を高めるほうが行いやすい。

【4】外気温度 0℃、無風の条件の下で、図のような上下に開口部を有する断面の建築物 A・B・C がある。室内温度がいずれも 20℃ に保たれ、上下各々の開口面積がそれぞれ 0.5 m²、0.6 m²、0.7 m²、開口部の中心間の距離がそれぞれ 3 m、2 m、1 m である時、建築物 A・B・C の換気量 Q_A・Q_B・Q_C の大小関係として、**正しい**ものは、次のうちどれか。ただし、いずれの開口部も流量係数は一定とし、中性帯は開口部の中心間の中央に位置するものとする。

1. $Q_A > Q_B > Q_C$
2. $Q_B > Q_A > Q_C$
3. $Q_B > Q_C > Q_A$
4. $Q_C > Q_B > Q_A$
5. $Q_A = Q_B = Q_C$

開口部面積は
上下各々 0.5m²
建築物 A

開口部面積は
上下各々 0.6m²
建築物 B

開口部面積は
上下各々 0.7m²
建築物 C

【5】室内換気に関する次の記述のうち、**最も不適当な**ものはどれか。

1.半密閉型燃焼器具は、室内空気を燃焼用に用いるため、室内の酸素濃度の低下に起因する不完全燃焼が発生する。

2.定常状態の空気の質量は、外部から室内へ流入する時と、室内から外部へ流出する時では等しい。

3.風力による換気量は、同一風向の場合、風圧係数の差の平方根に反比例する。

4.温度差による換気において、外気温度が室内温度よりも高い場合、外気は中性帯よりも上側の開口から流入する。

5.容積の異なる 2 つの居室において、それぞれの室内の二酸化炭素発生量および換気回数が同じ場合、定常状態での室内の二酸化炭素濃度は、容積の小さい居室のほうが大きい居室より高くなる。

1-2 伝熱

　伝熱は、自然現象では平衡を維持するために高い所から低い所へ移動する傾向があるが、熱も高温側から低温側へ移動する自然現象である。設備分野では空調設備のなかで熱負荷（→ **2-1 空気調和設備** p.103 参照）に関わりがある。

1 伝熱

(1) 熱の伝わり

　熱の伝わりは、物質間を伝わる**伝導**、流体（液体や気体）の温度差による移動の**対流**、電磁波によって伝わる**放射**（輻射）がある（図1・2・1）。

　壁体両面空気温度または表面温度を長時間一定に保った後も、壁体内の各部の温度が時間の経過によって変化せず、熱流量が一定である場合の伝熱過程を**定常伝熱**という。一方、時間的要素を考慮したものを**不定常伝熱**（非定常伝熱）という。

a) 伝導：conduction

　伝導は、物質内部に温度差がある場合、温度が高いほうから低いほうへ熱エネルギーが移動する現象をいう。稠密な**固体**や静止している流体の中では、伝導、対流、放射のうち、伝導のみが生じる。

b) 対流：convection

　対流とは、ある空間の空気が温度差によって生じる**流体**となって、その空間の熱平衡のため、熱移動する現象である。温かい空気は膨張し、軽くなるので上へ、冷たい空気は重くなるので下へ移動する。

c) 放射（輻射）：radiation

　放射は、真空中においても生じ、ある物体からほかの物体へ**赤外線**（電磁波）によって直接伝達される熱の移動現象である。伝導と対流は熱を伝える媒体が必要であるが、放射の場合は熱が電磁波として伝わるので、空気のない真空状態でも熱は伝わる。放射熱の電磁波は不透明な物体があれば防ぐことが可能である。これを日傘効果という（図1・2・2）。物体から出る放射の強さは、周囲の物質には関係なく、その物体の温度と表面の状態によって決まる。

(2) 熱貫流

　熱貫流は建築物で熱伝達→熱伝導→熱伝達による熱の流れをいう（図1・2・3）。いわば、単層壁の熱貫

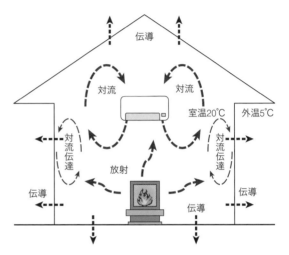

図1・2・1　熱の伝わり

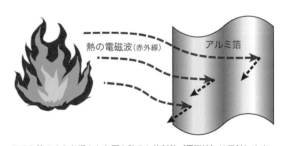

アルミ箔のような滑らかな面を貼ると放射熱（電磁波）は反射しやすい

図1・2・2　放射熱（電磁波）の性質

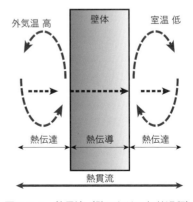

図1・2・3　熱貫流（壁における伝熱過程）

流率に影響する3つの要素は、壁体表面の熱伝達率、壁体材料の熱伝導率、壁体の厚さである。

a) 熱伝導率

熱伝導率は、材料内の熱の伝わりやすさを表すもので、その値が大きいほど熱を伝えやすい。木材（軽量）が0.13 W/(m·K)で、コンクリートは1.4 W/(m·K)となっていることから、木材の熱伝導率は普通コンクリートの1/10程度である。熱伝導率は、金属＞普通コンクリート＞木材という順になっている（表1·2·1）。木材の熱伝導率は、一般に、グラスウールの3～4倍程度である。

一般的には、かさ比重（見かけの密度）が大きくなると熱伝導率は大きくなるが、**グラスウールの熱伝導率は、繊維の太さが同じであれば、かさ比重（密度）が大きいほど小さい**。これは、**繊維系断熱材**は内部で生じる空気の流動性が抑制され、断熱効果が上がるからである。つまり、グラスウールは容積当たりの重量が大きいほうが、熱伝導率は小さくなる特性がある。同種の**発泡性断熱材**において、空隙率が同じ場合、一般に、材料内部の**気泡寸法**が大きいものほど、熱伝導率は**大きくなる**。

b) 熱伝達率

熱伝達は、壁面などの固体表面とそれに接している空気との間に生じる熱移動現象のことである。壁面に当たる**風速が大きい**と強制対流による伝熱が大きくなるため、熱伝達率の値は**大きくなる**。また、壁面**表面が粗く**なると表面積が大きくなるので、熱伝達率の値は**大きくなる**。室内において、自然対流熱伝達率は、熱の流れる方向と室温・表面温度の分布によって変化し、室温が表面温度より高い場合、床面より天井面のほうが大きな値となる。

・総合熱伝達率

外壁面が外気温度に等しい黒体で覆われていると仮定し、日射や夜間放射の影響がないものとみなした値である。

・熱伝達抵抗

熱伝達率の逆で、外気から壁体表面への熱の伝わりにくさである。熱伝達抵抗の数値が**大きい**と熱伝達率は小さくなり、**断熱効果がある**。壁体の室外側表面の熱伝達抵抗の値は、室内側に比べて小さくなる。

表1·2·1　主要材料の熱伝導率

材料名	熱伝導率 λ 〔W/(m·K)〕	密度 P 〔kg/m³〕	比熱 c 〔kJ/(kg·K)〕
銅板	372	8,900	0.4
アルミ板	209	2,700	0.9
鉄板	44	7.900	0.5
モルタル	湿潤(80%)：1.5 乾燥：1.3	2,200	0.8
コンクリート	1.4	2,200	0.9
板ガラス	0.8	2,500	0.8
軽量コンクリート	0.7	1,700	1.1
煉瓦	0.6	1,700	0.9
合板	0.16	550	2.1
ALC板	0.15	600	1.1
石膏ボード	0.14	860	1.1
木材	0.13	330	2.1
ロックウール板	0.062	35	0.8
グラスウール	0.043	20	0.8
発泡ポリスチレン	0.033	30	1.5
水	0.6	1,000	4.2
空気	0.025	1.2	1.006

（出典：日本建築学会編『建築設計資料集成1.環境』丸善、1978年、p.119に加筆修正）

図1·2·4　繊維系断熱材グラスウール（出典：旭ファイバーグラスカタログ）

図1·2·5　発泡性断熱材スチロール（提供：大平茂男氏）

c) 熱貫流率

熱貫流率は、屋根、壁、床について室内外の温度差が1℃である時、1時間に壁1m²を通過する熱量をいう。熱貫流率の数値が小さいほど熱が通りにくく、**断熱性能が良い**。熱貫流率 K〔W/(m²·K)〕は、次の式で求められる。

$$K = \frac{1}{R} = \frac{1}{\dfrac{1}{\alpha_o} + \sum \dfrac{d_n}{\lambda_n} + \dfrac{1}{\alpha_i}}$$

K：熱貫流率〔W/(m²·K)〕

R：熱貫流抵抗〔m²·K/W〕

α_o：室外の熱伝達率〔≒ 29 W/(m²·K)〕

α_i：室内の熱伝達率〔≒ 9 W/(m²·K)〕

λ_n：壁体材料の熱伝導率〔W/(m·K)〕
　　　（表1·2·1 参照）

d_n：壁を構成する材料の厚さ〔m〕

外壁表面の放射率が大きくなると、熱貫流率は大きくなる。熱貫流率は材料によって異なり、低放射ガラスの熱貫流率は、普通ガラスに比べて小さい。

外壁の熱貫流率は、外壁と屋根や床などとの取合い部における熱伝導を考慮しないと、構造体の室外側で断熱しても、材料など諸条件が同じである場合、熱貫流率は変わらない。木造建築物の外壁にグラスウールを充填しても、ほかの部分に充填する時に比べて熱貫流率は大きくなる。これは木部の**接合部のヒートブリッジ（熱橋）現象**（p.27 参照）の影響によるものである。

熱貫流抵抗 R〔m²·K/W〕は、K（熱貫流率）の逆数である。単層壁の熱貫流抵抗は、同一の材料で壁の厚さを2倍にしても2倍にはならない。外壁を構成する各部材の熱伝導抵抗が大きくなると、熱貫流率は小さくなり、断熱効果がある。

d) 熱貫流量

単位面積当たりの熱貫流量 Q〔W/m²〕は、次の式で求められる。

$$Q = K \times A \times \triangle t$$

例題1

冬期において、図のような建築物の壁体の熱貫流率を求めよ。
条件は下記の通りである。

K：熱貫流率〔W/(m²·K)〕

A：外壁の面積 = 20 m²

t_o：外気温 = − 5℃

t_i：室内気温 = 20℃

α_i：室内側の熱伝達率 = 9 W/(m²·K)

α_0：屋外側の熱伝達率 = 23 W/(m²·K)

λ_1：モルタルの熱伝導率 = 1.5 W/(m·K)

λ_2：鉄筋コンクリートの熱伝導率 = 1.4 W/(m·K)

λ_3：プラスターの熱伝導率 = 0.8 W/(m·K)

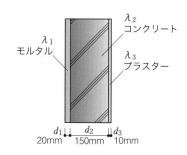

d_1：モルタルの厚さ = 20 mm（0.02 m）

d_2：鉄筋コンクリートの厚さ = 150 mm（0.15 m）

d_3：プラスターの厚さ = 10 mm（0.01 m）

解答

$K = \dfrac{1}{\dfrac{1}{\alpha_o} + \sum \dfrac{d_n}{\lambda_n} + \dfrac{1}{\alpha_i}}$　式を利用する。

$$K = \frac{1}{\dfrac{1}{23} + \dfrac{0.02}{1.5} + \dfrac{0.15}{1.4} + \dfrac{0.01}{0.8} + \dfrac{1}{9}}$$

$$= \frac{1}{0.043 + 0.013 + 0.107 + 0.013 + 0.111}$$

$$= \frac{1}{0.287} = 3.5 \ \text{W/(m}^2\text{·K)}$$

Q：熱貫流量〔W/m²〕

K：熱貫流率〔W/(m²·K)〕

A：壁の面積〔m²〕

$\triangle t$：$t_o > t_i$ の場合は $(t_o - t_i)$

$t_i > t_o$ の場合は $(t_i - t_o)$

t_o：外気温度〔℃〕

t_i：室内温度〔℃〕

🔊 2 断熱

断熱とは、熱が移動できないようにすることである。断熱効果として、熱抵抗が大きいほど断熱性が良い。これらの逆数である熱貫流（伝導、伝達）率は、値が小さいものほど断熱性が良い。

外皮の断熱や気密の性能を高めることは、室温と室内表面温度との差を小さくすることができ、室内の上下の温度差も小さくすることができる。冬期の夜間において、断熱防水を施した陸屋根の外気側表面温度は、外気温が同じであれば、快晴日より曇天日のほうが高く、熱貫流率が小さくなり、断熱性能は向上する。その理由は曇天日のほうが温度差（$t_i - t_o$）が小さいからである。

(1) 断熱の種類

a) 外断熱

外断熱は壁体の室外側に断熱材を入れる工法である（図1·2·6）。

鉄筋コンクリート造建築物において、暖房により室温を一定に保っていた場合、暖房停止後の室温の低下は、外壁の構成材料とその厚みが同じであれば、内断熱工法より外断熱工法のほうが小さい。鉄筋コ

ンクリート造の建築物は、断熱・蓄熱性能に優れているため、室内空気の温度変化は少ない。また、ヒートブリッジ（熱橋）ができにくく、結露を防止する効果がある（図1·2·7a）。

b) 内断熱

内断熱は壁体の室内側に断熱材を入れる工法である。集会場、講堂などのように常に使う室より、短い時間で暖め、たまに使う室は、内断熱のほうが早く暖まるので有利である。ただし内断熱は、冬になると室内側の水蒸気分圧が室外側よりも高くなり、水蒸気が断熱材を浸透する過程で冷やされ、内部結露が発生しやすくなる（図1·2·7b）。

c) 断熱性

外壁の断熱性を高めると、窓からの日射の影響による室温の上昇は大きくなる。冬期において、繊維系の断熱材を用いた外壁の断熱層内に通気が生じる時には、外壁の断熱性が低下するおそれがある。

d) 中空層

複層ガラスの中空層（図1·2·8）において、内部が真空であっても、伝導、対流による熱移動は生じないが、放射（電磁波）によって熱移動が生じ、複層ガラスの熱貫流率は、0（ゼロ）ではない。これは、次の式で説明ができる。

$$K = \frac{1}{r_i + r_k + r_o}$$

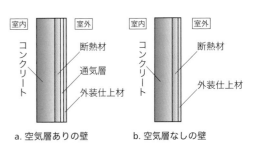

a. 空気層ありの壁　　　b. 空気層なしの壁

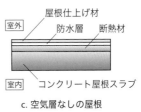

c. 空気層なしの屋根

図1·2·6 鉄筋コンクリートの外断熱

例題 2

例題1で、冬期において外気温−5℃、室温20℃、外壁20m²の時、この外壁から流出する熱貫流量を求めよ。

解答

$Q = K \times A \times (t_i - t_o)$ 式を利用する。

$Q = 3.5 \times 20 \times 25 = 1,750$〔W〕

K：熱貫流率〔W/(m²・K)〕

r_i：室内側表面熱抵抗〔m²・K/W〕

r_k：壁の熱伝導抵抗〔m・K/W〕

r_o：室外側表面熱抵抗〔m²・K/W〕

であり、r_k が 0 になっても熱貫流率は 0 にならない。

　壁体内の密閉された中空層の熱抵抗は、中空層の厚さが 100 mm を超えるとほとんど変化しない（図 1・2・9）。また、真空状態ではない場合は、図 1・2・10 のように中空層の中で対流が発生し、熱を伝えるため、熱抵抗は小さくなる。しかし、壁体内の中空層の表面の片側をアルミ箔で覆うと、放射熱になる電磁波が反射するので伝熱しにくく、壁体の熱抵抗は大きくなる。

e）二重窓

　二重窓における外側窓のガラスの室内側表面の結露を防止するためには、外側サッシの気密性を高くするより**内側サッシの気密性を高くする**ほうが効果的である。冬期の場合、外側のサッシの気密性を高くすると、室内の湿気を含む暖かい空気が内側のサッシを通過し、外側サッシの内側で止まるので、こ

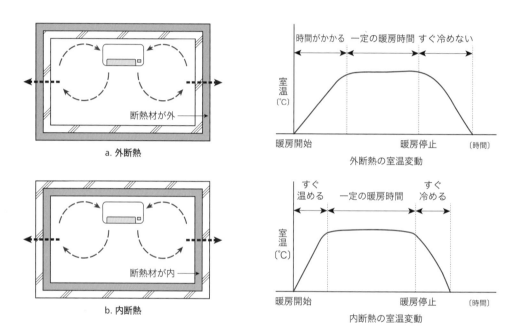

図 1・2・7　外断熱と内断熱の室温変動

図 1・2・8　飛行機の中空層二重窓

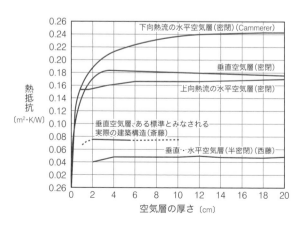

図 1・2・9　空気層の厚さと熱抵抗の関係

（出典：日本建築学会編『建築設計資料集成 1. 環境』丸善、1978 年、p.122 をもとに作成）

の部分で結露しやすくなる。

（2）熱移動現象

a）ヒートブリッジ（熱橋現象）

ヒートブリッジ（熱橋）とは、建築物内外で**熱が伝わりやすくなる現象**をいう（図1・2・11）。窓枠、庇と壁、壁と屋根、壁と床の接合部位などで発生しやすい。

外壁において、ヒートブリッジ（熱橋）部分の室内側表面温度は、熱橋部分以外の部分に比べて、外気温度に近くなり、熱貫流率も高くなる。

鉄筋コンクリート構造では、コンクリート自体にヒートブリッジが生じるが、外断熱工法にすると、コンクリートの外側で断熱するため、温度差が小さくなることで結露を防止する効果がある。

b）コールドドラフト

窓付近に生じるコールドドラフトは、室内空気が窓のガラス面で冷やされることによって重くなり、床面に向けて降下する現象である。

c）熱損失係数（Q値）

熱損失係数は、建築物の断熱性や保温性を評価する数値である。その数値が小さいほど断熱効果が良いとされている。気密性を高めると熱の出入りは小さくなり、熱損失係数の値も小さくなる。例えば、従来の住宅と高断熱の住宅を比較した場合、熱の出入りは高断熱の住宅のほうが少ないので、**熱損失係数は小さくなる**（図1・2・12）。

（3）蓄熱

蓄熱とは、熱を蓄える意味で、蓄熱を利用することで省エネルギーになる。

a）比熱

建築材料などの物質1kgの温度を、1K上昇させるのに必要な熱量を比熱という。主な建築材料の比熱を表1・2・2に示す。

b）熱容量

熱容量とは建築材料において蓄熱するエネルギー量のことであり、比熱との関係は、

$$\text{熱容量 } Q\ [\text{kJ/K}] = \text{比熱 }[\text{kJ/kg·K}] \times \text{質量}[\text{kg}]$$

である。材料の比重と質量に比例し、値が大きいほど熱容量は大きい。熱容量が大きい外壁の場合は、日射の影響などによる外気温度の影響を受けにくい。これに伴い、室温の変化は緩慢となり、変動の幅が少なくなるが、室温の最高点と外気温の最高点とは、時間のずれ（**タイムラグ**）が発生する（図1・2・13）。

物質の熱容量が小さくなると、熱の吸収による温度上昇と放出による温度降下が早くなり、蓄熱現象が生じにくい。

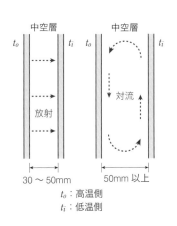

図1・2・10 空気層の熱の移動

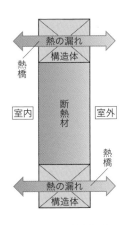

図1・2・11 熱橋現象

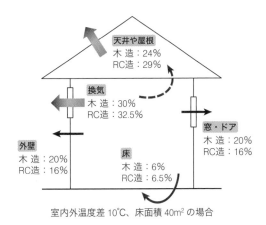

室内外温度差10℃、床面積40m²の場合

図1・2・12 熱損失

（原典：藤井正一『住宅の室内気候入門』彰国社、出典：日本建築学会編『建築設計資料集成1.環境』丸善、1978年、p.97をもとに作成）

表 1・2・2　建築材料の比熱

建築材料	比熱〔kJ/kg・K〕
水	4.18
木材	1.25
空気	1.00
コンクリート	1.05
板ガラス	0.77
鋼材	0.48

（出典：日本建築学会編『建築設計資料集成 1. 環境』丸善、1978 年、p.119、135 をもとに作成）

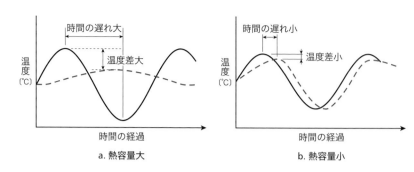

図 1・2・13　熱容量によるタイムラグ

例題 3

表 1・2・2 を参考に、図に示す鋼板 Q_1、コンクリート Q_2、水 Q_3 の熱容量を求めよ。

ただし、密度〔kg/m³〕は、鋼板 7,860、コンクリート 2,400、水 1,000 とする。

鋼板　1m×1m×3cm

コンクリート　1m×1m×10cm

水　1m×1m×20cm

解答

熱容量 Q ＝比熱 × 質量 m の式を利用する。

質　量 m ＝鋼板 $7,860 × 1 × 1 × 0.03 = 236\,kg$

コンクリート $2,400 × 1 × 1 × 0.1 = 240\,kg$

水 $1,000 × 1 × 1 × 0.2 = 200\,kg$

鋼板 Q_1：$0.48 × 236 = 113.3\,kJ/K$

コンクリート Q_2：$1.05 × 240 = 252\,kJ/K$

水 Q_3：$4.18 × 200 = 836\,kJ/K$

この結果から、質量が一番小さい水の熱容量が大きく、風呂の湯は冷めにくいことがわかる。

演習問題 — 1・2　伝熱

1）熱貫流率が $1.0\,W/(m^2・K)$ の壁体に、熱伝導率が $0.04\,W/(m・K)$ の断熱材を 40 mm の厚さで設けた時、壁体の熱貫流率はいくらになるか？

2）熱貫流率が $1.0\,W/(m^2・K)$ の壁体について、熱伝導率 $0.03\,W/(m・K)$ の断熱材を用いて熱貫流率を $0.4\,W/(m^2・K)$ とするために、必要となる断熱材の厚さは？

3）下記の条件により計算した外壁、窓および天井の熱損失の合計値は？

ただし、定常状態とする（定常状態とは、熱の出入りがなく温度差などが一定である状態をいう）。

条件　イ．外壁（窓を除く）の面積：180 m²　　ロ．窓の面積：15 m²　　ハ．天井の面積：70 m²

ニ．外気温：0℃　　ホ．室温：20℃　　ヘ．外壁の熱貫流率：$0.3\,W/(m^2・K)$

ト．窓の熱貫流率：$2.0\,W/(m^2・K)$　　チ．天井の熱貫流率：$0.2\,W/(m^2・K)$

4）下記の条件に示す室の熱損失の値を求めよ。ただし、床面の熱損失は無視できるものとする。

条件　イ．床面積：20 m²

ロ．屋根（天井）：面積 20 m²、熱貫流率 $0.1\,W/(m^2・K)$

ハ．外壁（窓を除く）：面積 50 m²、熱貫流率 $0.2\,W/(m^2・K)$

ニ．窓：面積 4 m²、熱貫流率 $2.0\,W/(m^2・K)$

ホ．室内外温度差 1℃ 当たりの換気による熱損失：$20.0\,W/K$

5）内断熱と外断熱の違いを簡単に説明せよ。

建築士チャレンジ問題 1・2 伝熱

【1】伝熱に関する次の記述のうち、**最も不適当な**ものはどれか。

1. 物体から出る放射の強さは、周囲の物質には関係なく、その物体の温度と表面の状態によって決まる。

2. 熱伝導率は、材料内の熱の伝わりやすさを表すものでその値が大きいほど熱を伝えやすい。

3. 熱伝達抵抗は熱伝達率の逆で、外気から壁体表面への熱の伝わりにくさである。

4. 気密性を高めると、熱損失係数の値は小さくなる。

5. 二重窓における外側窓のガラスの室内側表面の結露を防止するためには、内側サッシの気密性を高くするより外側サッシの気密性を高くするほうが効果的である。

【2】伝熱に関する次の記述のうち、**最も不適当な**ものはどれか。

1. 熱損失係数は、その数値が小さいほど断熱効果が良いとされている。

2. 外壁の断熱性を高めると、窓からの日射の影響による室温の上昇は大きくなる。

3. ヒートブリッジ（熱橋）が生じる部分の熱貫流率はグラスウールを充填した部分より高くなる。

4. 内断熱工法は、外断熱工法より断熱・蓄熱性能に優れているため、室内空気の温度変化は少ない。

5. 低放射ガラスの熱貫流率は、普通ガラスに比べて小さい。

【3】伝熱に関する次の記述のうち、**最も不適当な**ものはどれか。

1. 熱の伝わりは、物質間を伝わる伝導、流体（液体や気体）の温度差による移動の対流、電磁波によって伝わる放射（輻射）がある。

2. 熱伝導率は、金属 ＞ 普通コンクリート ＞ 木材という順になっている。

3. 壁面表面が粗くなると表面積が大きくなるので、熱伝達率の値は大きくなる。

4. 冬期の夜間において、断熱防水を施した陸屋根の外気側表面温度は、外気温が同じであれば、曇天日より快晴日のほうが、断熱性は向上する。

5. 鉄筋コンクリート構造では、外断熱工法にすると、結露を防止する効果がある。

【4】伝熱に関する次の記述のうち、**最も不適当な**ものはどれか。

1. 真空状態では、熱は伝えない。

2. 外壁において、熱橋部分の室内側表面温度は、熱橋部分以外の部分に比べて、外気温度に近くなる。

3. 外皮の断熱や気密の性能を高めることは、室温と室内表面温度との差を小さくすることができ、室内の上下の温度差も小さくすることができる。

4. 単層壁の熱貫流抵抗は、同一の材料で壁の厚さを2倍にしても2倍にはならない。

5. 総合熱伝達率とは、外壁面が外気温度に等しい黒体で覆われていると仮定し、日射や夜間放射の影響がないものとみなした値である。

【5】伝熱に関する次の記述のうち、**最も不適当な**ものはどれか。

1. 定常伝熱とは壁体の両面の空気温度または表面温度を長時間一定に保った後も、壁体内の各部の温度が時間の経過によって変化せず、熱流量が一定な場合の伝熱過程をいう。

2. 一般的には、かさ比重（見かけの密度）が大きくなると熱伝導率は大きくなるが、グラスウールの熱伝導率は、繊維の太さが同じであれば、かさ比重（密度）が大きいほど小さい。

3. 同種の発泡性の断熱材において、空隙率が同じ場合、一般に、材料内部の気泡寸法が大きいものほど、熱伝導率は小さくなる。

4. 室内において、自然対流熱伝達率は、熱の流れる方向と室温・表面温度の分布によって変化し、室温が表面温度より高い場合、床面より天井面のほうが大きな値となる。

5. 壁体内の密閉された中空層の熱抵抗は、中空層の厚さが 100 mm を超えるとほとんど変化しない。

1-3 結露

結露とは、構造体の表面や内部で、空気中の水蒸気が凝縮し、水滴ができる現象をいう（図1・3・1）。空気中の飽和水蒸気は、その空気が露点温度以下になると水蒸気の状態から水になる。この水を、結露という。結露の発生原因は、空気と表面の温度差、水蒸気、換気不足などである。設備分野では空気調和設備（→ **2-1 空気調和設備** p.103 参照）で共有する部分であり、「(1) 空気の熱」と合わせて見ると良い。

● 1 空気線図

空気線図は、乾球温度と湿球温度を基本として、絶対湿度、相対湿度、露点温度、比エンタルピーなどを記入し、いずれか2つの値を定めることで、**湿り空気の状態がわかる図**である（図1・3・5）。湿り空気線図、湿度線図ともいう。

(1) 空気線図要素

a) 乾球温度・湿球温度

乾球温度とは、気温であり、湿球温度は温度計に水を含ませたガーゼで包んだものの温度をいう（図1・3・2）。乾球温度と湿球温度の差から簡易的な相対湿度がわかり、乾球温度と湿球温度の差が小さくなればなるほど相対湿度は高くなる。

b) 絶対湿度・相対湿度

絶対湿度は、乾き空気1kg中に含まれる水蒸気量のことである（図1・3・3）。

快晴日における屋外の絶対湿度は、1日のなかではほとんど変化しない。単位は〔kg/Kg(DA)〕、〔kg/Kg′〕で表す。DAとはDry Air（乾き空気）を意味する。

相対湿度はある温度における飽和水蒸気量に対する水蒸気量の割合である。日常的に使われる湿度で、単位は〔％〕である。

c) 露点温度と結露

露点温度とは結露（水）が生じる温度をいう。湿

度100％となると、もうこれ以上空気中に水蒸気を含むことができない状態となり、これを**飽和空気（状態）**という。この状態で空気よりも冷たいものに接触すると水滴となる。これが**結露**である。

飽和絶対湿度は、ある温度で空気中に含むことのできる最大（限界）の水蒸気量（水分量）を、単位乾燥空気当たりの水蒸気量で示したものである。図

図1・3・1 結露現象

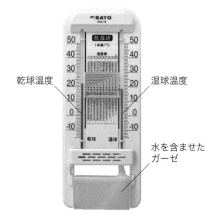

図1・3・2 乾湿温度計（出典：佐藤計量器製作所HP）

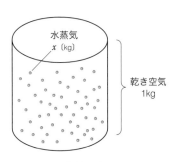

図1・3・3 絶対湿度

1・3・4は飽和水蒸気量で、その温度で空気中に含むことができる最大の水蒸気量（水分量）である。例えば、25℃ で湿度が100%であれば、1m³ 当たり22.8g（= 0.0228kg/kg（DA））の水蒸気（水分量）が含まれることになる。

図1・3・5の空気線図において、乾球温度が26℃、相対湿度が60%の時（A点）の絶対湿度はB点になり、0.0134kg/kg（DA）となる。この空気を冷却すると（左方向へ移動）C点で飽和状態になる。この点を**露点温度**という。したがって、露点温度はC点から下ろしたD点18.6℃になる。この時空気中の余分な水蒸気は表面で凝結し、水滴となる。

d）比エンタルピー〔kJ/kg（DA）〕

エンタルピーは、**空気が持っている総熱量（エネルギー）**を示し、比エンタルピーとは乾き空気1kg当たりのエンタルピー〔kJ〕に換算した値である。

1 cal = 4.186 Joule（ジュール）≒ 4.19 J

（1 kcal ≒ 4.19 kJ）

1 J = 0.239 cal ≒ 0.24 cal

図1・3・5の空気線図において、乾球温度が26℃、相対湿度が60%の時（A点）の湿球温度（E点）は21.2℃、水蒸気圧（G点）2.1kPa、比エンタルピー（F点）は約61.35〔kJ/kg（DA）〕である。

（2）空気線図の見方

図1・3・6は図1・3・5を簡略した図である。この2

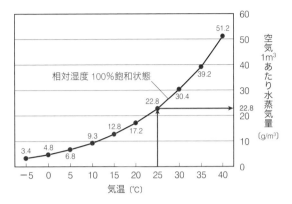

図1・3・4　飽和状態時の水蒸気量

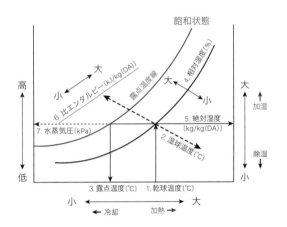

図1・3・6　空気線図の読み方

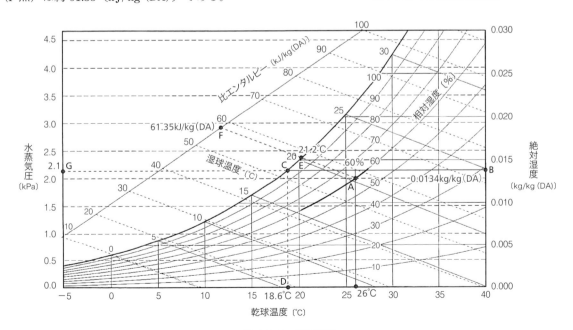

図1・3・5　空気線図

つの図を見て空気線図を読み取ることができる。空気を加熱、冷却または加湿、除湿した時の状況がわかり、乾球温度、湿球温度、露点温度、相対湿度、絶対湿度、飽和状態、エンタルピー、水蒸気圧を読み取ることができる。例えば次のようなことがわかる。

・乾球温度と湿球温度が与えられれば、その空気の相対湿度および水蒸気圧を求めることができる。
・同一な相対湿度では、乾球温度が低いほど、飽和水蒸気圧は低い。
・湿球温度は、乾球温度よりも高くなることはない。これは、大気中の相対湿度が100%でない限り、湿球から蒸発する気化熱が熱を奪うためである。
・露点温度とは湿度が100%になる温度のことで、水蒸気量が変化しなければ温度が変化しても露点温度が変化することはない。
・相対湿度を一定に保ったまま乾球温度を上昇させるには、加熱と加湿を同時に行う必要がある。
・相対湿度が同一でも、乾球温度が異なれば、空気1m³中に含まれる水蒸気量は異なる。
・飽和水蒸気量は乾球温度が高くなるほど大きくなる。

a）絶対湿度が同じであれば

・空気を加熱・冷却しても、露点温度は変化しない。
・空気を加熱すると、その空気の相対湿度は低くなる。空気を冷却すると、相対湿度は高くなる。
・空気を冷却しても、その空気の水蒸気圧（水蒸気量）は変化しない。

b）乾球温度が同じであれば

・乾球温度と湿球温度の差が大きいほど相対湿度は低い。逆に言うと、湿球温度と乾球温度との差が小さいほど相対湿度は高い。
・相対湿度が高くなると、絶対湿度も高くなる。
・相対湿度が半分になると、絶対湿度も約半分になる。
・相対湿度が低くなるほど露点温度は低くなる。

● 2 結露

結露には、表面結露と内部結露がある。

（1）結露の害

表面結露によってカビが発生することがある。カビは様々な病気の原因になり、人に健康面で害を与える。内部結露は、建築物において躯体の内部に構造上致命的な結果を招く恐れがある（図1・3・7）。

a）表面結露

室内の壁や天井の表面（表面近傍の空気）温度が露点温度を下回る場合に、表面結露が発生すると判断できる。

・室内の表面温度を上昇させることにより、室内温度との差が小さくなるので、湿度が高くなければ表面結露は生じにくい。
・外壁の室内側に生じる表面結露は、防湿層を設けても防ぐことができない。
・防湿層は、内部結露を防ぐ効果はあるが、表面結露を防ぐ直接的な効果は期待できない。
・窓は、ガラス面で外気の冷やされた空気と室内の温められた空気が触れることで、結露が生じやすい。既存の窓に内窓を設置する場合、内窓の気密性を高くすると、既存の窓の室内側の表面結露を防止する効果がある。

b）内部結露

内部結露は室内の暖かい空気が構造体の内部に侵入し、露点温度を下回った場所で発生する。この状態が長引くと、構造体を腐らせる原因となる。

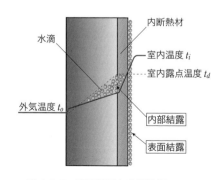

図1・3・7　表面結露と内部結露

- 内部結露は、室内側から湿気の進入を防ぐ防湿層と、断熱材の外側に通気層を設け、壁内の**湿気**を外気側に逃がすことが大切である。
- 内断熱の場合、冬期における外壁の内部結露は、断熱材を厚くしても軽減できない。外壁の断熱材を厚くすることにより熱貫流率を下げ、壁全体の断熱性能を上げることはできるが、外壁の内部結露を防止する上で有効とはいえない。
- 外壁において、防湿層を断熱層の屋外側に切れ目なく設けることは、内部結露の防止につながらない。

(2) 結露の発生

a) カーテン

窓面のカーテンを閉めると室内の暖かい空気が遮られ、ガラス表面の温度が下がる。同時に室温も高くなるので、温度差が大きくなり結露が生じやすくなる。窓ガラスの室内側にカーテンを設けることは、冬期におけるガラス面の結露の防止対策として**期待できない**。

b) ストーブ

開放型石油ストーブは、燃焼時に水蒸気を発生させるので表面結露が生じやすい。それに対し、密閉型燃焼機器、FF式暖房機器[*1]は結露しにくく、水蒸

表面結露防止対策

①室内空気の壁表面温度を露点温度より**高くする**。

②換気を通して発生した湿気を排除し、室内の水蒸気発生を制御する。

③防湿層を壁の内側に設けることで適切な透湿抵抗（湿気の通しにくさ）を持たせる。

④ガラスを断熱性能の高いものにする。

⑤放熱器を窓の下に設置する。窓ガラス面の表面温度を上げることで、室温との差が小さくなり、表面結露の防止に効果がある。

⑥雨戸を閉める。

気が室内に出ない構造になっているので、表面結露対策になる。

c) 二重サッシ

冬期において、二重サッシの間の結露を防止するためには、室外側サッシの気密性に比べて**室内側サッシの気密性を高くする**ことが有効である。

d) 押入れ

冬期において、外壁に接する押入れ内に生じる結露を防止するためには、押入れ内部の**外壁面**の断熱性能を高めることが有効である。押入れの襖（ふすま）の断熱性を高くするだけでは、居室部分と押入れ内部との間で結露が生じる。

(3) 結露の除去方法

a) 除去

結露を防ぐには、室外と室内の温度差や熱貫流率を小さくし、室内換気を十分にとるなどの措置が必要である。ポイントは、壁体内を気密にするため断熱材より室内側に防湿層を設けることである。また、壁体の断熱性が高い建築物であっても、暖房室と非暖房室がある場合、非暖房室では結露が発生しやすいため、外気に近い部分に空気（通気）層を設けることが望ましい。

- **換気**：湿った空気をなくす。浴室に排気ファン、小屋裏に換気口を設ける。
- **暖房**：建築物内の表面温度を上げる。短時間の暖房より長時間の暖房のほうが有効である。
- **断熱**：構造体による熱損失を防止し、熱貫流率を

内部結露防止対策

①壁体内の温度を露点温度より高くする。

②飽和水蒸気圧より壁体内の水蒸気圧を小さくする。

③室内側に**防湿層**を設け、室内から外壁内への水蒸気の流入を抑える。防湿層を断熱材の室内側に設け、断熱材の外側に通気層を設けると効果的である。

④外断熱にする。

[*1] FF式暖房機器：強制給排気（Forced Draught Balanced Flue）とは燃焼用の空気を室外から強制的に取り入れ、給排気筒を通して室外に排気する方式。

小さくできる。

b) 結露発生の判定式

室内側表面温度（θ）が室内空気の露点温度（t_d）より低い（$\theta < t_d$）と結露が発生する。

$$\theta = t_i - \frac{K}{\alpha_i} \times (t_i - t_o)$$

θ：室内側の各部の表面温度〔℃〕

t_i：室温〔℃〕

t_o：外気温〔℃〕、

K：各部の熱貫流率〔W/(m²・K)〕

α_i：室内側熱伝達率〔W/(m²・K)〕

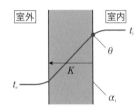

c) その他

・平衡含湿率（平衡含水率）

材料を一定の温湿度の湿り空気中に十分に長い時間放置しておき、含湿量が変化しなくなった状態（平衡状態）に達した時の、材料の**乾燥質量**に対する含湿量の割合である。

・透湿

多孔質材料の壁の両側で、水蒸気圧の高いほうから低いほうへ湿気が移動することである。**透湿抵抗**値は、高いほうが湿気を通しにくいことになるので結露が除去できる。

◉空気線図の読み方の練習

図 1・3・8 に示す空気線図中の A 点の湿り空気（乾球温度 12℃、相対湿度 60%）および B 点の湿り空気（乾球温度 22℃、相対湿度 60%）に関する内容である。

●加熱

・A 点の空気を 22℃ まで加熱すると C 点を示す。この時、相対湿度は約 32% まで低下するが、水蒸気量は変化しない。

・A 点の空気中に洗濯物を干すよりも、B 点の空気中に干すほうが、早く乾燥する。A 点、B 点とも

に相対湿度は 60% であるが、B 点のほうが、乾球温度が高いためである。

例題 1

冬期における図のような外壁で、外気温－5℃、室内気温 22℃、相対湿度 60% の場合は、室内側の壁に結露が発生するか計算せよ。

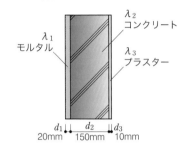

解答

$\theta = t_i - \dfrac{K}{\alpha_i} \times (t_i - t_o)$ を利用する。

θ：？〔℃〕　　t_i：22〔℃〕　　t_o：－5〔℃〕

K：3.5〔W/(m²・K)〕（熱貫流率）

α_i：9〔W/(m²・K)〕（室内側の熱伝達率）

$\therefore \theta = 22 - \dfrac{3.5}{9}\{22 - (-5)\} = 11.5\ ℃$

次に空気線図（図 1・3・8）を見て、室内気温 22℃、相対湿度 60% の場合の露点温度を求めると 13.5℃ になる。したがって、θ（11.5℃）＜t_d（13.5℃）となり、室内側の壁の表面温度が露点温度より低くなるので結露が生じる。

例題 2

例題 1 の条件で、除湿器を使い相対湿度を 45% まで下げた場合は、室内側の壁に結露が発生するか確かめよ。

解答

空気線図から室内気温 22℃、相対湿度 45% の場合の露点温度は 9.5℃ になる。

$\therefore t_d$（9.5℃）＜θ（11.5℃）になるので室内側の壁の表面温度が露点温度より高くなり、結露は生じない。このことからも、湿度除去が結露防止では重要であることがよくわかる。

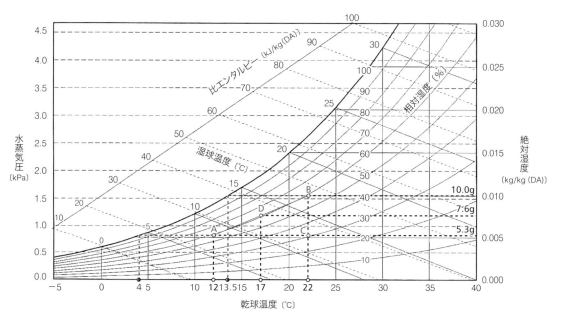

図 1・3・8　空気線図の読み方の練習

● 結露

・表面温度が10℃の窓面に、A点の空気が触れても窓表面で結露しないが、B点の空気が触れると窓表面で結露する。露点温度（湿度が100%になる温度）が表面温度より高い場合、結露することになる。露点温度は空気線図上の点を左に平行移動し左の曲線との交点から読み取れる温度（またはその交点から下に垂直線を下ろした乾球温度上の温度でもよい）である。A点：約4℃、B点：約13.5℃となり、B点の空気は結露する。

● 混合

・A点の空気とB点の空気を同じ量ずつ混合すると、混合した空気の相対湿度は約63%となる。これは、線分ABとA点（12℃）、B点（22℃）の乾球

温度の中間17℃からの垂直線との交点での相対湿度の値を読み取る。空気中に含まれる水蒸気の量は、絶対湿度で表される。絶対湿度は空気線図上の点を右に水平移動させ右側の縦軸（絶対湿度）との交点の値を読み取ることによって得られる。A点：約5.3 g/kg（DA）、B点：約10.0 g/kg（DA）となり、A点の空気とB点の空気1：1の混合なので、A点とB点を直線で結びその真ん中が混合空気の点（D）となる。

演習問題 ― 1・3　結露

1) 乾球温度と湿球温度について説明せよ。
2) 相対湿度と絶対湿度の違いを簡単に述べよ。
3) 表面結露と内部結露の害について説明せよ。

建築士チャレンジ問題 1・3　結露

【1】空気線図に関する次の記述のうち、最も不適当なものはどれか。

1. 同一な相対湿度では、乾球温度が低いほど、飽和水蒸気圧は低い。
2. 乾球温度が同じであれば、相対湿度が半分になると、絶対湿度も約半分になる。
3. 絶対湿度が同じであれば空気を加熱すると、その空気の相対湿度は高くなる。
4. 露点温度とは湿度が100%になる温度のことで、水蒸気量が変化しなければ温度が変化しても露点温度が変化することはない。

5. 空気線図では空気を加熱、冷却または加湿、除湿の時の状況がわかり、乾球温度、湿球温度、相対湿度、絶対湿度、飽和状態、比エンタルピー、露点温度を読み取ることができる。

【2】結露防止に関する次の記述のうち、**最も不適当な**ものはどれか。

1. 暖房室において、放熱器を窓下に設置することは、その窓の室内側の表面結露を防止する効果がある。

2. 防湿層は、内部結露を防ぐ効果はあるが、表面結露を防ぐ直接的な効果は期待できない。

3. 絶対湿度は乾き空気1kg中に含まれる水蒸気量のことである。

4. 表面結露防止対策としてガラスを断熱性能の高いものに交換した。

5. 既存の窓に内窓を設置する場合、既存の窓の気密性を高くすると、室内側の表面結露を防止する効果がある。

【3】結露に関する次の記述のうち、**最も不適当な**ものはどれか。

1. 絶対湿度が同じであれば、空気を冷却しても、その空気の水蒸気圧（水蒸気量）は変化しない。

2. 乾球温度が同じであれば、乾球温度と湿球温度の差が大きいほど相対湿度は低くなる。

3. 乾球温度が同じであれば、相対湿度が半分になると、絶対湿度も約半分になる。

4. 乾球温度が低いほど、飽和水蒸気圧は高い。

5. 湿球温度は、乾球温度よりも高くなることはない。

【4】結露に関する次の記述のうち、**最も不適当な**ものはどれか。

1. 空気線図において、相対湿度100％は露点温度になる線である。

2. 保温性の高い建築物であっても、暖房室と非暖房室がある場合、非暖房室では表面結露が生じにくい。

3. 内部結露は、室内側から湿気の進入を防ぐ防湿層と、断熱材の外側に通気層を設け、壁内の湿気を外気側に逃がすことが大切なので、断熱材を厚くしても効果はない。

4. 結露防止に関して、暖房室と非暖房室との温度差を小さくする。

5. 結露防止に関して、暖房室を気密化しないで、水蒸気の非暖房室への拡散を少なくする。

【5】図に示す湿り空気線図中のA点の湿り空気（乾球温度25℃、相対湿度40％）およびB点の湿り空気（乾球温度30℃、相対湿度70％）に関する次の記述のうち、**最も不適当な**ものはどれか

1. A点の空気を乾球温度30℃まで加熱すると、相対湿度は約30％まで低下する。

2. B点の空気が20℃の壁面に触れると、壁の表面に結露が発生する。

3. A点の空気に含まれる水蒸気量は、B点の空気に含まれる水蒸気量の約20％である。

4. A点の空気をB点の空気と同様な状態にするには、加熱と同時に乾燥空気1kg当たり約11gの加湿が必要となる。

5. A点の空気とB点の空気とを同じ量だけ混合すると、乾球温度約27.5℃、相対湿度約60％の空気となる。

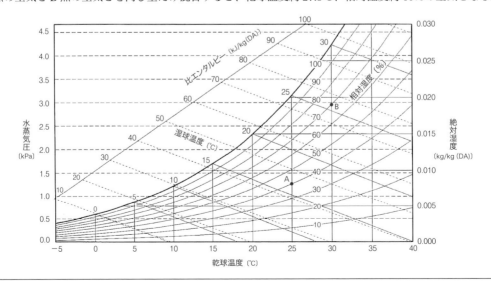

1-4 日照・日射

太陽のエネルギーである日照・日射は光と熱を扱う分野である。一般的な住居では、日照はできるだけ多く受けることが重要である。一方、日射は暑い時は遮り、寒い時は室内に受け入れることが大切である。

日照は、設備分野では照明器具などを扱い（→ **2-7 照明・通信設備** p.155 参照）、日射は、冷暖房設備（→ **2-1 空気調和設備の冷暖房設備** p.110 参照）と共有する分野である。

🔆 1 日照

(1) 太陽の効果

太陽から放出される電磁波は、主に紫外線、可視光線、赤外線という3つの異なった波長に分けられ、放射エネルギーとして地球に届く（図1・4・1）。日照は可視光線の分野で、日射は赤外線を扱う分野である。

a) 紫外線

波長が約20 ～ 380 nm であり、可視光線の紫色の外側にある電磁波の意味で紫外線という。殺菌効果、ビタミン D の合成、血行や新陳代謝の促進効果があり、健康線、UV などと呼ぶ。日常生活では室内の家具や衣類などに紫外線が当たると変色する。

b) 可視光線

波長は約380 ～ 780 nm の範囲で、人が肉眼で光として見ることができる電磁波である。可視光線は、太陽やそのほか様々な照明から発せられる。**明るさ**や色彩の感知に関わる波長である。

c) 赤外線

波長は約 780 ～ 4,000 nm で、**熱線**とも呼ばれる。人間の視覚は、赤色光より波長の長い光は感じることができず、可視光線の赤色の外側という意味で赤外線という。建築物に当たると熱になり、建築環境・設備・省エネルギー分野では重要な部分である。

(2) 地球の位置

地球は、太陽の周りを回っているが、地球から見ると季節によって変わる太陽の動きに見える（図1・4・2）。季節によって太陽の高さや気温が変わったりする。地球は自転しながら、太陽のまわりを1年で公転して季節ができるが、このような自然現象は建築環境工学では必要不可欠な要素である。建築基準法上、**冬至の時、4時間以上の日照を得られること**が必要とされており、太陽高度計算は重要である。

a) 太陽高度

太陽高度とは地表面を 0° とし、頭の真上を 90° とした時に、地平面と**太陽とのなす角度**である（図1・4・3）。太陽高度は基本的に、その地域の緯度（$A°$）と、地軸の傾き（$23°27' = 23.4°$）により計算できる。

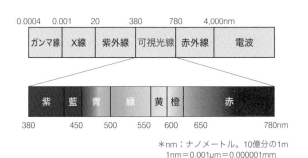

0.0004	0.001	20	380	780	4,000nm
ガンマ線	X線	紫外線	可視光線	赤外線	電波

紫	藍	青	緑	黄	橙	赤
380	450	500	550	600	650	780nm

＊nm：ナノメートル。10億分の1m
1nm＝0.001μm＝0.000001mm

図1・4・1　光のスペクトルと可視光線

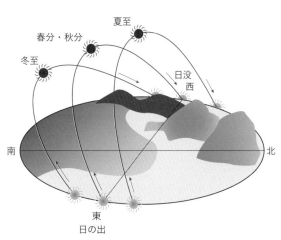

夏至

春分・秋分

冬至

日没 西

南　　　　　　　　北

東
日の出

図1・4・2　太陽の軌道

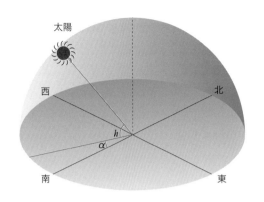

図1・4・3 太陽高度 h と太陽方位角 α

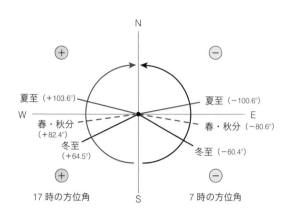

図1・4・4 太陽方位角（緯度35°付近）

23.4°という値は、夏至と冬至における地球の公転軸と地軸の差である。南中時の太陽高度とは、太陽が真南に来た時の太陽と地平線との角度である。

・南中時の太陽高度

　　夏至：90° －（その場所の緯度）＋ 23.4°

　　冬至：90° －（その場所の緯度）－ 23.4°

　　春分・秋分の日：90° －（その場所の緯度）

　　春分・秋分の日は地球の公転軸と地軸が一致するため、地軸の傾きは考慮しない。経度の異なる地点であっても、緯度が同一であれば、同じ日の南中時の太陽高度は等しい。また、冬至の日と夏至の日における南中時の太陽高度の差は等しく、約47°（23.4°＋ 23.4° ＝ 46.8°）である。

例1) 北緯35°の地点において、春分の日と秋分の日における南中時の太陽高度は、約55°である。

$$90° － 35° ＝ 55°$$

例2) 北緯35°の地点において、夏至の日における南中時の太陽高度は、約78.4°である。

$$90° － 35° ＋ 23.4° ＝ 78.4°$$

例3) 北緯35°の地点において、冬至の日における南中時の太陽高度は、約31.6°である。

$$90° － 35° － 23.4° ＝ 31.6°$$

b) 太陽方位角

　太陽方位角は図1・4・3のように太陽の方位と真南0°となす角度 α である。図1・4・4は北緯35°経度約140°地域の平面で見る太陽方位角を示すが、東回りは負の値（－）を有し、西回りは正の値（＋）を有する。

(3) 太陽時

a) 真太陽時

　真太陽時はある地域において実際の太陽が南中する時の時刻である。すなわち、真太陽日はある地域における、太陽が南中してから、次に南中するまでの時間をいう。そして、実際の真太陽時は場所によって違う時刻になる。

b) 平均太陽時

　平均太陽時は日常使用されている時刻である。真太陽日の長さは、一定ではないため、平均太陽時は真太陽日を1年間の平均1/24にしたものである。日本では兵庫県明石市の東経135°の平均太陽時を**日本標準時（中央標準時）**として使っている。

c) 均時差

　均時差とは各地域における**平均太陽時と真太陽時との差**のことである。図1・4・5のように1年を通して変化する。このような地球の動きと季節により多少時間の差が生じる。1年を周期として変化するが、その差が17分以上になることはない。真太陽時を求めるためには、季節によってずれる平均太陽時からの時間補正する時に均時差を用いる。

(4) 日照・可照

a) 日照率

　可照とは、日の出から日没までの時間のことであ

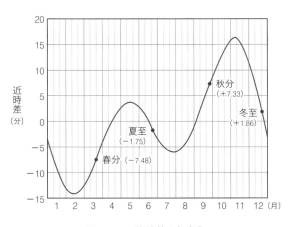

図1・4・5　均時差の年変化

(出典：建築のテキスト編集委員会『改訂版初めての建築環境』学芸出版社、2014年、p.83、原出典は『理科年表』)

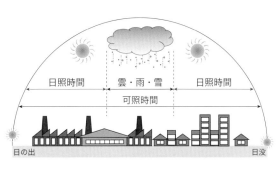

図1・4・6　日照時間と可照時間

り、その間を**可照時間**という（図1・4・6）。**日照時間**は、実際に日が照っていた時間であり、日照時間は可照時間より短い。例えば、雨曇日は、日照時間は短くなり、日照率は低くなる。南向き鉛直壁面の日照時間は、春分の日および秋分の日が最も長い。夏至の日の可照時間は、南向き鉛直面が北向き鉛直面より短い。可照時間は、緯度が高いほど、また夏より冬のほうが短い。

日照率は、可照時間に対する日照時間の割合である。

$$日照率〔\%〕= \frac{日照時間}{可照時間} \times 100$$

b）日照調整

日照調整とは太陽の高度により、時刻につれて日射の角度が変わるので、快適な室内熱環境を求めるために日照、日射に対して工夫を行う手法である。例えば、可動ルーバーは角度調節が可能で、刻々変わる日照の変化に応じて室内に適切な日照を入れることができるし、建築意匠につながる。

窓面における日照・日射の調整は、**水平ルーバーは南側に設置**、**垂直ルーバーは東・西側に設置**するのが有効である（図1・4・7〜1・4・9）。

🔊 2 日影

（1）日影曲線

a）日差し曲線と日影曲線

日差し曲線は、ある地点が周囲の建築物によって、日影が発生し、どのような日照障害を受けるのかを検討するために用いられる。日差し曲線を東西南北に入れ替えれば、日影曲線になる。

図1・4・7　水平ルーバー

図1・4・8　垂直ルーバー

図1・4・9　町屋の格子、垂直ルーバー（愛媛県松山市）
伝統民家の格子は日照調整や通風、防犯対策に適した機能をもつ意匠の建具である。

日影曲線は、図1・4・10に示すように太陽の高度・方位角・日影の長さなどをまとめて表した図であり、日照や日射を遮蔽・採り入れるために重要である。

b) 等（n）時間日影線

日影図における日影時間の等しい点を結んだものを、等（n）時間日影線という。時刻日影線に描かれた等時間日影線は、当該建築物の周囲の日影時間の分布がわかるので、日影規制に適合しているかを確認するために用いる。

図1・4・11は春秋の季節における緯度135°の地域の1時間ごとの日影図である。図から2時間ごとの**日影の交点**を結ぶと2時間日影線になり、4時間を結ぶと4時間日影線となる。これは建築物の北側になる日影の範囲がそれぞれ2時間以上日影となる範囲、4時間以上日影となる範囲をいう。等（n）時間日影線はその交点を連ねた線であり、等（n）時間日影はこの線で囲まれた範囲である。

c) 終日日影

終日日影とは1日中、日の出から日没まで日影となることをいう。北向きの鉛直壁面には、秋分から春分の6ヵ月間は日照がない日影である。逆に、春分から秋分の6ヵ月間は日影がなく、日照があることになる。

d) 永久日影

永久日影（恒久日影）とは、北側の凹部に起こりやすく、夏至でも日影となることをいう。できるだけこのような建築計画は避けたほうが良い。

e) 季節の日影

図1・4・12は、概略図に示す室の窓面から、春分・秋分の日、夏至の日および冬至の日における室内に入射する直射日光が、1日のうちに床面に当たる範囲を示した図である。直射日光の範囲を日影曲線にたとえると理解しやすい。aの日光は日影が東西に一直線になることから、春分・秋分の日というのがわかる。bはaよりも奥まで日差しがあるので冬至の日で、cはaよりも手前だけしか日が当たらないので夏至の日である。dは西側に窓があり、日差しが西から南東方向に入っていることから、太陽が真西より北側の軌道を通る夏至の日である。

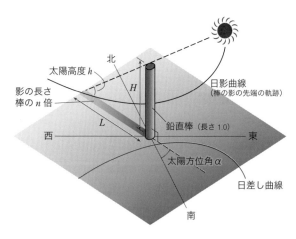

図1・4・10 水平面の日影曲線

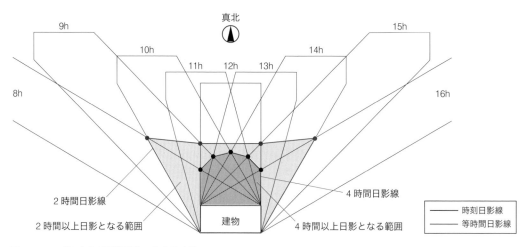

図1・4・11 等（n）時間日影の求める方法（出典：朴賛弼・伏見建『基礎講座 建築環境工学』学芸出版社、2020、p.97）

（2）日影規制

日影規制は、建築物の形態を制限して、日影を一定の時間内に抑えるように日照居住環境を保護するために定められている。

a）規制日時と範囲

一定規模以上の建築物における日影の時間の規制対象時間は、冬至日の午前8時から午後4時までの日影時間である（図1・4・13）。敷地境界線から**水平距離5m、10mの線**を設定し、それぞれの線内に規制時間の日影がおさまるようにしなければならない。

b）日影の形状

日影は建築物の形によって変わってくる。図1・4・14は北緯35°における敷地と屋根は水平で、建築面積がそれぞれ等しい場合、冬期の4時間以上日影となる範囲を示したものである。

建築物の形状と日影の関係において、4時間以上日影となる領域の面積は、建築物の高さよりも**東西方向の幅が及ぼす影響が大きい**。北側の日影は曲線

と直線になるので注意する。

（3）隣棟間隔

隣棟間隔とは、日照を確保するために定められた建築物同士の間隔のことで、冬至における日照時間の確保が可能な距離が必要となる。緯度が低いほど太陽高度は高くなり、日照時間を確保しやすくなるので隣棟間隔を小さくできる。すなわち、北半球において、東西方向に長い形状の集合住宅が並行に2棟建つ場合、緯度が低い地域ほど、北側住棟の低層階に同じ日照時間を確保するために必要な隣棟間隔

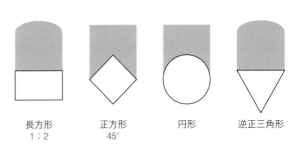

長方形　　　正方形　　　円形　　　逆正三角形
1:2　　　　45°

図1・4・14　建物の形による冬至4時間以上の日影形状
（出典：朴賛弼・伏見建『基礎講座 建築環境工学』学芸出版社、2020、p.99）

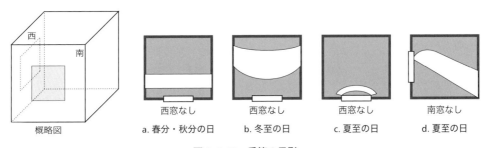

概略図　　a. 春分・秋分の日　　b. 冬至の日　　c. 夏至の日　　d. 夏至の日
　　　　　西窓なし　　　　西窓なし　　　西窓なし　　　南窓なし

図1・4・12　季節の日影

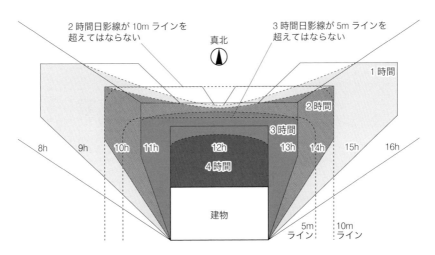

2時間日影線が10mラインを超えてはならない

3時間日影線が5mラインを超えてはならない

真北

1時間
2時間
3時間
4時間

8h　9h　10h　11h　12h　13h　14h　15h　16h

建物

5mライン　10mライン

図1・4・13　日影時間の規制（出典：朴賛弼・伏見建『基礎講座 建築環境工学』学芸出版社、2020、p.98）

を、小さくできる。

隣棟間隔は、居室に冬至4時間以上の日照が得られるように決める。図1・4・15は、2、4、6時間日照の各地の緯度別隣棟間隔を示したものである。例えば、冬至の日に4時間の日照を期待する場合、緯度36°付近では約2.0である。

緯度が高くなるほど、隣棟間隔比εは、大きくなり、隣棟間隔を大きくする必要がある。

隣棟間隔の計算は、次の通りである（図1・4・16参照）。

$$D = \varepsilon \times H \qquad \varepsilon = \frac{D}{H}$$

　D：隣棟間隔〔m〕

　H：これから建設する建築物の高さ〔m〕

　ε：隣棟間隔係数

例として、東京（北緯35°41′）で北側の建築物から南に30m離れて（D）高さ15m（H）の建築物を建てると、隣棟間隔比εは30/15＝2.0になる。その結果、北側の建築物は冬至の日に4時間の日照を得ることができる。

東西方向に長い同じ高さの集合住宅が南北に2棟並ぶ場合、全住戸で冬至の日の日照時間を4時間確保するには、集合住宅の**高さの約2倍**の隣棟間隔が必要である。

3 日射

日射は、熱エネルギーとして地上に様々な影響を及ぼす太陽の放射である。太陽放射のうち、紫外線は建築物の内外装の退色など、劣化をもたらす原因となる。赤外線は、エネルギー（日射熱）になり、大気中に放射されたエネルギーの一部が大気に一旦吸収され再放射される。日射は地表に達するまで、大気圏内で雲や水蒸気、塵、微粒子によって乱反射・拡散され、到達日射量は減衰する（図1・4・17）。太陽定数は、太陽の単位時間当たりのエネルギー量であり、一般的に約1,360 W/m²である。

（1）日射量

日射の強さは、ある面積が単位時間に受ける太陽の熱量で表され、これを日射量という。単位はW/m²（＝kcal/m²・h）である。図1・4・18のように、鉛直壁面に受ける日射量は、入射角が小さいほど大きくなる。

a) 季節と方位による日射量

図1・4・19は北緯35°地点における季節ごとの方位別日射量であるが、下記のように読み取ることがで

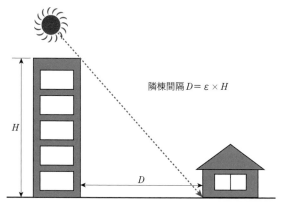

隣棟間隔 $D = \varepsilon \times H$

図1・4・16　隣棟間隔

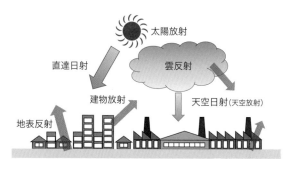

図1・4・17　地上、建物に受ける日射

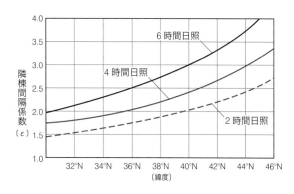

図1・4・15　各地の隣棟間隔（ε）
（出典：渡部要『建築計画原論Ｉ』丸善、1962年をもとに作成）

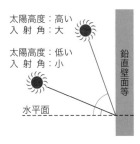 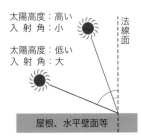 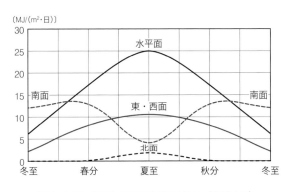

きる。

- 夏期において建築物が受ける日射量は、水平面＞東・西側壁面＞南側壁面＞北側壁面のようになる。
- 冷房負荷は、南面より東・西側壁面のほうが日射量は多いため、高くなる。
- 快晴日に地表面に入射する日射量は、月平均外気温が最高になる7月から8月が最大ではなく、6月の夏至頃が多い。
- 冬至の日の終日日射量は、南向き鉛直面より西向き鉛直面のほうが小さい。
- 冬至の日の1日当たりの直達日射量は、水平面より南向き鉛直面のほうが大きい。
- 快晴日の夏至の積算日射量は、南向き鉛直面より水平面のほうが大きい。
- 快晴時の夏至の日の1日間の直達日射量は、南向き鉛直面より東向き鉛直面のほうが大きい。
- 春分・秋分の日の終日日射量は、終日快晴の場合、どの向きの鉛直面よりも水平面のほうが大きい。
- 8月の中下旬に、南向き鉛直面が受ける快晴日の積算日照量は、西向き鉛直面が受ける快晴日の積算日射量と、ほぼ同等量となる。

b) 直達日射量

直達日射は、図1・4・17のように日射のうち、大気により吸収、散乱される部分を除き、地表面に直接到達する日射のことである。北向き鉛直壁面は、春分の日から秋分の日までの6ヵ月間は、日の出と日没の太陽位置は東西軸より北側になるので直達日射を受ける。

- **水平面直達日射量 (J_H)**：地面に対して垂直に到達する日射量（図1・4・18a）。

$$J_H = J_N \times \sin 60°$$

- **法線面直達日射量 (J_N)**：太陽の日射角度に垂直面での日射量（図1・4・18b）。

$$J_N = \frac{J_H}{\sin 60°} = \frac{J_H}{\frac{\sqrt{3}}{2}} = \frac{2}{\sqrt{3}} \times J_H$$

- **南向き鉛直面直達日射量 (J_V)**：地面に対して立ち上がり鉛直面に水平に到達する日射量。

$$J_V = J_N \times \cos 60° = J_N \times \frac{1}{2} = \frac{1}{2} \times \frac{2}{\sqrt{3}} \times J_H = \frac{1}{\sqrt{3}} \times J_H$$

c) 天空日射量（天空放射量）

天空日射量は、太陽光が空気中の塵や水蒸気により乱反射や拡散する日射量で、乱反射した空の明るさである。一般に薄曇りの時のほうが快晴時より多い。快晴時、地表から放出された熱は放射冷却により上昇して、上空の冷気が降りてくることによって地表付近の気温は低くなる。曇天時の場合は、雲に上昇空気の熱は吸収され、一部はそこから地表面に放出されることにより快晴時ほどの温度低下は起こらない。

太陽から地球へ向けて放射される下向きの放射熱（輻射熱）と、地球から放射される上向きの放射熱の差を**実行放射**という。昼間は下向きの放射熱のほうが大きい。

夜間においては、太陽がなくなるため、太陽によって温められた地球から放射される上向きの放射熱

a. 水平面直達日射量　　**b. 法線面直達日射量**

図1・4・18　壁体、屋根に受ける日射
（出典：朴賛弼・伏見建『基礎講座 建築環境工学』学芸出版社、2020、p.102）

図1・4・19　季節・方位別終日日射量（北緯35°）
（出典：日本建築学会編『建築設計資料集成1.環境』丸善、1978年、p.105をもとに作成）

のほうが、宇宙や大気から照射される下向きの放射熱よりも大きくなる。夜間における実行放射を夜間放射という。この場合は、上向きの放射熱のほうが大きい。

長波長放射率は、日射を除いた赤外線域において、「ある部材表面から発する単位面積当たりの放射エネルギー」を「その部材表面と同一温度の完全黒体から発する単位面積当たりの放射エネルギー」で除した値である（➔ **3-5 蒸暑地の省エネルギー手法** p.208 参照）。

d）全天日射量

全天日射量は、直達日射量と天空日射量を加算したものである。

e）大気透過率

大気透過率は、**大気の清澄度**を示す。天空日射量は、曇っているほど天空へ放射される日射量（天空日射量）が多くなることから、大気透過率が低いほど**大きい**。大気透過率が高くなるほど、直達日射量は増加し、天空放射量は減少する。また、夏よりも冬のほうが、水蒸気（湿度）が少ないので大気透過率が高くなり、天空日射量は減少する。水平面天空日射量は、大気透過率が大きいほど、小さくなる（図1・4・20）。

大気透過率の通常値は、概ね 0.6 〜 0.7 である。

大気透過率は次の式で求められる。

$$P = \frac{I}{I_o} \fallingdotseq 0.6 \sim 0.7$$

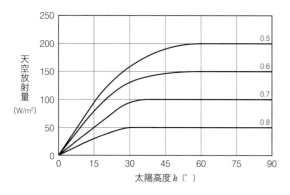

図1・4・20　大気透過率（P）

（出典：日本建築学会編『建築設計資料集成1.環境』丸善、1978年、p.104をもとに作成）

I：直達日射量〔W/m²〕
I_o：太陽定数〔1,360 W/m²〕

（2）日射熱

a）壁（窓）からの熱負荷

壁（窓）からの熱負荷は、熱貫流によるものと日射によるものの2つがある。伝導・対流による**熱貫流の負荷**は、壁（ガラス）の面積に壁（ガラス）の熱貫流率と室内外の温度差を掛けて求められる。図1・4・21は夏至における窓ガラスを透過する方位別日射量である。図1・4・19の季節、方位別の日射量とは違うので注意する。日射による負荷は、次の式で求める。

$$\text{伝導・対流} \quad q_c = A \times K \times (t_0 - t_i)$$
$$\text{日射} \quad q_r = A \times I_{gr} \times \kappa$$
$$\text{計} \quad q = q_c + q_r$$

q_c：壁（ガラス）の伝導対流による負荷量〔W〕
q_r：壁（ガラス）の日射による負荷量〔W〕
A：壁（ガラス）の面積〔m²〕
K：壁（ガラス）の熱貫流率〔W/(m²・K)〕
t_i：室内温度〔℃〕

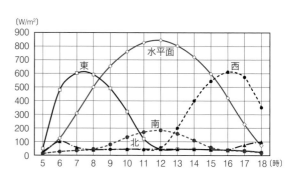

図1・4・21　窓ガラスを透過する方位別日射量（夏至）

表1・4・1　窓ガラスを透過する日射量（I_{gr}）〔W/m²〕

方位 ＼ 時間	6時	8時	10時	12時	14時	16時	18時
北	100	38	43	43	43	38	99
東	480	591	319	43	43	36	20
南	24	46	131	180	108	36	20
西	24	38	43	50	400	609	349
水平	122	498	765	843	723	419	63

（出典：空気調和・衛生工学会資料をもとに作成）

t_o：室外温度〔℃〕

I_{gr}：壁（ガラス）を透過する日射量〔W/m²〕
（表1・4・1）

κ：遮蔽係数（表1・4・2）

b) 窓ガラスの日射通過

窓ガラスの入射透過過程は、反射される分を除き、吸収放射、透過して室内の日射熱になる（図1・4・22）。

窓ガラスの**日射熱取得率（日射侵入率）**は、ガラス窓に入射した日射熱が、室内側へ流入する割合をいう。日射熱取得率が大きいものほど日射熱を室内に取り入れるので、暖房を重視する地域・部屋に適している。逆に、日射熱取得率が小さいものほど日射熱を遮蔽するので、冷房を重視する地域・部屋に適している。

$$日射熱取得率（日射侵入率）=$$
$$\frac{透過した日射量＋吸収した室内に放出される熱量}{入射した日射量}$$

日射を受ける外壁面に対する**相当外気温度**[*1]は、その面における日射吸収量、風速などの影響を受ける。**熱線反射ガラス**は、ガラス表面に薄い金属膜をコーティングすることによって可視光線を透過し、赤外線（熱）を効率よく反射する。一方、熱線吸収

表1・4・2　遮蔽係数（κ）

状態	遮蔽係数
普通板ガラス	1.0 ～ 0.95
吸熱ガラス	0.8 ～ 0.65
熱線反射ガラス	0.7 ～ 0.5
複層ガラス	0.9 ～ 0.7
遮熱フィルム	0.3
不透明遮熱フィルム	0.2
カーテン	0.5 ～ 0.4
室内ブラインド	0.75 ～ 0.65
室外ブラインド	0.25 ～ 0.15
軒・庇	0.3
粗い植栽	0.6 ～ 0.5
密の植栽	0.5 ～ 0.3

（出典：日本板硝子株式会社の資料をもとに作成）

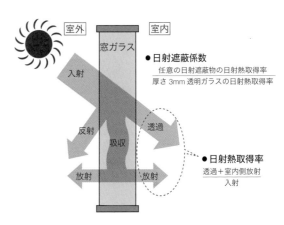

図1・4・22　日射熱取得率

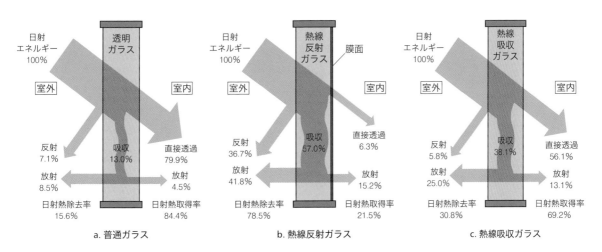

図1・4・23　各種ガラスの日射透過率（出典：日本板硝子株式会社の資料をもとに作成）

---

*1　相当外気温度：SAT（Sol-air temperature）、日射の影響を温度に換算し、外気温度に加えて等価な温度にしたもの。実際の外気温（air temperature）に、日射（Sol）による影響分を温度として加えた仮想温度のことである。

ガラスは、ガラスの原料に少量の金属を混ぜることによって、ガラス自体が赤外線（熱）を吸収する。

両者は普通ガラスに比べて室内の冷房負荷を減らすことができるので省エネルギー効果がある。各種ガラスの日射熱除去率と熱取得率を図1・4・23に示す。

c）ダイレクトゲイン

ダイレクトゲイン方式とは、太陽光を開口部から直接取り込み、壁や床で蓄熱し、そこからの放射熱（輻射熱）で室内を暖める方法である。このように機械設備を用いずに太陽光を利用する方式をパッシブソーラーシステムという。逆に太陽光（日射）を給湯・暖房などの設備に利用する方式をアクティブソーラーシステムという。

ダイレクトゲイン方式によるパッシブソーラーハウスを計画する場合、室内の熱容量を大きくしたほうが冬期における太陽熱の利用効果が高い。

（3）日射熱遮蔽

a）日射遮蔽係数

窓の遮蔽係数とは、普通透明ガラス（3mm厚）から入る快晴時の日射による熱を1、完全に遮光した揚合を0とし、遮蔽しない時とカーテンや庇などで遮蔽した時の比をいう。

比較的、太陽光を透過しやすいレースのカーテンの遮蔽係数は0.7であり、障子は0.5、遮光用カーテンは0.4程度である。そのほか表1・4・2に示す通りである。

窓の日射遮蔽係数は、その値が大きいほど日射の遮蔽効果（通過しやすい）は低い（小さい）。すなわち、日射遮係数の値が小さいほど、日射遮性能は高くなる。

b）日射熱遮蔽効果

夏期において、開口部から侵入する日射熱をブラインドによって防止する場合、室内側より室外側に設けるほうが効果的である（図1・4・24）。開口部に水平な庇を設ける場合は、太陽高度の低い日射には効果があまり期待できないため、夏期では西（東）面より南面のほうが遮蔽効果は高くなる。また、居室の冷房負荷は、開口部を西面に設けると南面より大きくなる。

白色ペイント塗りの壁の場合、可視光線などの短波長放射の反射率は高いが、赤外線などの長波長放射の反射率は低い。日射遮蔽効果の関係を表1・4・3に示す。

表1・4・3　日射遮蔽効果の関係

日射熱取得率	日射遮蔽係数	日射遮蔽効果
大	大	小
小	小	大

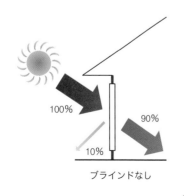
ブラインドなし

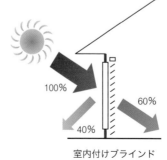
室内付けブラインド

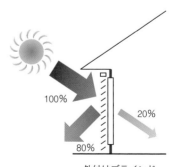
外付けブラインド

図1・4・24　ブラインドによる日射遮蔽

演習問題 — 1・4　日射・日照

1) 東京（緯度35°41′）における春分・秋分、夏至、冬至の南中時の太陽高度を求めよ。

2) 東京の夏至の南中時における法線面直達日射量（J_N）が300〔W/m²〕であった。
この時の水平面直達日射量（J_H）と南向き鉛直面直達日射量（J_V）を求めよ。

3) 東京で高さ25mのマンションを建てる計画をしている。この時の南北隣棟間隔を求めよ。ただし、東京の隣棟間隔係数εは1.9とする。

4) 外気温が30℃、室内気温が20℃の時、ある建築物の50m²の壁に日射量300〔W/m²〕の負荷があった場合、この壁の熱負荷量（熱貫流量）を計算せよ。ただし、壁の熱貫流率を2.5〔W/(m²・K)〕とする。

5) ある窓ガラスに200〔W/m²〕の日射量が透過し、30〔W/m²〕の熱量がガラスに吸収して室内に放出された時の窓ガラス日射熱取得率（日射侵入率）を求めよ。ただし、窓ガラスに入射した日射量は300〔W/m²〕とする。

6) 春分・秋分、夏至、冬至における南中時の太陽高度計算式を書け。

7) 日照率について説明せよ。

8) 終日日影だけは避けたいが、その方法は？

9) 大気透過率について述べよ。

10) ダイレクトゲインの利用方法について2つ以上例を挙げよ。

建築士チャレンジ問題 1・4　日射・日照

【1】日照・日射等に関する次の記述のうち、**最も不適当な**ものはどれか。

1. 地軸の傾き23.4°は、夏至と冬至における地球の公転軸と地軸の差と等しい。
2. 南中時の太陽高度とは、太陽が真南に来た時の太陽と地平線との角度である。
3. 可照時間とは、日の出から日没までの時間である。
4. 隣棟間隔は、冬至における日照時間の確保が可能な距離が必要となる。
5. 夏期において建築物が受ける日射量は、南側壁面 > 水平面 > 東・西側壁面 > 北側壁面のようになる。

【2】日照・日射等に関する次の記述のうち、**最も不適当な**ものはどれか。

1. 経度が異なる地点であっても、緯度が同一であれば、同じ日の南中時の太陽高度は等しい。
2. 南向き鉛直壁面の日照時間は、春分の日および秋分の日が最も長い。
3. 可照時間は、緯度が高いほど、また夏より冬のほうが短い。
4. 緯度が低いほど太陽高度は高くなり、日照時間を確保しやすくなり、隣棟間隔を大きくできる。
5. 快晴日に地表面に入射する日射量は月平均外気温が最高になる7月から8月にかけた期間が最大ではなく、6月の夏至頃が多い。

【3】日照・日射等に関する次の記述のうち、**最も不適当な**ものはどれか。

1. 北向き鉛直壁面は、春分の日から秋分の日までの6ヵ月間は、日の出と日没は東西軸より北側になるので直達日射を受ける。
2. 冬至の日の1日当たりの直達日射量は、水平面より南向き鉛直面のほうが小さい。
3. 天空日射量は、太陽光が空気中の塵や水蒸気により乱反射や拡散する日射量で、乱反射した空の明るさである。
4. 太陽放射のうち、紫外線は建築物の内外装の退色など、劣化をもたらす原因となる。
5. 大気放射は、大気中に放射されたエネルギーの一部が大気に一旦吸収され再放射されることをいう。

【4】日照・日射等に関する次の記述のうち、**最も不適当な**ものはどれか。

1. 曇天時の場合は、雲に上昇空気の熱が吸収され、一部はそこから地表面に放出されることにより快晴時ほどの温度低下は起こらない。

2. 快晴時のほうが薄曇りの時より天空日射量は多い。

3. 天空日射量は、曇っているほど天空へ放射される日射量（天空日射量）が多くなることから、大気透過率が低いほど大きい。

4. ダイレクトゲイン方式によるパッシブソーラーハウスを計画する場合、室内の熱容量を大きくしたほうが冬期における太陽熱の利用効果が高い。

5. 日照率は、可照時間に対する日照時間の割合である。

【5】日照・日射等に関する次の記述のうち、**最も不適当な**ものはどれか。

1. 大気透過率が高くなるほど、直達日射量は増加し、天空放射量も増加する。

2. 窓の遮蔽係数とは、普通透明ガラス（3mm厚）から入る快晴時の日射による熱を1、完全に遮光した場合を0とし、遮蔽しない時とカーテンや庇などで遮蔽した時の比をいう。

3. 開口部に水平な庇を設ける場合、夏期における日射の遮蔽効果は、西面より南面が高い。

4. 日射遮係数の値が小さいほど、日射遮性能は高くなる。

5. 日射を受ける外壁面の相当外気温度は、その面における日射吸収量、風速等の影響を受ける。

【6】日照・日射等に関する次の記述のうち、**最も不適当な**ものはどれか。

1. 長波長放射率は、日射を除いた赤外線域において、ある部材表面から発する単位面積当たりの放射エネルギーをその部材、表面と同一温度の完全黒体から発する単位面積当たりの放射エネルギーで除した値である。

2. 北緯35°の地点における春分・秋分の日の終日日射量は、終日快晴の場合、どの向きの鉛直面よりも水平面のほうが大きい。

3. 東西方向に長い同じ高さの集合住宅が南北に二棟並ぶ場合、全住戸で冬至の日の日照時間を4時間確保するには、集合住宅の高さの約2倍の隣棟間隔が必要である。

4. 建築物の形状と日影の関係において、4時間以上日影となる領域の面積は、建築物の高さよりも東西方向の幅が及ぼす影響が大きい。

5. 窓面における日照・日射の調整は、垂直ルーバーは南側に設置、水平ルーバーは東・西側に設置するのが有効である。

1-5 採光・照明

採光は自然の光を採り入れることであり、照明は人工光を採り入れることである。建築環境では見えない光の自然現象を科学的に論じる分野であり、設備では、電気エネルギーを使い、光をつくるために必要な機械や照明器具について扱う分野である。採光・照明は、設備分野では照明設計や照明器具を扱い（→ 2-7 照明・通信設備 p.155 参照）、共有する分野である。

◉ 1 採光

（1）視覚

視覚は、網膜に映る像を錐状体、桿状体という2つの細胞が受け、刺激を脳に伝えてその像を認識する。この**錐状体**は、色を識別する細胞で、網膜の中央部に多い。一方、**桿状体**は明暗を識別する細胞で、網膜の周辺部に多い（図1・5・1）。

（2）順応

人の目には明るさの変化に順応する能力があり、順応とは目へ入射する際に光の量により網膜の感度が変化する現象の状態をいう。

a）明順応

暗い所から急に明るい所に出ると、まぶしさで見えないが、物が見えるようにまで慣れることをいう。これは、光の量が増加し、網膜の感度は低くなるからである。所要時間は約1～2分かかる。

b）暗順応

暗順応は明順応とは逆で、暗い所で目が慣れるまでのことで、急に暗くなると、光の量が減少し、網膜の感度が高くなるからである。暗さに慣れる所要時間は約10～30分かかる。明順応より暗順応のほうが時間を要する。

（3）視感度

視感度とは可視光線に対する目に見える感度である。

a）明所視と暗所視

明るい所で錐状体が作用する状態を**明所視**といい、暗い所で桿状体が作用する状態を**暗所視**という。

明所視において同じ比視感度である青と赤であっても、暗所視においては、青のほうが赤より明るく見える。ある面からの放射エネルギーが同じ場合、明所視では、黄緑色のほうが赤色より強く感じられる。

b）最大視感度、比視感度

暗所視では507 nm、明所視では555 nmの波長の視感度が最も強くなり、視感度1とする。これを最

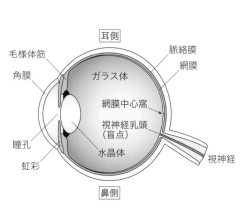

図1・5・1　目の感覚と仕組み

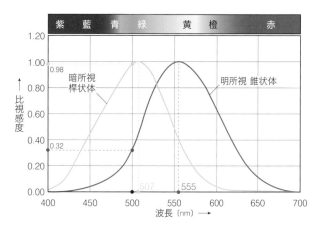

図1・5・2　比視感度

大視感度という。この波長を基準に、相対的に表された視感度を比視感度という。例えば、波長が500 nmの比視感度は、明所視0.32、暗所視0.98である（図1・5・2）。

(4) 光の単位

光の用語と単位を以下に示す（図1・5・3）。

a) 光束

光束は、ある面を「単位時間に通過する光の放射エネルギーの量」を視感度補正し測定したものである。すなわち、光源から放射された**光の量**で、単位はルーメン〔lm〕である。

b) 光度

光度とは、ある特定の方向へ出ていく光束量であり、**光の強さ**を表す。単位はカンデラ〔cd〕である。

c) 照度

照度は、光が入射する面における入射光による**明るさ**を示す測光量である。いわば、光源によって照らされた面の明るさであり、単位はルクス〔lx〕で表す。

・住宅の居間における団らんのための照度は、150～300 lx程度が良いとされている。

・住宅の寝室における読書時の照度は、300～750 lx程度が良いとされている。

・事務室において、細かい視作業を伴う事務作業の作業面に必要な照度は、1,000 lx程度とされている。

d) 輝度

輝度は、ある点から発する光のまぶしさを意味するが、光を発散する面をある方向から見た時の明るさを示す測光量である。ある方向から見た、光源面（発光面、反射面、透過面）の「単位面積当たりの光度」である。つまり「単位面積当たり、単位立体角当たりの光束」である。目で見た明るさに直接的な関わりがあり、屋内照明器具による**不快グレア**の評価に用いられる。単位はcd/m²である。

・受照面が均等拡散面である場合の輝度は、照度と反射率の積に比例する。

・輝度は、光源面だけではなく、反射面および透過面についても定義できる。

・白い背景のもとで黒い文字を読むような場合、対象と背景の輝度の対比が大きいほど視力が上がる。

e) 光束発散度

光束発散度は、発光面、反射面または透過面のいずれについても、面から発散する**単位面積**当たりの光束である。

・**光幕反射**

光幕反射は、机上面の光沢のある書類に光が当たる場合など、光の反射によって文字などと紙面との**輝度対比**が減少し、見にくくなる状態である。不快感を生じるだけでなく、眼の疲労の原因になることがある。光幕反射を減らすためには、光が視線方向に正反射する位置に光源を配置しないことが重要である。

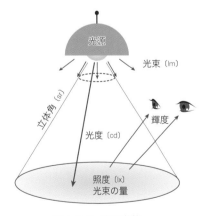

図1・5・3　光の単位

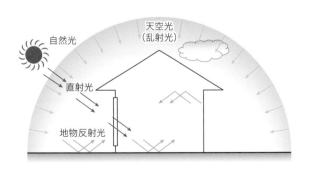

図1・5・4　直射光と天空光（乱射光）

（5）天空照度

a）直射光（直接光）

　太陽から光が、何も妨害を受けずに**直接地上に達する光**である。室内の採光性能を評価する場合は、一般に、直射日光は除き、天空光のみを対象とする。

b）天空光（乱射光）

　太陽からの光が、雲、水蒸気、粉塵などによる**散乱・反射**で、天空のあらゆる方向から地上に到達する光（図1·5·4）である。

c）全天空照度（E_s）

　全天空照度とは、**直射光を含まない**天空光の照度である。全天空照度は、天候や時間によって変化する（図1·5·5）。設計用全天空照度は、普通の日（標準の状態）の場合、15,000 lx を用いることが多い。

　昼光により室内の最低照度を確保するためには、設計用全天空照度に暗い日の値である 5,000 lx を採用する。

　冬期における北向きの側窓によって得られる室内の全天空照度は、直射日光による採光ではなく天空光によるものと考えられ、薄曇り時のほうが快晴や曇天の時より高くなる。

（6）昼光率

　昼光率は、全天空照度に対する、室内におけるある点の昼光による照度の割合である。すなわち、室内のある場所における明るさ（照度）と、室外の明るさ（全天空照度）との比率で表される。

　昼光率は、窓の大きさや位置の変化、室内の壁および天井、周囲の建築物、樹木などの影響を受ける。窓から離れるほど照度は低くなるので、昼光率も低くなる。

　室内におけるある点の昼光率は、一般的に、全天空照度が変化しても比率なので変化しない。例えば、全天空照度が大きくなれば、それに比例して室内のある点の照度も高くなるので、比率は変わらない。

> ・昼光率は、室内各部の反射率の影響を受けるが、天空の輝度分布が一様であれば、全天空照度の影響を受けない。

$$D = \frac{E}{E_s} \times 100$$

　　D：昼光率〔%〕

　　E：室内にあるポイントの照度〔lx〕

　　E_s：全天空照度〔lx〕

　例えば、屋外の照度が 10,000 lx で、室内のある点の照度が 1,000 lx の時に、昼光率 D は 10% となる。長時間の精密な視作業のための基準昼光率は、3% であり、学校の普通教室の昼光率は、2% 程度あればよい。基準昼光率の例を表1·5·1に示す。

（7）採光方法

　建築物における採光窓は図1·5·6のように屋根や壁に付ける手法がある。

a）側窓採光

　側窓採光は、外壁側面に設けられる一般的な採光

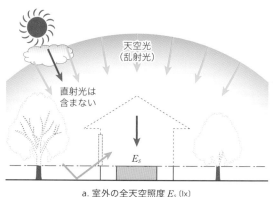

a. 室外の全天空照度 E_s〔lx〕
（天空がまったく遮られていない状態での照度）

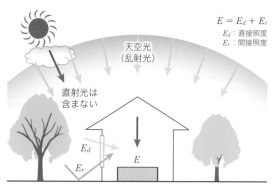

$E = E_d + E_r$
E_d：直接照度
E_r：間接照度

b. 室内のある点の照度 E〔lx〕

図1·5·5　昼光率の求め方

手法である。同じ面積であっても横長窓は縦長窓より室内奥が暗いが、縦長窓は横長窓より明るく、照度分布が均一である。高窓は室内奥が明るいが、窓際は暗い（図1・5・7）。低窓は、室内奥は暗いが、窓際は明るい。同じ面積で照度分布は均一にするためには小さな窓を分割して設けたほうが、大きな窓1つより、有効である。

b）高窓採光

・頂側採光

側窓より採光効果を得るために建築物の高所側面に設ける窓であり、奥まで自然光をたくさん取る場合に有効である。工場のこぎり屋根の頂側窓はその代表的な例である。

頂側窓は、特に北側採光を用いると安定した光環境を得ることができる。

・天窓採光

屋根に付ける窓で、室内の照度は均一であり、トップライトともいう（図1・5・8）。側窓より3倍の採光効果があるが、通風は期待できず、雨漏りしやすい。

● 2 照明

（1）照明用語

a）光束発散度

光束発散度は、人の眼に感じられる明るさを表す度合いで、広がりを持った光源の表面上の点から放出される単位面積（1m²）の光束密度である。単位は一般的には〔lm（ルーメン）/m²〕であり、またはラドルックス〔rlx〕で表されることもある。

b）均斉度

均斉度とは、ある作業面の最低照度を最高照度（または、平均照度）で除した値なので、最高照度が高いほど低くなる。照度の均斉度は、室全体の照度分布の均一さを評価する指標であり、その数値が1に近い（大きい）ほど明るさが均一であることを示している（表1・5・2）。

人工照明により全般照明を行う場合、照度の均斉度は、1/3程度あればよい。片側採光の部屋では、どうしても窓付近は明るく、室奥は暗くなるが、そ

表1・5・1　基準昼光率の例

基準昼光率〔％〕	全天空照度〔lx〕	明るい日 30,000	通常の日 15,000	暗い日 5,000	室・作業の種別
10	昼光による室内照度	3,000	1,500	500	昼光のみの手術室
5		1,500	750	250	精密製図・作業
3		900	450	150	一般製図、長時間の読書
2		600	300	100	普通教室、事務、読書
1		300	150	50	美術館、博物館の展示
0.7		210	105	35	居間・食事室・ホテルロビー
0.5		150	75	25	廊下、階段
0.2		60	30	10	物置、納戸

（出典：日本建築学会編『設計計画パンフレット』彰国社、1963年、p.12に加筆修正）

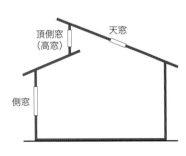

図1・5・6　採光窓

図1・5・7　頂側窓（高窓）
室内奥が明るい

図1・5・8　天窓（トップライト）
明るい室内空間（国立西洋美術館）

れでも均斉度を 1/10 以上とする。

$$均斉度 \ U_{\circ} = \frac{最少（最低）照度値}{最高（平均）照度値}$$

c) グレア・不快グレア

　グレアは、対象の見やすさが損なわれる現象で、極端な輝度対比があると起こり、光源から直接光による直接グレアと、どこかに反射した光による反射グレアがある。反射グレアは、視対象そのものや視対象の方向のショーウィンドウなどに、輝度の高い部分が正反射して生じる。

　視野内に高輝度な光が入ることによって、視認性の低下だけでなく、ギラギラとした不快感を生じさせるまぶしさを不快グレアという。

d) 色温度

　光の色温度は、絶対温度（ケルビン〔K〕）で表され、その光色の色度に近似する色度の光を放つ黒体（すべての光を吸収）の温度である。温度の数値が低いほど黄色から赤みを帯び、数値が高いほど青みを帯びた白色になる（図1・5・9、表1・5・3）。相関色温度は、光源の色度が黒体にない場合に適用されるものであり、同じ色温度（相関色温度）を持つ光源でも、光色が異なって見えることがある。

　照度と色温度の関係において、低照度では色温度の低い光色が好まれ、高照度では色温度の高い光色が好まれる。直射日光の色温度は、日没前頃より正午頃のほうが高い。

　蛍光ランプやLEDの光色において、昼白色は、電球色に比べて相関色温度が高い。全色温度の低い光源の照明器具を用いた場合、一般に、暖かみのある雰囲気となる。色温度が高いのは蛍光灯昼白色で約5,000K、光源は青白い。逆に、色温度が低いのは白熱灯で約2,800K、光源は赤味がある。

e) 演色性

　光源がもつ性質を演色性といい、物体色の見え方についての光源の性質で、太陽光による物体の見え方に近いものを演色性が良いという。これは、良い照明という評価基準ではない。人工光源の演色性は平均演色評価数（Ra）で表す。これは、基準光源（自然光など）によって照らされた色の見え方を100（最大値）とし、値が小さくなるほど基準光源によって照らされた色との差が大きいことになる。すなわち、人工光源の平均演色評価数の値が大きいほど、自然光の下での物体色の見え方に近い。

　全波長を均等に反射する分光分布[*1]をもつ物体を昼間の太陽光のもとで見る時、その物体の反射率が高いほど、太陽光の色に近い白色に見える。

f) ランプ効率

　ランプ効率とは、ランプの消費電力（1W）に対する光束で、単位は〔lm（ルーメン）/W〕で表される。

(2) 照明方法

a) タスク・アンビエント

　タスク・アンビエント照明は、タスク（作業）用の照明とアンビエント（周囲）の照明を効果的に使用することにより、省エネルギーを図るものである（図1・5・10）。

表1・5・2　適合な照明と均斉度

照明種類	均斉度
人工照明	1/3 以上
併用照明	1/7 以上
昼光照明	1/10 以上
同一作業範囲内	2/3 以上

表1・5・3　各種光源の色温度

自然界		人工	
光源	色温度〔K〕	光源	色温度〔K〕
朝・夕焼け	2,500	ろうそく	1,800
満月	4,100	ガス灯	2,160
太陽	5,000	アセチレン灯	2,350
薄雲空	6,200	100W 白熱球	2,800
曇天	7,000	ハロゲン電灯	3,000
晴天の青空	12,000	水銀灯	4,100
		蛍光灯昼白色 （昼光色）	5,000 （6,500）

（出典：パナソニック照明設計の資料をもとに作成）

低い ← 赤みが増す　　白色　　青みが増す → 高い

2,000K　3,000K　4,000K　5,000K　6,000K　7,000K　8,000K

図1・5・9　色温度

アンビエント照明の設計においては、空間の明るさを確保しつつ省エネルギーを図るために、輝度分布を考慮することが望ましい。

タスク・アンビエント照明では、アンビエント照度の均斉度をタスク照度の1/10以上確保することが望ましい。これは全般照明と局部照明を併用する場合、照度に差がありすぎると目に負担がかかるためである。

b) プサリ（PSALI、昼間人工照明）

プサリとは室内奥が、昼光照明だけでは不十分な時に採光を補うために点灯される**常設補助人工照明**である（図1・5・11）。

プサリの照明計画は、昼間の窓からの逆光となって見えにくくなる**シルエット現象**の防止になる。

c) 配光曲線

配光曲線は、**光度分布**[*1]を表した曲線で、光源や照明器具の各方向に対する光度（光の強さ）の大きさをベクトルで表し、その先端の軌跡をたどったものである。

（3）照度設計

a) 照明基準

照度基準は、以下の範囲で決定する。

・照度範囲（E_m）：推奨照度値

・照度均斉度（U_o）：$= \dfrac{最小照度値}{平均照度値} = 0.7$ 以上

・不快グレア（UGR_L）：グレア制限値、一般に、16〜22である。

・平均演色性評価数（Ra）：100が最大値。一般室では、80以上である。

照明計算では光束法と逐点法があるが、光束法は2章で扱う（**➔ 2-7 照明・通信設備** p.155参照）。

b) 逐点法

照明器具の光度値と照度面の距離を利用して、被照面のある点の照度を計算する方法である。照度は、光度に比例し、**距離の2乗に反比例する**。計算式は次の通りである（図1・5・12）。

・逆2乗の法則

$$E = \frac{I}{r^2}$$

E：O点の水平面照度〔lx〕

I：光源の光度〔cd〕

r：光源からO点までの距離〔m〕

・余弦の法則

$$E' = \frac{I}{R^2} \times \cos\theta$$

E'：P点の水平面照度〔lx〕

I：光源の光度〔cd〕

R：光源からP点までの距離〔m〕

θ：受照面の入射角〔°〕

図1・5・10　作業領域と周辺領域の照明（タスク・アンビエント）

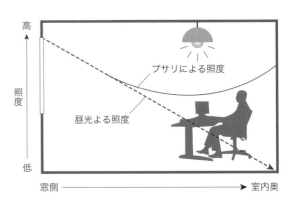

図1・5・11　プサリ

＊1　分光分布：光源から放射される光を波長ごとに分割し、各波長の光がどの程度含まれているかを表すこと。

（4）照明方式

　　照明方式は、図1・5・13のように直接照明、半直接照明、全般拡散照明、半間接照明、間接照明に分類される。

　　直接照明は天井から吊り下げた照明を遮らないので90%以上の光が向けられる。光が直接届き、照明効率が良く経済的である。しかし、光が強いので、室内の明暗差が大きく、目に刺激を与える。**間接照明**は光源から出た光を一度、天井や壁などに当て、反射光を利用する方式である。光は柔らかく明暗差も少ないので癒しの雰囲気を与える。**全般拡散照明**は光源を半透明のガラス、和紙などで包んだ照明方式である。光は柔らかく、眩しさが少ないが、照明の効率は低下する。

（5）照明計画

　　病院の手術室および診察室の照明設備は、事務室に使用する光源に比べて演色性の高い光源を使用する。演色とは照明による物体色の見え方を決定する光源の性質であるので、患者の顔色を見て判断する病院や診断所は、演色性が高いほうが良い。

　　住宅のリビングの間接照明においては、熱放射が少なく、ランプ交換などのメンテナンス頻度が少ないLEDランプが望ましい。公共施設などでは、過剰な初期照度を抑制するため、人の有無を感知する人感センサーを用いる**不在エリアの照明制御**を行う。

a）事務室の照明計画

　　サイズが小さく高輝度のLEDランプを使用する時は、グレアに配慮して、光源が直接目に入らないようにする。ブラインドの自動制御により昼光を利用し、かつ、消費電力を削減するため、トイレや廊下に人感センサーと連動させた照明器具を用いる。昼光を利用する照明計画を行う場合には、日射による空調負荷を抑えるための検討も必要となる。

b）建築化照明とライトアップ

　　建築化照明は建築の一部として、壁や天井、床などに照明器具を組み込んでいることをいい、ライトアップは夜間に建築物に照明を当てることによって、昼とは別の雰囲気を感じさせることをいう。いずれも街や都市を演出する装置となる（図1・5・14）。

図1・5・12　照明計算方法

新宿、安与ビル
（設計：明石信道）

ソウル、D.D.P. 東大門デザインセンター
（設計：ザハ・ハディッド）

図1・5・14　外観建築化照明

照明方式	直接照明	半直接照明	全般拡散照明	半間接照明	間接照明
配　光					
効　率	高い ◀ ─ ─ ─		─ ─ ─ ▶		低い
上向き光束	0〜10%	10〜40%	40〜60%	60〜90%	90〜100%
下向き光束	100〜90%	90〜60%	60〜40%	40〜10%	10〜0%

図1・5・13　照明方式の効率

c) 室内建築化照明（図1·5·15）

・バランス照明

　天井と壁面を照らし、その反射光で室内を上下に明るくする照明。天井や壁面を直接に、室内を間接的に明るくするため、天井を高く、室内面積を広く見せる効果があり、広く開放的な雰囲気になる。

・コーニス照明

　壁面を照らし、その反射光で主に壁面を直接明るくし、室内を間接的に明るくする照明。カーテン、窓も照らし美しくする効果がある。

・コープ照明

　天井を照らし、その反射光で主に天井面を直接明るくし、室内を間接的に明るくする照明。上への広がり効果があり、低い天井の時に広く見せる効果がある。

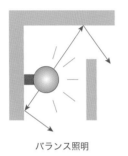
バランス照明

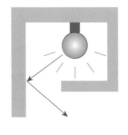
コーニス照明

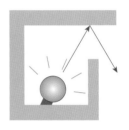
コープ照明

図1·5·15　室内建築化照明

演習問題― 1·5　採光・照明

1) 室内にあるポイントで昼光率4%が要求されている。曇りの日の全天空照度は5,000 lx、晴天の日の全天空照度が15,000 lxの時の室内にあるポイントの照度を求めよ。

2) 図のA、B、C点の照度を求めよ。

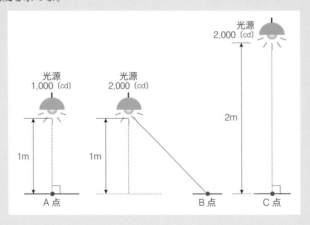

3) 明順応と暗順応について説明せよ。

4) 昼光率について説明せよ。

5) 色温度と演色性は日常的にどのように使われているか考えよう。

建築士チャレンジ問題 1・5　日射・照明

【1】採光・照明に関する次の記述のうち、**最も不適当な**ものはどれか。

1. 明順応は比較的短時間で完了するが、暗順応には明順応に比べて比較的長時間を要する。

2. 消費電力を削減するため、トイレに人感センサーと連動させた照明器具を用いる。

3. 光源によって照らされた面の明るさを照度といい、単位はルクス〔lx〕で表す。

4. 全般拡散照明は光源を半透明のガラス、和紙などで包んだ照明方式である。光は柔らかく、眩しさが少ないが、照明の効率は低下する。

5. 照度は、光度に反比例し距離の2乗に比例する。

【2】採光・照明に関する次の記述のうち、**最も不適当な**ものはどれか。

1. 錐状体は、色を識別する細胞であり、桿状体は明暗を識別する細胞である。

2. 事務室において、細かい視作業を伴う事務作業の照度は、1,000 lx 程度とされている。

3. 直接照明は90%以上の光が向けられ、照明効率が良く経済的である。

4. 暗順応より明順応のほうが時間を要する。

5. 昼光率とは、室内のある場所における明るさと、屋外の明るさとの比率で表される。

【3】採光・照明に関する次の記述のうち、**最も不適当な**ものはどれか。

1. 全天空照度とは、直射光による照度を含まない天空光の照度である。

2. 頂側窓の北側採光は、安定した光環境を得ることができる。

3. 光束発散度は、発光面、反射面または透過面のいずれについても、面から発散する単位体積当たりの光束である。

4. 人の目には明るさの変化に順応する能力がある。

5. 昼光率は、室内各部の反射率の影響を受けるが、天空の輝度分布が一様であれば、全天空照度の影響を受けない。

【4】日照・日射に関する次の記述のうち、**最も不適当な**ものはどれか。

1. 輝度は、ある点から発する光のまぶしさを意味し、単位は〔cd〕である。

2. 光幕反射は、不快感を生じるだけでなく、眼の疲労の原因になることがある。

3. 冬期における北向きの側窓の照度は、一般に、薄曇りの時より晴天時のほうが低い。

4. 屋外の照度が10,000 lx で、室内のある点の照度が1,000 lx の時に、昼光率 D は10%となる。

5. 日照率は、可照時間に対する日照時間の割合である。

【5】採光・照明に関する次の記述のうち、**最も不適当な**ものはどれか。

1. 昼光率は、窓の大きさや位置の変化、室内の壁および天井、周囲の建築物、樹木等の影響を受ける。

2. 住宅の寝室における読書時の照度は、300〜750 lx 程度が良いとされている。

3. 均等拡散面上における輝度は、照度と反射率との積に比例する。

4. 光の色温度は、絶対温度ケルビン〔K〕で表され、赤色は白色より高い。

5. 均斉度とは、ある作業面の最低照度を最高照度で除した値なので、最高照度が高いほど低くなる。

【6】採光・照明に関する次の記述のうち、**最も不適当な**ものはどれか。

1. 演色性は、物体色の見え方の光源の性質で、太陽光に近いものを演色性が良いという。

2. アンビエント照明は、空間の明るさを十分確保しているので、輝度分布等は考慮しなくてもよい。

3. 配光曲線は、光度分布を表した曲線で、光源や照明器具の各方向に対する光度の大きさをベクトルで表し、その先端の軌跡をたどったものである。

4. グレアは、対象の見やすさが損なわれる現象で、視野内の高輝度の部分や極端な輝度対比などによって起きる。

5. ブサリとは、室内奥が昼光照明だけでは不十分な時に、採光を補うために点灯される常設補助人工照明である。

1-6 色彩

色は図1・6・1のような太陽の波長380〜780nmの範囲の可視光線であり、その可視光線は虹でよく理解できる（図1・6・2）。虹は可視光線の可視的な自然現象である。虹では、内側の波長が短く、紫色であり、外側が一番長い赤色になる。色を認識することは我々の生活では重要であり、建築では空間構成等に多大な影響を与える。

(1) 色の混合

a) 三原色

三原色は、色の基本となる原色であり、色を混ぜることで様々な色をつくりだすことができる。この三原色は2つに分けられ、光と色料がある。光の二原色を混ぜると色料の一原色になり、色料の二原色を混ぜると光の一原色になる。

b) 加法混合

光の三原色は、赤（R）・緑（G）・青（B）であるが、この光の三原色を混ぜると**白色**になる（図1・6・3a）。

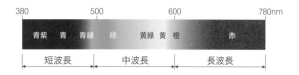

図1・6・1　可視光線における光の色と波長域の関係

図1・6・2　可視光線による虹の自然現象

c) 減法混合

物体表面の色（色料）の三原色は、シアン、マゼンタ、イエローである。色を吸収する媒体を混ぜ合わせて別の色をつくることを減法混合といい、混ぜると**黒色**になる（図1・6・3b）。

(2) 色の三属性

色相、明度、彩度を色の三属性という。この三属性の色の関係を立体的に表したのもを色立体という（図1・6・4）。無彩色は色相と彩度がなく、明度のみ存在する。

a) 色相　Hue

色相とは赤・黄・緑・青のように、色を特徴づける色みのことである。色の主波長の長いものから順に右回りの環状に色を並べたものを**色相環**という。色光の**誘目性**（人目を引きつける度合いのこと）では、一般に、色相では赤が最も高く、青がこれに続き、緑が最も低い。

b) 明度　Value

明度は明るさを表すもので、色の反射率の度合いである。マンセル表色系における明度（バリュー）は、0から10までの**11段階**の数値で表される。明度0は反射率が0%の黒であり、明度10は反射率が100%の白を意味する。明度を下げると暗くなり、

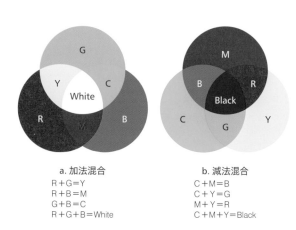

a. 加法混合
R＋G＝Y
R＋B＝M
G＋B＝C
R＋G＋B＝White

b. 減法混合
C＋M＝B
C＋Y＝G
M＋Y＝R
C＋M＋Y＝Black

図1・6・3　色の混合 （図版協力：武蔵野美術大学）

明度を上げると明るくなる。無彩色は、明度のみを有する色である。灰色の明度4.5は中間的であり、N4.5で表記する。

視認性は、注視している対象がはっきり見えるか否かに関する属性であり、視対象と背景色との間の**明度差**の影響を大きく受ける。

c) 彩度　Chroma

彩度は色の強さや**鮮やかさ**の度合をいう。彩度が低いと色みを感じにくくなり、彩度が高いと、鮮やかな色となる。無彩色は彩度が0（ゼロ）の色で、彩度が低いと白やグレーや黒に近い色である。彩度が低くて明るければ白になり、彩度が低くて暗ければ黒になる。彩度は色相と明度によって最大値が異なり、必ずしも10ではない。

色では色相、明度、彩度の順序で、「5G 7/8」のようにマンセル値で表示されるが、この場合、5G（Green）は色相、7は明度、8は彩度を示している。「5G 7/8」と表される色より「5G 8/6」と表される色のほうが明度は高く、彩度は低い。

(3) 色の関係

a) 純色

各色相のうちで最も**彩度の高い色**を純色といい、純色の彩度は色相や明度によって異なる。純色は、色相（色の種類）により、8〜14段階と差がある。例えば、赤は高く、青緑は低い。無彩色（白・灰・黒）を純度0とし、無彩色成分に対して有彩色成分の比率が増すにつれて純度も高くなる。

b) 補色

補色とは図1・6・5のように色相環において色同士の相補的な関係をいう。補色同士の色の組み合わせは、互いの色を引き立て合う**相乗効果**があり、これは**補色調和**という。例えば病院の外科手術室では、内装や手術着を薄い緑色にすることで、赤（血液の色）の補色である緑色で赤が鮮明に見える。補色の関係にある2色は、混合すると**灰色（無彩色）**になる。

c) 表面色と開口色

表面色は物を見ている時の色であり、開口色は光そのものを見ている時の色である。両者は、**空間的な定位**（ある事物の位置を一定にとること）や**肌理**（木目きめ）を感じられない色の見え方である。物体の表面色の見え方は、見る方向によって異なることがある。

d) 記憶色

記憶色とは、記憶上の色彩物の色は、白色光の下で見た色を記憶している。記憶に基づいた色なので記憶色と呼んでいる。記憶色は、一般に、実際の色彩に比べて、彩度・明度ともに**高くなる**傾向がある。

e) 系統色名

系統色名とは、基本色名に**修飾語**を組み合わせた色の表記方法のことである。例えば、朱色（6R5/14）は鮮やかな黄み（修飾語）の赤（基本色名）という系統色名になる。

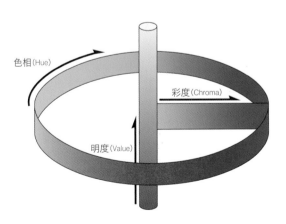

図1・6・4　色の三属性、色相・明度・彩度（図版協力：武蔵野美術大学）

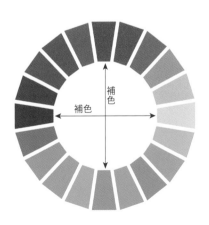

図1・6・5　補色関係（図版協力：武蔵野美術大学）

JIS の物体色の色名における有彩色の系統色名は、基本色名に「有彩色の明度および彩度に関する修飾語」「無彩色の明度に関する修飾語」および「色相に関する修飾語」の3指標の語を付記して色を表示する。

(4) 表色系

a) マンセル表色系

マンセル表色系は基本色を5つ（R・Y・G・B・P）に分け、その中間に YR・GY・BG・PB・RP の5つを区別した10色の主要色相から成り立つ（図1・6・6a）。

色の三属性を含めて図1・6・6b で示したものをマンセルの色立体という。色立体の中心軸の環周りは色相である。色立体の中心軸の上下方向が明度であり、軸の下が黒、上が白である。

軸からの外周までの距離が彩度であり、軸から外周まで離れると彩度は高くなる。明度の色相、明度により彩度の範囲は異なるため、色立体はきれいな円筒形にはならず、歪な球体になる。

マンセル表色系において、マンセルバリュー（明度）は、物体表面の反射率の高低を表しており、明度5の色の視感反射率は、約20%である。

b) XYZ 表色系

1931 年国際照明委員会（CIE）により定められた色の表示法で、輝度を Y 成分、色度を X、Z 成分で表す。この XYZ 表色系では、数値と色の関連がわかりにくいため、絶対的な色合いを表現するために考案された。X、Y を色度座標と呼び、すべての色は X と Y による2次元平面で、明度は Y で表現される。すなわち、光の三原色の加法混合によって混合すれば、様々な色ができるという考えである。その基本原理は混色した時の三原色の混合量で色を表示する。

例えば、図1・6・7は光の三原色 X（赤）、Y（緑）、Z（青）による色相と彩度の関係図であるが、X 軸の値が大きくなるほど赤みが強くなる。また、Y 軸の値が大きくなるほど緑みが強くなり、0点（原点）に近づくほど青みが強くなる。さらに、外側に行くほど彩度が高くなり鮮やかになる。

白色は X = 0.33、Y = 0.33 付近である。XYZ 表色系における三原刺激（反射による物体色）X、Y、Z のうちの Y は、光源色の場合、測光的（光の諸性質を測定）な明るさを表している。

c) 色彩調和論

ジャッド（D. B. Judd）がまとめた色彩調和の原理によると、色相環における等間隔配色は調和する。これは、色彩体系上、一定の法則に基づいて秩序的、幾何学的に関係ある配色は調和を意味する。

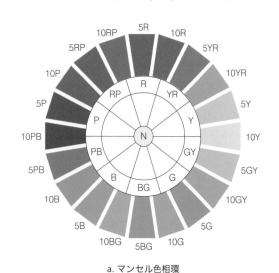

a. マンセル色相環

b. マンセル色立体

図 1・6・6 マンセル表色系 （図版協力：武蔵野美術大学）

(5) 色彩対比

色の三属性である色相、明度、彩度が異なる2色以上の色を同時に見た時に起こる、空間的に接する色の対比現象を同時対比という。

a) 色相対比

色相対比とは同じ色でも、色相の異なる色を背景にして、隣の色の影響を受けて、比較した場合、異なった色に見える。図1・6・8a は色相対比の例である。中央のオレンジ色は同じ色であるが、右の黄色の中にあるオレンジのほうが黄色っぽく鮮明に見える。このように、色相がずれて見えることを色相対比という。

b) 明度対比

隣に明度の違う色を配色した時、当該の色が明るく見えたり暗く見えたりすることを明度対比という。図1・6・8b のように、同じ色でも、明度の高い色を背景にした色は、実際の色より暗く見えて、明度の低い色を背景にした色は、実際の色より暗く見える。

c) 彩度対比

隣に彩度の違う色を配色した場合、彩度がずれて見える現象である。図1・6・8c のように、右の彩度のように高い色に囲まれた緑色は、彩度が低下して見えて、左のように背景色がくすんでいると、緑色は鮮やかで高彩度に見える。建築空間において、小面積の高彩度色を大面積の低彩度色に対比させて用いると、アクセント効果が得られる。

d) 補色対比

2色が補色の関係にある場合、背景色に囲まれた対象の彩度が増して見える現象を補色対比という。図1・6・9のように、左の赤色と右の緑色は補色関係である。補色対比は彩度対比と同じような効果を与えることで、補色を並べると、互いに彩度を高めあって鮮やかさを増す。このような補色対比は看板デザインなどでよく使われている。

e) 同化現象

同化現象とは、囲まれた色や挟まれた色が周囲の色に近づいて見えることをいう。照明の光がわずかに変化した場合であっても、その光が一様に物体に当たっていれば、色の恒常性（状態が一定に保たれる性質）により物体の色を同じ色として認識する（図1・6・10）。

(6) 色彩の心理的・生理的効果

我々の生活ではとても重要な役割をする色彩には、

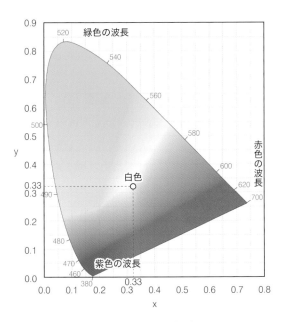

図1・6・7　XYZ 表色系

（出典：Wikimedia Commons ©（Licensed under CC BYSA）Sakurambo, "CIExy1931.svg"〈https://commons.wikimedia.org/wiki/File:CIExy1931.svg〉）

a. 色相対比

b. 明度対比

c. 彩度対比

図1・6・8　同時対比

図 1·6·9　補色対比

図 1·6·10　色の同化現象

面積効果

膨張・進出　　　収縮・後退

軽・軟　　　　重・硬

重量・硬度感

図 1·6·11　色彩の効果

心理的・生理的効果がある。

a) 色の見え方

・面積効果

　色の面積の大きさによって、色が違って見える色の心理的な現象である。面積の小さいほど、明度と彩度は低く感じられる。（図 1·6·11）。床や壁などの色彩計画において、色見本よりも実際に施工された大きな面のほうが、面積効果（対比）により、面積が大きいほど明度・彩度ともに**高く見える**。

・膨張・収縮

　周りの色の影響で膨張または収縮して見える現象である。明度の影響が大きく、明度・彩度が高い色、暖色が膨張して見える。暖色系は赤〜黄で、寒色系は青〜青緑である。

・進出・後退

　周りの色の影響で色が進出して見えたり、後退して見えたりする現象である。暖色系は手前に進出して見え、寒色系の色は後退して見える。

・重量感・硬度感

　明度が高いと軽く、柔らかく感じる。その反面、明度が低いと重く、硬く感じる。

・明視

　明視とは、ものがはっきりと見えることであり、その条件には、ものが小さいよりは大きいこと、ものが明るいこと、色のコントラスト（対比）がはっきりしていること、ものの動きが少ないことの 4 つがある。すなわち、明視の 4 つの条件は、**明るさ、対比、大きさ、動き（時間）**である。

b) プルキンエ現象

　プルキンエ現象は、明所視から暗所視へ徐々に移行する時、暗所視において、比視感度が最大となる波長が短い波長へずれる現象である（図 1·6·12）。すなわち、視感度の相違によって、明所視に比べ暗所視において、青が明るく、赤が暗く見える現象である（図 1·6·13）。これは、桿体と呼ばれる視細胞の働きによるもので、人の目は暗くなるほど**青い色に敏感**になる。

c) 安全色

　安全色とは、日本産業規格（JIS）が定める安全色の規格である。安全色として赤・黄赤・黄・緑・青・赤紫の 6 色が規定されており、また安全標識などで安全色を引き立てる対比色として、白・黒の 2 色が規定されている。

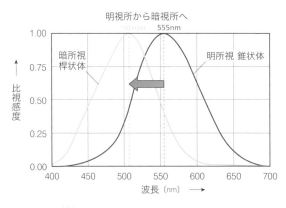

図 1・6・12　プルキンエ現象と可視光線の関係

図 1・6・13　プルキンエ現象
プルキンエ現象、明所視から暗所視へ
（隅田川から旧築地市場を眺める）

a. 横断歩道の安全色、ゼブラゾーン
（ソウル D.D.P. 前）

b. 信号のランプ

図 1・6・14　安全色

　身の回りの標識には色が使われている。例えば、信号には、赤・黄・青が使われ、道路標識は、赤・青・黄のほか、高速道路でよく見る緑などがある。緑は、安全状態および進行を表している。対比色は横断歩道、車道の安全地帯などに使用されている。また、信号や、自動車テールランプなどの光に関する光源色（ランプ）として安全色 4 色（赤、黄、緑、青）、対比色（白）があり、それぞれの色に意味がある（図 1・6・14）。

演習問題―1・6　色彩

1）　色の加法混合と減法混合の違いについて説明せよ。

2）　色の三属性について簡単に説明せよ。

3）　日常的に使われている補色の例を 3 つ挙げて述べよ。

4）　記憶色について述べよ。

5）　表色系と色彩調和論の相違点について説明せよ。

6）　色彩が建築空間に与える心理的・生理的影響に考慮して、どのような設計をするか考えよう。

7）　プルキンエ現象について説明せよ。そして、観察してみよう。

8）　身近なところで、安全色について説明せよ。

【1】色彩に関する次の記述のうち、**最も不適当な**ものはどれか。

1. 光の三原色は、赤（R）・緑（G）・青（B）である。

2. 安全色のうち赤は、安全状態や進行を表している。

3. プルキンエ現象は、暗所視時に、比視感度が最大なる波長が短い波長へずれる現象である。

4. JIS の物体色の色名における有彩色の系統色名は、「有彩色の明度および彩度に関する修飾語」「無彩色の明度に関する修飾語」「色相に関する修飾語」である。

5. 明視とは、ものがはっきりと見えることであり、4 つの条件がある。

【2】色彩に関する次の記述のうち、**最も不適当な**ものはどれか。

1. プルキンエ現象は、視感度の相違によって、明所視に比べ暗所視において、赤が明るく、青が暗く見える現象である。

2. 物体表面の色（減法混色）の三原色は、シアン、マゼンタ、イエローである。

3. 色光の誘目性では、一般に、色相では赤が最も高く、青がこれに続き、緑が最も低い。

4. マンセル値「5G 7/8」とは、5G 色相、7 明度、8 彩度を示している。

5. 無彩色は、明度のみを有する色である。

【3】色彩に関する次の記述のうち、**最も不適当な**ものはどれか。

1. 面積効果（対比）により、面積が大きいほど明度・彩度ともに高く見える。

2. 同化現象とは、囲まれた色や挟まれた色が周囲の色に近づいて見えることをいう。

3. 隣に明度の違う色を配色した時、当該の色が明るく見えたり暗く見えたりすることを明度対比という。

4. XYZ 表色系の Y は、光源色の場合、測光的（光の諸性質を測定）な明るさを表している。

5. 光の三原色を混ぜると黒色になる

【4】色彩に関する次の記述のうち、**最も不適当な**ものはどれか。

1. 明度は反射率が 0% の完全な黒を明度 0、反射率が 100% の完全な白を明度 10 として、11 段階ある。

2. 彩度は色相と明度によって最大値が異なり、必ずしも 10 ではない。

3. 物体の表面色の見え方は、見る方向には影響がない。

4. 各色相のうちで最も彩度の高い色を、一般に、純色という。

5. マンセル表色系における彩度は、無彩色を 0 とし、色が鮮やかになるほど数値が大きくなる。

【5】色彩に関する次の記述のうち、**最も不適当な**ものはどれか。

1. 視認性は、はっきり見えるか否かに関する属性であり、視対象と背景色との間の明度差の影響を大きく受ける。

2. ジャッド（D. B. Judd）の色彩調和の原理によると色彩体系上、一定の法則に基づいて秩序的、幾何学的に関係ある配色は調和する。

3. 純色の彩度は色相や明度によって異なる。純色は、ある色相の中で最も彩度の高い色である。

4. 記憶色は、一般に、実際の色彩に比べて、彩度・明度ともに低くなる傾向がある。

5. 「5G 7/8」と表される色より「5G 8/6」と表される色のほうが明度は高い。

【6】色彩に関する次の記述のうち、**最も不適当な**ものはどれか。

1. マンセル表色系において、マンセルバリュー（明度）5 の色の視感反射率は、約 20% である。

2. 明度が高いと軽く、柔らかく感じるし、明度が低いと重く、硬く感じる。

3. マンセル表色系における明度は、面の色の明るさを示す指標であり、反射率の高低に応じて変化する。

4. 安全標識で、安全色の対比色として白と黒の 2 色が規定されている。

5. 明度・彩度が低いと膨張して見える。

音・音響

📢 1 音

（1）音の伝搬

a）音の発生と認識

音が発生すると、音の振動の波によって空気や水、個体などの媒質中で伝わる。その媒質の密度により、疎密波が変化して繰り返し伝わる。固体伝搬音（固体音）は、建築物の躯体中を伝わる振動により、壁や天井などの表面から空間に放射される音である。伝えるものがない真空中では音が伝わらない。

音源より発生した音波は、球面波の形で広がり、その後は平面波の形に変わり広がる（図1・7・1）。気体、液体中での音波は、縦波であるが、固体中では横波である。

b）音の仕組み

・音波

音として伝わる波を音波といい、音波は波形で表す（図1・7・2）。その波形は波の山から山（または谷から谷）までを波長といい、山の高さを（または谷の深さ）を振幅という。音波は、波の伝搬方向と媒質粒子の振動方向が等しい縦波である。

・周波数

音が伝播すると波動が生じる。この時、1秒間往復する振動回数を周波数または振動数といい、単位はヘルツ〔Hz〕（回/s）である。

20歳前後の正常な聴力をもつ人が知覚可能な音の周波数の範囲は、20〜20,000 Hz程度である。すなわち、20 Hzから20 kHzであり、対応する波長の範囲は十数mから十数mmである。音の大きさの感覚量は、音圧レベルが一定の場合、低音域で小さく、3,000〜4,000 Hzで最大となり、この範囲の音が最も大きく聞こえる。人の可聴周波数の上限は、一般に、年齢が上がるにつれて低下するので、高齢者は周波数の高い音が聴き取りにくくなる。

波長λは周波数fと音速vがわかれば、長さがわかる。その関係式は次の通りである。

$$\lambda = \frac{v}{f} \,〔\mathrm{m}〕$$

（2）音の3要素

音の聴感上の3つの要素は、音の高さ、音の大きさ、音色である（図1・7・3）。

a）音の高さ（周波数 pitch）

音の高さは、周波数が多い音が高音であり、周波数が少ない音が低音である。すなわち、波の高さではなく1秒間の音波の数が音の高さである。高音は女性の声であり、低音は男性の声である。

図1・7・1　音の発生

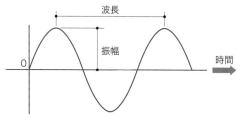

図1・7・2　音波

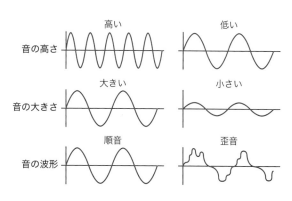

図1・7・3　音の3要素

b）音の大きさ（強さ）

音波における波の振幅の大きさ（高さ）が音の大きさとなる。音波の振幅が大きい（高い）と空気の圧力変化が大きくなり強い音になる。音波の振幅が小さい（低い）と空気の圧力変化が小さくなり、弱い音になる。この圧力変化の量を**音圧**といい、音の大きさは音圧によって決められる。

c）音色（波形）

音色とは、音の波形による**音の質**である。音波の質の違いによって違う音が生み出される。同じ音の高さ、大きさであっても、音波によって生じる形態は、それぞれの音によって異なり、音色（波の形）の異なる音は聞こえ方も異なる。例えば、楽器の種類が違えば音色も違ってくる。

（3）音の進み方

a）音の速度

音速は気温の影響を受け、次の式で表される。

$$v = 331.5 \times \sqrt{\frac{273+t}{273}} = 331.5 + 0.6 \times t$$

v：音速〔m/s〕

t：気温〔℃〕

$t = 15℃$ の場合、$v = 340\,\mathrm{m/s}$ という値が、日常的に使われている。

気温が高くなるほど、空気中の音速は速くなり、気温が1℃高くなるにつれて0.6 m/s早くなる。

b）音の回折（diffraction）

音の回折は、音波の伝搬空間に障害物がある場合に、障害物の背後に音が回り込んで伝搬する現象であり、障害物の大きさよりも音の波長が大きい（長い）ほど回り込みやすい（図1・7・4）。音は障害物があると直進できず、その障害物を回り込んで、その裏で音が聞こえる。**低音**はこの回折現象が起こりやすい。

c）音の屈折

音の屈折は、**気温の差により地上の空気層において音の進行方向が曲がる**現象をいう。音は、温度が高いほど速く進むため、地表付近で発音体から出た音は下にふくれた球の面のように広がっていく。昼間は太陽光によって地表が温められ、上空にいくほど温度が低くなる。夜になると、地表が冷やされ、上空の空気のほうが暖かくなる。この自然現象による温度差で、夜は屈折して遠くまで音が届く（図1・7・5）。

（4）音の単位

a）音圧（P）

音圧は、音波による空気の強さであり、単位面積に作用する音が発する**空気の圧力**である。単位は〔N/m²〕、パスカル〔Pa〕。音圧レベルは、音圧と最小可聴音圧の比を常用対数で表したレベル（量）を意味する。

b）音響パワー

音圧とほぼ同じ意味で使われている。音圧は室内の大きさ、壁、床、天井などの音を反射または吸収による（音圧レベル）室内の特性に関係するが、音

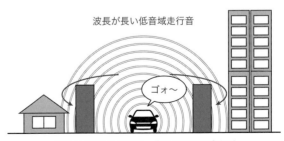

高音：音の影（無音域）をつくりやすい、車のクラクションの音など

a. 高音の回折

低音：回り込みやすい、車の走行する音など

b. 低音の回折

図1・7・4　音の回折

響パワーは室内の影響に依存しない音源だけのエネルギーである。

　　最小可聴音圧：2×10^{-5}〔N/m²〕

　　最大可聴音圧：20〔N/m²〕

・音源の音響パワーを4倍にすると、受音点の音圧レベルは、約6dB上がる。

・音源の音響パワーを50%に下げると、受音点の音圧レベルは約3dB下がる。

c）デシベル（dB）と音の関係

デシベルとは音の強さを表す単位であるが、倍率で表示すると桁数が非常に大きくなってわかりにくくなってしまうので、桁数を抑えて比較的わかりやすい数値にしたものである。音響エネルギー密度レベルは、音のもつ単位体積当たりの力学的エネルギー量を、デシベル表示したものである。

音の可聴範囲は、10^{-12}（$= 1/10^{12}$）W/m²から1W/m²であり、最小音と最大音のエネルギー差（強さ）は10^{12}である。この音のエネルギー量の数値が大きいため、音の計算はlogという**常用対数**で表現する。そうすると、強さは100倍でも2倍になり、1,000倍になっても3倍の音しか感じない。

その常用対数を使う音の強さは、表1・7・1のようになる。デシベルは実際の音の強さの量を表すより常用対数を用いた音の強さのレベルの表現がわかりやすいため、一般的に使われている。音の強さのレベルの計算式は下記の通りである。音の強さと感覚を表1・7・2に示す。

$$IL = 10 \log_{10} \frac{I}{I_0}$$

　IL：音の強さのレベル〔dB〕

　I：音の強さ〔W/m²〕

　I_0：基準となる最小可聴音の強さ10^{-12}〔W/m²〕

（5）音のレベルの合成

同時に2つの音が発生し、1つの音の大きさに聞こえることを音のレベルの合成といい、2つの**音源の差**で求める音のレベルの合成は図1・7・6のように

＊常用対数

$\log_{10} 10 = 1$　　　　　$\log A \times B = \log A + \log B$

$\log_{10} 100 = 2$　　　　$\log A / B = \log A - \log B$

$\log_{10} 1,000 = 3$　　　$\log A_a X^n = n \log_a X$

$\log_{10} 10,000 = 4$

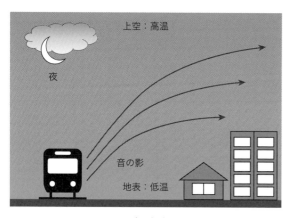

a. 夜の場合

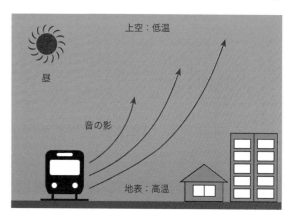

b. 昼の場合

図1・7・5　音の屈折

表1・7・1　常用対数による音の強さ

音の強さ〔W/m²〕	10^{-12}	10^{-11}	10^{-10}	10^{-9}	10^{-8}	10^{-7}	10^{-6}	10^{-5}	10^{-4}	10^{-3}	10^{-2}	10^{-1}	1
音の強さのレベル〔dB〕	0	10	20	30	40	50	60	70	80	90	100	110	120
音圧〔N/m²〕	2×10^{-5}		2×10^{-4}		2×10^{-3}		2×10^{-2}		2×10^{-1}		2		2×10

（出典：朴賛弼・伏見建『基礎講座 建築環境工学』学芸出版社、2020、p.143）

表 1・7・2 音の強さと感覚

感覚	dB(A)	外の音	人の声	自然・動物の音	音楽
聴力機能に障害	140	—	—	至近の雷	—
	130	離陸のジェット機	—	—	—
	120	飛行機のエンジン	—	近所の雷	トランペット（10 m）
極めてうるさい	110	ジェット機（600m）	叫び声（30 cm）	目の前の犬の吠え	ステージのオーケストラ、ピアノ
	100	ガード下の電車	プロの声楽	庭先の犬の吠え	オーケストラ
うるさい	90	地下鉄の車内	怒り声	—	カラオケ、大音量のステレオ
	80	通行量が多い車道	—	近所の犬の吠え	弦楽器、フルート等管楽器、普通のステレオ
普通	70	新幹線の車内	大きな声	カエルの合唱、鳴き声	大音量のテレビ、ラジオ
	60	エアコンの室外機	大きないびき、普通の声	—	中音量のテレビ、ラジオ
静か	50	事務室、昼の住宅地	小さい声	小鳥のさえずり	—
	40	夜間の住宅地	—	しとしと雨	—
極めて静か	30	深夜の住宅地	ささやき声	木の葉のそよぎ	—
	20	—	—	霧雨	—

（出典：朴賛弼・伏見建『基礎講座 建築環境工学』学芸出版社、2020、p.145）

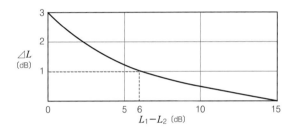
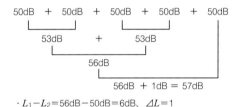

- $L_1 - L_2 = 56\,\text{dB} - 50\,\text{dB} = 6\,\text{dB}$、$\triangle L = 1$
- 5つの場合は1dB上昇し57dBとなる。

図 1・7・6　音のレベルの合成 （出典：日本建築学会編『建築設計資料集成 1. 環境』丸善、1978 年、p.2 をもとに作成）

なる。大きいレベルが L_1、小さいレベルが L_2 とする。この図から L_1 と L_2 が等しい場合、3 dB 上昇することがわかる。また、L_1 と L_2 の差が 15 dB 以上になると、L_1 の音のレベルとほとんど変わらない。50 dB の音源が 4 つある場合は、2 つずつの組み合わせで 3 dB 上昇するので 56 dB となる。

　ある音の強さが I〔W/m²〕である時、この音が n 個存在する時は、$10\log_{10}n$〔dB〕だけレベルが上昇する。その式は次の通りである。

$$IL = 10\log_{10}\frac{I}{I_0} \times n = 10\log_{10}\frac{I}{I_0} + 10\log_{10}n$$

$n = 2$、$10\log_{10}2 ≒ 3\,\text{dB}$ 上昇する。

$n = 3$、$10\log_{10}3 ≒ 5\,\text{dB}$ 上昇する。

- $\log_{10}2 = 0.3010$　　・$\log_{10}4 = 0.6020$
- $\log_{10}3 = 0.4771$　　・$\log_{10}5 = 0.6989$

$n = 4$、$10\log_{10}4 = 10\log_{10}2^2 = 20\log_{10}2$
$≒ 6\,\text{dB}$ 上昇する。

$n = 5$、$10\log_{10}5 = 10\log_{10}\dfrac{10}{2} = 10 - 10\log_{10}2$
$≒ 7\,\text{dB}$ 上昇する。

　音の強さのレベルを 20 dB 下げるためには、音の強さを 1/100 にし、30 dB 下げるためには、1/1,000 にする。拡散性の高い室に、音響パワーが一定の音源がある場合、室の平均吸音率が 2 倍になると、室内平均音圧レベルは約 3 dB 減少する。

(6) 純音に対する等感度曲線

　等ラウドネス曲線とは、等しい音の大きさに対して感じる周波数と音圧の関係を曲線で結んだものである（図 1・7・7）。人の聴覚は音圧が同じでも周波数により音の大きさ（ラウドネス）が異なることで、等ラウドネス曲線から見て、人間の聴覚の特徴が読

み取れる。等価騒音レベルは、聴感補正された音圧レベルのエネルギー平均値であり、変動する騒音の評価に用いられる。

・フォン〔phon〕

人間の聴覚を基準にした音の大きさのレベルの単位。周波数1kHzの純音の音圧レベルと同じ大きさに聞こえる音を、デシベルと同じ数値で表す。

低周波数域では、耳の感度が非常に悪くなる。例として、音の大きさのレベルが20phonの曲線で、1,000Hzの純音では20dBであるが、125Hzでは43dB、63Hzでは56dBの強い音でないと、同じ大きさの音に聞こえない。

周波数4kHz付近で耳の感度は最も鋭くなる。4kHz以上の高い周波数では、耳の感度は周波数の増加にともなって上昇するが、8kHz近傍から徐々に感度が悪くなる。

同じ音圧レベルの場合、一般に、1,000Hzの純音より125Hzの純音のほうが小さく聞こえる。

また、屋外において、遠方の音源から伝搬する音の強さは、空気の音響吸収によって、低音域ではなく、高音域ほど減衰する。

(7) 音の減衰

室外において、遠方の音源から伝搬する音の強さは、空気吸音による減衰もあり、音の周波数、気温、湿度、気圧の4つの要素で決まり、周波数が高いと**減衰は大きくなる。**

音の強さの距離減衰は点音源と線音源によって異なる。

a) 点音源

点音源は小さい音源であり、音源からの距離が2倍になると、音の強さ〔I〕は1/4となる。音が球面状に一様に広がる点音源の場合、音源からの距離が2倍になると音圧レベルは、約6dB減衰する。音の強さ（エネルギー）は、点音源であれば**距離の2乗に反比例して減衰する。**例えば、音源からの距離が1m（r）の点と2m（$2r$）の点との音圧レベルの差は、6dBとなる。

$$20 \times \log_{10} \frac{2r}{r} = 20 \times \log_{10} 2 = 20 \times 0.301 ≒ 6\,\text{dB}$$

の減衰となる。

b) 線音源

線音源は、交通量が多い道路などでは音が円筒状に広がる十分長い線状の音源である。距離減衰は、音源からの距離が2倍になるごとに、音の強さのレベルは3dBずつ減衰する。例えば、音源から2mの地点の騒音レベルが60dBすると4mの地点では57dBとなる。8mでは54dBとなる。すなわち、音の強さは音源からの距離に反比例する。

拡散性の高い室に音響パワーが一定の音源がある場合、室の平均吸音率が2倍（$2L_p$）になると、室内平均音圧レベルは約3dB減少する。

c) 面音源

面音源は、音源が十分に広い面の音源で、ある面に点音源が無数に集まる音である。無限大の面音源の場合、音圧レベルは、距離によって減衰しない。高層建築物では最上階では面音源として伝わり、**距離による減衰がないので**うるさく感じる。一方、低層階では点音源と線音源として扱い、塀や樹木などによって遮音される。

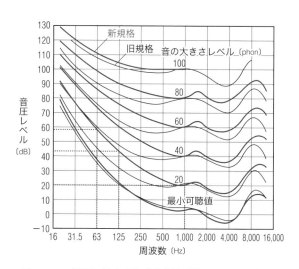

図1・7・7　純音に対する等感度曲線「等ラウドネス曲線」
（出典：ISO（国際標準化機構）226：2003をもとに作成）

自由音場（無響室）において、無指向性点音源から25m離れた位置における音圧レベルの値が約70dBの場合、100m離れた位置における音圧レベルは約58dBになる。点音源からの距離が2倍になると、音圧レベルは約6dBの減衰、距離が4倍になると約12dBの減衰になる。

室内平均音圧 $L_p = L_w - 10\log_{10}A + 6$

L_w：音源の音響パワーレベル

A：室内の吸音力

（室内表面積 × 室内平均吸音率）]

室内の吸音率が2倍になると、2Aとなり、

$2L_p = L_w - 10\log_{10}2A + 6$

$2L_p = L_w - (10\log_{10}A + 10\log_{10}2) + 6$

$2L_p = L_w - (10\log_{10}A + 3) + 6$

$2L_p = L_w - 10\log_{10}A - 3 + 6$

$L_w - 10\log_{10}A + 6 = L_p$ となるため

$2L_p = L_p - 3$ によって、3dBの減少となる。

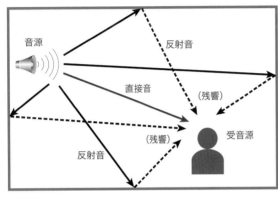

図1・7・8　残響

2 音響

(1) 残響

　残響は、音源からの音波が壁などに反射しながら減衰し、様々な方向から遅れて到達する**反射音**である。すなわち、音源が停止した後も室内に音が残る現象である（図1・7・8）。**残響室法吸音率**は、残響室内に試料を設置した場合と設置しない場合の残響時間を測定して、その値をもとに算出する試料の吸音率である。

　音響エネルギー密度レベルは、音のもつ単位体積当たりの力学的エネルギー量を、デシベル表示したものである。

(2) 残響時間

　残響時間は、音源から発生した音が停止してから、室内の平均音圧レベルが60dB低下するまでの時間をいう（図1・7・9）。

　残響時間は**室容積**に比例し、室内の総吸音力に反比例する。したがって、①室の容積が大きい、②入室人数が多い、③吸音材が少ないほど残響時間は長

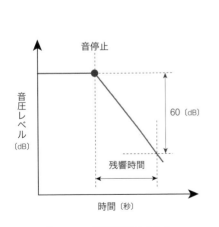

図1・7・9　残響時間の求め方

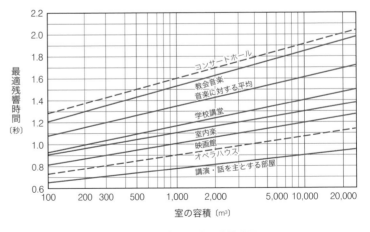

図1・7・10　室の用途と残響時間

（出典：日本建築学会編『建築設計資料集成1.環境』丸善、1978年、p.36をもとに作成）

くなる。残響時間を計算する場合、室温は考慮しない。

内装材の吸音率が室内で一様な立方体の室において、その天井の高さのみを1/2に下げても、残響時間は1/2にはならない。室の用途と残響時間は図1・7・10の通りである。室容積が同じ場合であっても、西洋音楽のためのコンサートホールとオペラハウスとでは、最適残響時間が異なる。

また、残響時間が長くなるほど平均吸音率が短くなる。

普 通 教 室：残響時間 0.6 秒、平均吸音率 0.2
音楽練習室：残響時間 0.9 秒、平均吸音率 0.15

(3) 残響時間の計算式

残響時間の計算式にはセイビン、アイリング、ヌートセンの式がある。その3つの計算式の特徴を表1・7・3に示す。セイビン式は平均吸音率が1となった時でも残響時間が0とならない。これを改良したのがアイリング式である。さらに空気吸収も取り入れたのがヌートセン式である。ホールなどの大空間や模型実験での100kHz近くの超高音域では空気吸収を考慮しなければならないので、ヌート式を使用するが、室容積200m³程度の吸音力が小さい部屋ではアイリング式を使う。

①セイビン式

$$T = 0.161 \times \frac{V}{\overline{\alpha}} \times S = 0.16 \times \frac{V}{A}$$

T：残響時間〔s〕
V：室容積〔m³〕

表 1・7・3　残響時間計算式の特徴

残響式	特徴
セービン Sabine	吸音力の小さい残響時間の長い室の計算に適する。完全吸音である$\overline{\alpha}=1$でも$T=0$にならない矛盾がある。
アイリング Eyring	セービン式と類似しているが、$\overline{\alpha}$が大きい場合は実際と一致する。セービン式の矛盾を解決。
ヌートセン Knudsen	空気による吸音が無視できない場合（広い室、吸音力小の室）に適する。

例題

セイビンの残響式によると、残響時間は、a. 容積が1,000m³で等価吸音面積200m²の室と、b. 容積が500m³で等価吸音面積120m²の室ではどちらが短いか？

解答

a. $0.161 \times \dfrac{1,000}{200} = 0.8$ 秒

b. $0.161 \times \dfrac{500}{120} = 0.67$ 秒

よって b. が短い。

$\overline{\alpha}$：平均吸音率
S：室内表面積〔m²〕
A：室の等価吸音面積〔m²〕

（吸音力：各部位の表面積＋その部分の吸音率）
室容積に比例し、室の等価吸音面積に反比例する。

②アイリング式

$$T = 0.161 \times \frac{V}{-S \times \log_e (1 - \overline{\alpha})}$$

室内の平均吸音率が大きい場合、セイビン式により求めた残響時間は、アイリング式により求めたものに比べて長くなる。

③ヌートセン式

$$T = 0.161 \times \frac{V}{-S \times \log_e (1 - \overline{\alpha}) + 4m + V}$$

m：単位長さ（1m）当たりの空気の吸音による音の減衰係数（m^{-1}）

$\log_e (1 - \overline{\alpha}) \fallingdotseq 2.3 \log_{10} (1 - \overline{\alpha})$

(4) 反響（エコー）

直接音と反射音が人の耳に達する時間のずれが、1/20秒を超えると、音源から発生した1つの音は、始めに直接音が聞こえ、次に反射音が聞こえて2つの音になる。この現象を反響（エコー）という（図1・7・11）。

直接音と反射音の行路差が17m以上になると、エコー（反響）が生じる可能性がある。反響が生じると、音の明瞭度が低下して悪い音環境になる。室

内で音を出すと、壁や天井にぶつかって音が反射し、**反射音**が発生する。これが反響、あるいは残響の原因となる。どちらも室内で音が反射することにより発生する現象という意味では同じであるが、音の聞こえ方の違いで使い分けられる。

反響は反射音と直接音を区別して聞くことができ、音の繰り返しがカウントできる。いわゆるやまびこのことである。一方、残響は直接音と反射音の区別がつかず、繰り返しがカウントできない。反響を起こさないためには $(L_1 + L_2 + L_3) - L \leqq 17\,\text{m}$ とする（図1・7・12）。

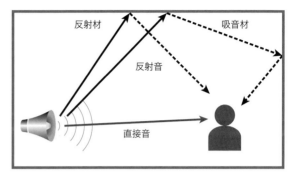

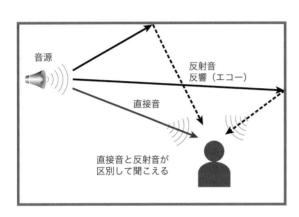

図1・7・11 反響

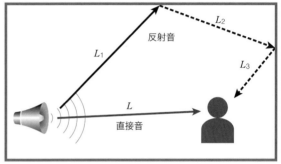

図1・7・12 反響の防止

演習問題―1・7 音・音響

1) 真夏の気温 35℃ における音速を求めよ。さらに、真冬の −5℃ の音速を求め比較せよ。

2) 音の強さが 10^{-5} 〔W/m²〕の場合、音の強さのレベルを求めよ。

3) 同じ音のレベルが合成すると何 dB 上昇するか？

4) 60 dB の音が4つあると何 dB になるか？

5) 点音源、線音源、面音源について説明せよ。

6) 残響時間は何 dB 低下した時までの時間をいうか答えよ。

7) 床面積 400㎡、天井高 10 m の学校の講堂における最適残響時間を求めよ。

建築士チャレンジ問題 1・7 音・音響

【1】音・音響に関する次の記述のうち、**最も不適当な**ものはどれか。

1. 音波は、波の伝搬方向と媒質粒子の振動方向が等しい縦波である。

2. 音源の音圧パワーを4倍にすると、受音点の音圧レベルは、約 6 dB 上がる。

3. セイビンの残響時間は、アイリングの残響時間より、短くなる。

4. 直接音と反射音の行路差が 17 m 以上になると、エコー（反響）が生じる可能性がある。

5. 西洋音楽のためのコンサートホールとオペラハウスとでは、最適残響時間が異なる。

【2】音・音響に関する次の記述のうち、**最も不適当な**ものはどれか。

1. 20歳前後の正常な聴力をもつ人が知覚可能な音の周波数の範囲は、20〜20,000 Hz 程度である。

2. 音源より発生した音波は球面波であり、その後は平面波の形で広がる。

3. セイビンの残響時間は、容積が 1,000 m³ で等価吸音面積 200 m² の室より、容積が 500 m³ で等価吸音面積 120 m² の室のほうが短い。

4. 音響エネルギー密度レベルは、音のもつ単位体積当たりの力学的エネルギー量を、デシベル表示したものである。

5. 自由音場において、全指向性の点音源（指向性のない点音源）からの距離が 1 m の点と 2 m の点との音圧レベルの差は、3 dB となる。

【3】音・音響に関する次の記述のうち、**最も不適当な**ものはどれか。

1. 高齢者は周波数の低い音が聴き取りにくくなる。

2. 音の減衰は空気吸音による場合、音の周波数、気温、湿度、気圧の4つの要素で決まり、周波数が高いと大きくなる。

3. 音源から A 点の距離は r〔m〕で音源から B 点までの距離を $2r$〔m〕とした場合、B 点での音圧レベルの低下は 6 dB である。

4. 等価騒音レベルは、聴感補正された音圧レベルのエネルギー平均値であり、変動する騒音の評価に用いられる。

5. 同じ音圧レベルの場合、1,000 Hz の純音より 125 Hz の純音のほうが小さく聞こえる。

【4】音・音響に関する次の記述のうち、**最も不適当な**ものはどれか。

1. 固体伝搬音（固体音）は、建築物の躯体中を伝わる振動により、壁や天井等の表面から空間に放射される音である。

2. 音は、3〜4 kHz 付近で最大となり、この範囲の音が最も良く聞こえる。

3. 空気中の音速は、気温が変わっても変わらない。

4. 残響時間が長くなると平均吸音率が短くなる。

5. 普通教室の残響時間は 0.6 秒である。

【5】音・音響に関する次の記述のうち、**最も不適当な**ものはどれか。

1. 音の回折は、障害物の大きさよりも音の波長が大きいほど回り込みやすい。

2. 等ラウドネス曲線とは、等しい音の大きさに対して感じる周波数と音圧の関係を曲線で結んだものである。

3. 音は地面の温度差により、夜になると屈折して遠くまで届くので、昼間より遠くからの音がよく聞こえる。

4. 音源からの距離が 1/2 になる揚合の、距離減衰は－6 dB となる。

5. コンサートホールの残響時間は、室面積の増大により大きくなる。

【6】音・音響に関する次の記述のうち、**最も不適当な**ものはどれか。

1. 音の聴感上の3つの要素は、音の高さ、音の大きさ、音色である

2. 点音源からの距離が2倍になると、音圧レベルは約6 dB の減衰になる。

3. 音の強さのレベルを 20 dB 下げるためには、音の強さを 1/100 にし、30 dB 下げるためには、1/1,000 にする。

4. 拡散性の高い室に、音響パワーが一定の音源がある場合、室の平均吸音率が2倍になると、室内平均音圧レベルは約6 dB 減少する。

5. 20 Hz から 20 kHz であり、対応する波長の範囲は十数 m から十数 mm である。

1-8 吸音・遮音・騒音

● 1 吸音

(1) 吸音率と吸音力

吸音率は吸音の数値を表したもので、室内の空間の音を調節するために使われる。音が物体に入射する時に一部は反射するが、残りは透過、あるいは吸収される。

例えば、図1・8・1のように壁にエネルギー（E_i）の音が入射する時、一部は壁で反射され（E_r）、一部は壁内部に熱エネルギーとして吸収され（E_a）、残りのエネルギーは壁の反対側に透過する（E_t）。入射エネルギー（E_i）に対して、反射されなかったエネルギー（E_a）＋（E_t）の比率を吸音率という。つまり、吸音率は、壁へ入射する音のエネルギーに対する壁から反射されなかった音のエネルギーの割合である（表1・8・1）。

空気中を伝搬する音のエネルギーの一部は、空気の粘性や分子運動などによって吸収され、その吸収率は、周波数が高くなるほど大きくなる。

多孔質吸音材料を剛壁に取り付ける場合、多孔質

吸音材料と剛壁面との間の空気層を厚くすると、低音域の吸音率が高くなる。また、剛壁に密着させて設置する多孔質吸音材料を厚くすると、低周波数域における吸音率が上昇する。多孔質吸音材料においては、その表面を通気性の低い材料によって被覆すると、高周波数域の吸音率が低下する。

グラスウールや木毛セメント板などの多孔質材料の吸音率は、低音域より高音域のほうが大きい。逆に、合板やスレート板などの板振動型の材料の場合は、吸音率は低音域のほうが大きくなる。

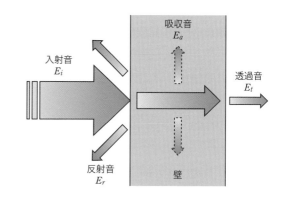

図1・8・1 投射音の吸音

表1・8・1 建築材料・吸音材の吸音率

分類	建築材料・吸音材料等	厚〔mm〕	空気層〔mm〕	周波数〔Hz〕					
				125	250	500	1K	2K	4K
一般建築材料	コンクリート打放し・モルタル仕上	－	－	0.01	0.01	0.02	0.02	0.02	0.03
	コンクリートスラブ＋カーペット敷き	150＋10	－	0.09	0.08	0.21	0.26	0.27	0.37
	厚手のカーテン（300g/m²程度）	－	100	0.06	0.27	0.44	0.50	0.40	0.36
	ガラス窓	6	－	0.35	0.25	0.18	0.12	0.07	0.04
多孔質材料	グラスウール（20kg/m²）	50	－	0.27	0.64	0.95	0.83	0.75	0.95
	グラスウール（20kg/m²）	50	100	0.30	0.95	0.99	0.80	0.78	0.77
	ポリウレタンフォーム（27kg/m²）	25	－	0.08	0.28	0.59	0.79	0.71	0.66
	木毛セメント板	25	55	0.10	0.28	0.66	0.52	0.63	0.79
板状材料	石膏ボード（5.6kg/m²）	6	45	0.26	0.14	0.08	0.06	0.05	0.05
	合板	3	45	0.46	0.16	0.10	0.08	0.10	0.08
共鳴器型吸音材料	穴あき石膏ボード単体（φ6.22mm）	9	45	0.03	0.09	0.46	0.31	0.18	0.15
	穴あき石膏ボード＋ロックウール25mm内貼	9	45	0.09	0.50	0.94	0.44	0.22	0.21
椅子	劇場用（空席）・吸音力〔m²/個〕	－	－	0.09	0.24	0.30	0.32	0.33	0.31
	劇場用（着席）・吸音力〔m²/個〕	－	－	0.25	0.40	0.47	0.47	0.45	0.48

（出典：日本建築学会編『建築設計資料集成1. 環境』丸善、1978年、p.19をもとに作成）

質量則を用いて予測した単層壁の音響透過損失の値は、実測値に比べて大きくなる傾向がある。

（2）吸音材と吸音構造

吸音の特性を図1・8・2に示す。板状材料と剛壁の間に空気層を設けた吸音構造は、音が板状材料に当たり空気層がばねの働きをする**共振運動**により、吸音が行われる仕組みである。一般的な板状材料では、共振する周波数は低音域の100〜200 Hzで発生することが多いので、低音域の吸音に効果がある。背後に空気層をもつ板振材料において、空気層部分にグラスウールを挿入した場合、高周波数域での吸音効果についてはあまり期待できない。

孔あき板を用いた吸音構造においては、孔の背後にある空気層が共鳴器として機能することによって吸音する。孔あき板と剛壁との間に空気層を設けた吸音構造の固有周波数は、空気層の厚みを大きくすると低周波数域に移動する。

● 吸音構造（材）の特徴
・音の反射性が高い面で構成された室に吸音材料を設置すると、壁を隔てた隣室で音を放射した時の室の室間音圧レベル差（2室間の遮音性能）は大きくなる。
・空調用のダクト内の音の伝搬においては、音の強さの減衰が小さいことから、ダクト内に吸音材を貼るなどの遮音上の対策が行われる。
・駅、空港、ショッピングモールなどの公共施設においては、施設内からの音が外部への騒音トラブルになってしまうので、放送音声の聞こえやすさを確保するため、**吸音設備**が必要である。

2　遮音

遮音は、音をほかの空間へ透過させないことをいい、音を遮ることである。

（1）透過損失

透過損失とは、壁体などを通過する時に音が減衰することをいい、入射した音と、材料を透過した音との音圧レベルの差を意味する。この値が大きいほど**遮音性能**が優れている。例えば、木材とコンクリートを比較した場合、単位面積当たりの質量はコンクリートのほうが大きい（重い）ので、透過損失も大きくなる。透過損失は、同じ壁面であっても、入射する音の**周波数によって変化**する。

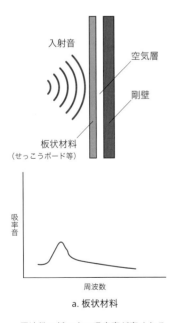

a. 板状材料

周波数の低い方で吸音率が高くなる。

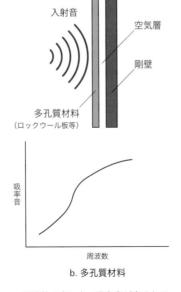

b. 多孔質材料

周波数の高い方で吸音率が高くなる。

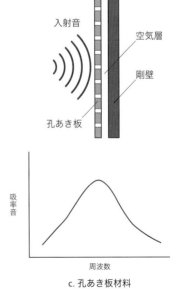

c. 孔あき板材料

周波数の中音域で吸音率が高くなる。

図1・8・2　材料別の壁の断面構成と吸音特性

$$TL = 20 \times \log（周波数×密度〔kg/m^2〕）- 42.5$$

壁の音響透過損失を 10dB 増加させるためには、壁の音響透過率を現状の 1/10 にする必要がある。

$$TL = 10\log_{10}\frac{1}{T}$$

TL：透過損失〔dB〕

T：透過率

$$T = \frac{E_t}{E_i}$$

E_t：入射音〔W/m²〕

E_i：透過音〔W/m²〕

単層壁の音響透過損失の値は、質量則を用いた実測値よりも、予測値のほうが大きく、遮音性能が高く評価される傾向がある。各種材料における透過損失を表 1・8・2 に示す。

（2）質量則

質量則とは「均質な単層壁の音響透過損失 TL は、壁の面密度が大きいほど、また、周波数が高いほど大きくなる傾向がある。」という法則であり、単層壁の厚さが 2 倍になると、透過損失の値は約 6dB 増加する。

（3）コインシデンス効果

コインシデンス効果とは、ある音波が入射すると、その材料の入射音波の振動と屈曲振動とが一致し、共振することによって透過損失が低下する現象をいう（図 1・8・3）。

単層壁による遮音において、コインシデンス限界周波数は壁の厚さに反比例するので、同一の材料で壁の厚さを薄くしていくと、コインシデンス効果による遮音性能の低下の影響範囲は、より高い周波数域へ拡大する。コインシデンス効果を少なくするためには、違う固有振動数を持った材を複数使う方法がある。

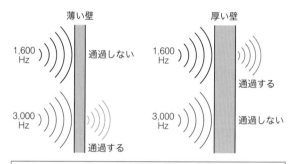

・壁が薄いほど、周波数の高い音が透過する。
・壁が厚いほど、周波数の低い音が透過する。
・材料が薄いほど、コンシデンス効果が起きる周波数は大きくなる。
・材料が厚いほど、コンシデンス効果が起きる周波数は小さくなる。

図 1・8・3　壁の厚さと周波数の遮音関係
（出典：朴贊弼・伏見建『基礎講座 建築環境工学』学芸出版社、2020、p.152）

表 1・8・2　　各種材料の透過損失〔dB〕

構造	名称		厚〔mm〕	密度〔kg/m²〕	周波数〔Hz〕					
	材料				125	250	500	1K	2K	4K
単壁	合板		6	3.0	11	13	16	21	25	23
	石膏ボード		9	8.1	12	14	21	28	35	39
	フレキシブルボード		6	11.0	19	25	25	31	34	28
	発泡コンクリート		100	70.0	29	37	38	42	51	55
	発泡コンクリート＋両面塗り壁仕上		20＋100＋20	－	34	34	41	49	58	61
複合壁	合板＋空気層＋合板		6＋100＋6	－	11	20	29	38	45	42
	石膏ボード＋空気層＋石膏ボード		9＋100＋9	－	12	29	35	47	55	54
	フレキシブルボード＋グラスウール＋フレキシブルボード		4＋40＋6	－	24	26	35	38	43	42
建具	普及型アルミサッシュ（引違い）		5	－	15	19	19	18	19	24
	気密型アルミサッシュ（引違い）		5	－	22	25	28	31	30	32
	普及型アルミサッシュの二重（中空層：100mm）		5＋5	－	17	21	26	26	22	31
	気密型アルミサッシュの二重（中空層：150mm）		5＋5	－	26	34	40	40	37	42

（出典：日本建築学会編『建築設計資料集成 1. 環境』丸善、1978 年、p.22 ～ 23 を参考に作成）

（4）空気層の透過損失

空気層を挟んだ中空壁の木造の壁面は、同じ密度を持つ壁を2枚重ねた時より**透過損失が大きく**、遮音効果が大きくなる（図1·8·4、図1·8·5 参照）。

孔あき板と剛壁との間に空気層を設けた吸音構造の固有周波数は、空気層の厚みを大きくすると**低周波数域**に移動する。また、孔あき板と剛壁との間に空気層を設けた吸音構造の共鳴周波数は、孔あき板の開口率を小さくすると低くなる。

せっこうボードを剛壁に取り付ける場合、せっこうボードの背後に空気層を設けると、低音域で吸音率が大きくなる。

壁面に対して**垂直に入射**すると、音は反射しやすくなるので、透過損失は**大きく**なる。また、**拡散入射**は垂直入射と比べて角度があるので透過性が増し、透過損失が小さくなる。

（5）中空二重壁の透過損失

a）吸音材の挿入

中空層に吸音材を入れると遮音効果が良くなり、透過損失は大きくなる（図1·8·5a）。

b）間柱の挿入

中空層に間柱があると、中音域ではコインシデンス効果が生じやすくなる（図1·8·5b）。透過損失を大きくするためには二重壁と間柱を絶縁すると、全周波数にわたり透過損失が大きくなるが、特に中高音域の改善が著しい。

c）弾性材の挿入

中空層に弾性材を入れると、心材の弾性が大きいため、中高音域に共鳴透過現象を生じやすくなる（図1·8·5c）。

（6）音の効果

a）共鳴

共鳴とは発音体の振動が、ほかの物体に伝わり音がする現象をいい、2つの音源の固有振動数が同じ場合、片方の音源がもう1つの音源へ伝わることにより生じる（図1·8·6）。建物や日常生活でもよく起こる。中空二重壁の共鳴透過について、壁間の空気層を厚くすると、共振周波数は低くなる。また、2

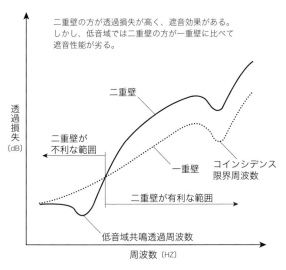

図1·8·4　中空壁の透過損失の一般的な傾向
（出典：日本建築学会編『建築設計資料集成1. 環境』丸善、1978年、p.21 をもとに作成）

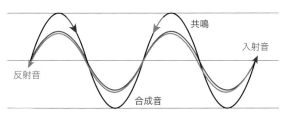

図1·8·6　共鳴現象

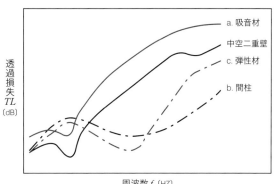

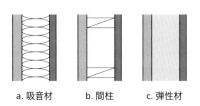

図1·8·5　中空二重壁の透過損失の特性
（出典：日本建築学会編『建築設計資料集成1. 環境』丸善、1978年、p.21 をもとに作成）

つの壁の**面密度を大きく**すると、壁の振動回数が少なくなり、**共振周波数は低くなる**。

b）カクテルパーティー効果

周囲が騒がしい環境であっても聴きたい**音を選択的に聴き取ることができる**聴覚上の性質のことである。

c）カラレーション

直接音と短い遅れ時間の反射音の干渉によって、**音色の変化**などが知覚される現象をいう。

d）音の干渉

2つ以上の音波が同時に伝搬する場合、音波の重なり具合によって**振幅が変化**する現象である。

（7）特異な音の現象

a）フラッターエコー（鳴き竜）

フラッターエコーとは、**多重反響現象**による音響障害である。平行した側壁天井と床などが**互い**に固い材料であると、この平行面の間で音が何度も反射しあい、特殊な音が聞こえる現象である（図1・8・7）。

フラッターエコーの代表的な例として、日光東照宮薬師堂にある鳴き竜の響き音がある。

b）ささやきの回廊

ささやきの回廊とは、ドームなど、円形状の室内で音が反射し、反対側に届く現象である。これは、曲面に沿って何回も反射しながら音が伝わることである（図1・8・8）。ヨーロッパの大聖堂は、ささやきの回廊を上手く利用した一つの例である。

c）音の焦点

音の焦点とは、室内に凹曲面部分があると、その曲面の中心に**反射音が集中**する現象である（図1・8・9）。その他の場所では音圧が不十分で音が聞こえにくくなることをいう。

🌀 3 騒音

（1）騒音とは

騒音は、人の健康や心理、生活環境に多大なる悪

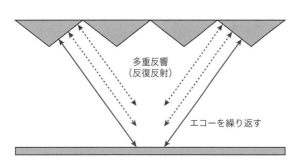

図1・8・7　フラッターエコー

図1・8・8　ささやきの回廊

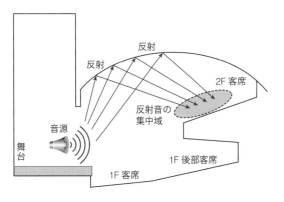

図1・8・9　音の焦点

図1・8・10　騒音測定器

影響を与えることで、対策として区域による時間帯の騒音規制がある（表1·8·3）。

騒音の大きさは、dB（A）で示され、日本工業規格で定められた普通騒音計のA特性で測定する（図1·8·10）。室内騒音を評価はNC値というものがあり、この値が小さくなるほど許容される騒音レベルは低くなる。

a）生活騒音

生活騒音は家庭用機器や音響機器から発生する音のほか、設備構造面では給排水の音などがある。また、音や生活行動に伴う話し声、足音、自動車、ペットの鳴き声などがある（図1·8·11）。

b）構造体の騒音

音の伝わりは、空気を伝わってくる音と、壁や床を伝わってくる音がある。壁は床ほどではないが、音が伝わる媒介体であるため、床とともに防音対策を行わなければならない。

（2）NC値

a）NC値とは

NC値（NoiseCriteria）は、室内騒音を評価する指標の一つである。室内騒音の許容値をNC値で示す場合、NC値が大きくなるほど許容される騒音レベルは高くなり、小さくなるほど許容される室内騒音レベルは低くなる。すなわち、NC値は**部屋の静けさ**を表す指標で、値が小さいほど静かである。

NC-15はアナウンススタジオなど、NC-20〜30は非常に静かで劇場や病室などの室内性能に要求され、NC-40〜50は電話の会話がしづらくなるレベルである。

b）NC値の測定方法

測定点において、騒音計で各周波数帯域の値を読み取り、NC曲線（図1·8·12）にあてはめ、表1·8·4の室内騒音の許容値により評価する。

例えば教室や美術館は、我慢できる騒音の大きさ

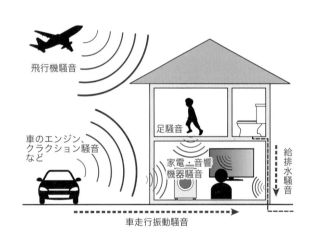

図1·8·11　室内で発生する音

表1·8·3　区域による時間帯の騒音規制

時間区分	区域区分			
	第1種区域	第2種区域	第3種区域	第4種区域
昼間	45〜50dB	50〜60dB	60〜65dB	65〜70dB
朝	40〜45dB	45〜50dB	55〜65dB	60〜70dB
夕	40〜45dB	45〜50dB	55〜65dB	60〜70dB
夜間	40〜45dB	40〜50dB	50〜55dB	55〜65dB
区域区分	第1種区域	良好な住居の環境を保全するため、特に静穏の保持を必要とする区域（第1種および第2種低層住居専用地域、第1種および第2種中高層住居専用地域）		
	第2種区域	住居の用に供されているため、静穏の保持を必要とする区域（第1種および第2種住居地域、準住居地域、市街化調整区域）		
	第3種区域	住居の用に併せて商業、工業等の用に供されている区域で、その区域内の住民の生活環境を保持するため、騒音の発生を防止する必要がある区域（近隣商業地域、商業地域、準工業地域）		
	第4種区域	主として工業等の用に供されている区域で、その区域内の住民の生活環境を悪化させないため、著しい騒音の発生を防止する必要がある区域（工業地域）		

・昼間：午前7時または8時から午後6時、7時または8時まで
・朝　：午前5時または6時から午前7時または8時まで
・夕　：午後6時、7時または8時から午後9時、10時または11時まで
・夜間：午後9時、10時または11時から翌日の午前5時または6時まで

（出典：環境省の資料を参考に作成）

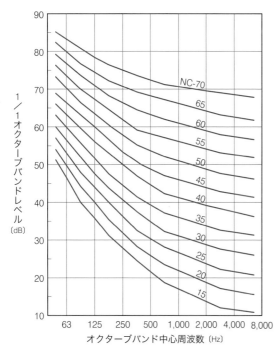

図 1・8・12　NC 曲線
（出典：日本建築学会編『建築設計資料集成 1. 環境』丸善、1978 年、p.13）

表 1・8・4　室内騒音の許容値

dB（A）	NC	音の大きさ	会話の影響
20	10	無音室	無音感
25	15	音楽ホール	非常に静か
30	20	中規模劇場	5 m 離れて小音が聞こえる
35	25	病室、舞台劇場	特に気にならない
40	30	教室、美術館	10 m 離れて会話が可能
45	35	図書館、小会議室	騒音を感じる
50	40	事務室、レストラン	3 m の普通の会話、電話可能
55	45	室内スポーツ施設	騒音を無視できない
60	50	一般的な会話	3 m の大きな会話、電話困難
80	70	電車内、目覚まし時計	0.3 m 以内で大声で会話可能
90	80	鉄道のガード下	継続的だと難聴になる
100	90	自動車のクラクション	神経質になる
120	110	飛行機の爆音	聴覚の限界

（出典：日本建築学会編『建築設計資料集成 1. 環境』丸善、1978 年、p.13 を参考に作成）

の限度は、NC-30 程度とされている。高低音すべての周波数（X 軸）の音が NC-35 の曲線を下回れば、NC-35 以下の騒音を抑えることができる。

　オクターブバンドレベルとは、1 オクターブの帯域に含まれる音の強さのレベルをいう。周波数が 2 倍になると音の高さが 1 オクターブ高く感じ、このオクターブ帯域をオクターブバンドともいう。

（3）床騒音測定

a）床軽量衝撃音（L_L）：タッピングマシン

　床軽量衝撃音は、軽量かつ硬い衝撃源で、靴履きでの歩行などが発生する音源を想定している。主として中・高音域の遮断性能に関する、床の表面仕上材の性能の検査に使用する。直径 3 cm、500 g の鋼製ハンマーを 4 cm の高さから落下させて測定する（図 1・8・13）。

b）床重量衝撃音（L_H）：バングマシン

　床重量衝撃音は、重くかつ柔らかい衝撃源で、子どもが飛びはねる時などに発生する音源を想定する。主として中・低音域の遮断性能に関する、床構造の音響性能の検査に使用する。軽自動車のタイヤを約

80 cm（JIS：80 cm ± 10 cm）の高さから落下させて測定する（図 1・8・13）。

c）床衝撃音の遮音等級（L_r 値）

　下階の音圧レベル差を測定し、L_r 値で表す。日本

下階の音圧レベル差を測定
L_r 値が小さいほど、遮音性が高い

図 1・8・13　床衝撃音の遮音等級（L_r 値）、床衝撃音レベル測定
（出典：朴賛弼・伏見建『基礎講座 建築環境工学』学芸出版社、2020、p.156）

工業規格（JIS）における床衝撃音遮断性能の等級 L_r については、その数値が小さいほど遮音性能が高くなる。

乾式二重床を採用する場合は、床板とスラブとの間の空気層をバネとする共振系が形成されることから、低周波数域において床衝撃音の遮断性能が低下することがある。

（4）壁騒音測定

a）壁衝撃音

音源室においてスピーカーから音を放射し、受音室の騒音測定器で2室間の音圧レベル差で、音を測定する（図1·8·14）。

b）室間の壁の遮音等級（D_r 値）

2室間の音圧レベル差を測定して D_r 値で示し、D_r-55、D_r-40 などで表す。2室間の遮音性能は、その値が大きいほど室間の遮音性能は高い（優れてい

図 1·8·14　室間の壁遮音等級（D_r 値）

（出典：朴賛弼・伏見建『基礎講座 建築環境工学』学芸出版社、2020、p.156）

る）。

（5）騒音防止

騒音の防止対策は、壁体の透過損失を大きくし、遮音することが基本である。実例として図1·8·15のような防音壁などがある。

環境基本法に基づく騒音に係る環境基準において、道路に面する地域以外の地域における夜間の基準値は、昼間の基準値に比べて10dB低い値とされている。騒音防止方法を表1·8·5にまとめた。

（6）騒音材料

a）多孔質吸音材料

剛壁にグラスウールなどの多孔質吸音材料を設置する場合、その吸音材料を厚くすると、低周波数域における吸音率が大きくなる。ロックウールボードなどの多孔質吸音材料の表面を塗装すると孔を埋め

図 1·8·15　一般道路の防音壁

表 1·8·5　騒音防止方法

方法	概要
距離減衰の利用	音の強さは、音源からの距離を2倍にすると騒音レベルは約6dB減衰する。道路の騒音源から建築物を離して配置できるとよい。
壁などの遮音	比重が大きく重い材料は音の透過損失が大きいので、外壁を重く厚くして気密な構造とする。
吸音材料の利用	室内や送風ダクトからの騒音は、吸音することが効果的である。学校の普通教室においては、平均吸音率が0.2程度となるように、吸音対策を施すことが望ましい。
床衝撃音の防止	足音などの軽量衝撃音の防止には、カーペットや畳などの柔らかい床仕上げ材にすると効果がある。しかし、飛び跳ねなどの重量衝撃音に対する効果は期待できない。この場合は床スラブの上にグラスウールなどの緩衝材を敷きつめ、この上にコンクリートを打って二重床にする。このような構造体から床を遮断する方法を浮き床といい、重軽量両方の衝撃に有効である。

てしまい、高音域の吸収率が低下する。壁に多孔質吸音材料を使用するに当たり、表面を孔あき板やリブなどで保護する場合、開孔率が小さいと共鳴器型の吸音特性が現れることがある。

b）ガラス

ガラス2枚からなる厚さの合計が6mmの合わせガラスの遮音性能は、コインシデンス効果の生じる周波数域以外では、厚さ6mmの単板ガラスの遮音性能とほとんど変わらない。厚さ6mmの単板ガラスは、厚さ3mmの単板ガラスに比べて全周波数帯域にわたって遮音性能が高いとは限らない。

窓に複層ガラスを用いると、共鳴周波数付近においては、同一面密度の単板ガラスより、遮音性能が劣ることがある。

（7）マスキング効果

マスクとは被るという意味で、音と音が被ることをいう。2つの音が鳴っている時、片方の音にもう一方の音がかき消されて聞こえなくなる現象をマスキング効果という。

聴覚のマスキングは、目的音（マスクされる音）の周波数に対して妨害音（マスクする音）の周波数が低い場合に生じやすい。マスカー（マスクする音）の周波数に近い音ほどマスクされやすく、マスカーの周波数に比べ、高い音のほうが低い音よりもマスクされやすい。

同時マスキングでは、低音は高音を妨害しやすく、逆に高音は低音を妨害しにくい。同時に異なる2つの音波が耳に届く時、弱い音波は強い音波に打ち消されてしまう。都心では滝や噴水などの水の音のマスキング効果を利用た騒音対策をしている（図1・8・16 ～ 1・8・18）。

図1・8・16　噴水のマスキング効果により都市騒音を防ぐ（上野公園）

図1・8・17　都市の騒音を防ぐ、滝のマスキング効果の利用例（ソウル清渓川）

図1・8・18　都市の騒音を防ぐ、小滝のマスキング効果の利用例（新宿）

演習問題— 1・8　吸音・遮音・騒音
1) 吸音率について説明せよ。
2) 音の透過損失と質量が大きい材料との関係を述べよ。
3) 身近なところでの共鳴を発見せよ。
4) ささやきの回廊現象について述べよ。
5) 身近な生活騒音について述べよ。
6) NC と dB の関係について調べよ。
7) 身近なところでマスキング効果について述べよ。

建築士チャレンジ問題 1・8　吸音・遮音・騒音

【1】吸音・遮音等に関する次の記述のうち、**最も不適当な**ものはどれか。

1. 入射エネルギー（E_i）に対して、反射されなかったエネルギー（E_a）＋（E_t）の比率を吸音率という。

2. 板状材料と剛壁の間に空気層を設けた吸音構造は、低音域の吸音より中高音域の吸音に効果がある。

3. 単層壁の音響透過損失の値は、実測値よりも予測値のほうが大きくなる傾向がある。

4. 壁の厚さを薄くしていくと、コインシデンス効果による遮音性能の低下の影響範囲は、より高い周波数域へ拡大する。

5. 乾式二重床を採用する場合は、共振系が形成されることから、低周波数域において床衝撃音の遮断性能が低下することがある。

【2】吸音・遮音等に関する次の記述のうち、**最も不適当な**ものはどれか。

1. グラスウールや木毛セメント板などの多孔質材料の吸音率は、高音域より低音域のほうが大きい。

2. 壁の音響透過損失を $10\,\mathrm{dB}$ 増加させるためには、壁の音響透過率を現状の $1/10$ にする必要がある。

3. カクテルパーティー効果とは、周囲が騒がしい環境であっても、聴きたい音を選択的に聴き取ることができる聴覚上の性質のことである。

4. NC 値は、室内騒音を評価する指標の一つである。

5. 道路に面する地域以外の夜間の基準値は、昼間の基準値に比べて $10\,\mathrm{dB}$ 低い値とされている。

【3】吸音・遮音等に関する次の記述のうち、**最も不適当な**ものはどれか。

1. 音の吸収率は、周波数が高いほど大きくなる。

2. 音響透過損失 TL は、壁の面密度が大きいほど、周波数が高いほど大きくなる傾向がある。

3. 音の干渉は、2 つ以上の音波の重なり具合によって振幅が変化する現象である。

4. 室内騒音の許容値は、音楽ホールより住宅の寝室のほうが小さい。

5. コインシデンス効果による遮音性能低下の影響は、高い周波数域に移っていくことになる。

【4】吸音・遮音等に関する次の記述のうち、**最も不適当な**ものはどれか。

1. 孔あき板は、孔と背後空気層とが共鳴器として機能することによって吸音する。

2. 音の反射性が高い面で構成された室に吸音材料を設置すると、2 室間の遮音性能は大きくなる。

3. カラレーションとは、直接音と短い遅れ時間の反射音の干渉によって、音色の変化などが知覚される現象をいう。

4. 吸音率は、入射する音のエネルギーに対する、反射されなかった音のエネルギーの割合である。

5. 低い音のほうが高い音よりもマスクされやすい。

【5】吸音・遮音等に関する次の記述のうち、**最も不適当な**ものはどれか。

1. 板状材料と剛壁との間に空気層を設ける吸音構造は、低音域の吸音よりも低音域の吸音に効果がある。

2. 空調用のダクト内の音の伝搬では、ダクト内に吸音材を貼るなどの遮音上の対策が行われる。

3. 中空二重壁の共鳴透過について、壁間の空気層を厚くすると、共振周波数は低くなる。

4. 床衝撃音遮断性能の等級 L_r については、その数値が小さいほど遮断性能が高くなる。

5. NC-40 〜 50 は非常に静かで劇場や病室などの室内に要求される。

【6】吸音・遮音等に関する次の記述のうち、**最も不適当な**ものはどれか。

1. 壁が厚いほど、周波数の高い音より低い音が透過しやすい。

2. NC 値が大きくなるほど許容される騒音レベルは低くなる。

3. 中空二重壁を構成する 2 つの壁の面密度をともに 2 倍にすると、共振周波数は低くなる。

4. 孔あき板と剛壁との間に空気層を設けた吸音構造の共鳴周波数は、孔あき板の開孔率を小さくすると低くなる。

5. 壁の面密度が大きくなると壁の振動回数が少なくなり、共振周波数は低くなる。

気候

1 外部気候

(1) 気象と気候

気象と気候は混同される場合があるが、本来は別の意味がある。気象（weather）は、刻一刻変化する大気の状態を意味し、気温、湿度、気圧、雨、雲、雪、風などを示す（図1・9・1）。天気予報または気象予報とは大気の中で生じる様々な現象全般を指し、短期間の大気の総合的な状態を予測することをいう。

気候（climate）とは、ある地域における長期間の固有な大気の現象を全体として見るものである。微気候は、地面近くの空気層の気候のことで、建築物や人体への影響が大きい。すなわち、室内環境における人体の皮膚付近や建築部材付近の気候などをいう。主に住環境においてその地域の気候や風土に相応しい暮らしを理解するために用いられる。

(2) 気温

気温とは、空気の温度であり、測定高さは地上から1.25～2mとされているが、気象庁では1.5mで測定する。夏至の頃に地表面に入射する日射量（全天積算日射量）が最大になるが、地表面では熱を蓄えるので、月平均気温が最高になるのは夏至の頃よりも遅くなる。

・気温判定

冬日の判定には日最低気温が、真冬日の判定には日最高気温が用いられる。また、夏日と真夏日はともに日最高気温が用いられる。真冬日は日最高気温が0℃未満の日であり、真夏日は日最高気温が30℃以上の日である。

(3) 気温較差

最高気温と最低気温の差を気温較差という。

a) 日較差

日較差とは1日の最高気温と最低気温との差を意味する。海の熱容量が陸地より大きいので、日較差は沿岸部では小さく、内陸部では大きい。

b) 年較差

年較差とは1年間の月別平均の最高気温と最低気温との差を意味する。年較差は、赤道付近では極めて小さく、内陸部のほうが沿岸部より大きい。高緯度地域で大きく、低緯度地域で小さくなる傾向がある。日較差と年較差の気温較差の特徴を表1・9・1に示す。

(4) 温度の測定

a) セ氏温度（摂氏温度〔℃〕）

セルシウス温度ともいい、1気圧で、水が氷になる温度を0℃、沸騰する温度を100℃にした温度で

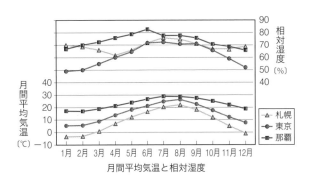

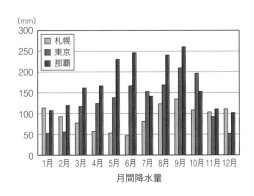

図1・9・1 札幌・東京・那覇の気象グラフ（統計期間：1981～2010）（出典：気象庁・理科年表をもとに作成）

ある。世界で一般的に使われている温度である。

b）カ氏温度（華氏温度〔°F〕）

真水の凝結点を32℃、沸騰点を212℃に定めて、その間を180等分して1℃とする。アメリカを中心にその周辺の国、地域で使われている。セ氏温度との関係は、

$$カ氏温度 \, °F = \frac{9}{5} \times ℃ + 32$$

$$セ氏温度 \, ℃ = \frac{5}{9} \times (°F - 32)$$

例）セ氏温度30℃の場合、カ氏温度°Fは、

$$\frac{9}{5} \times 30 + 32 = 86 \, °F$$

カ氏温度86℃の場合、セ氏温度℃は、

$$\frac{5}{9} \times (86 - 32) = 30℃$$

c）絶対温度（ケルビン温度〔K〕）

熱力学温度と呼ばれ、物質を構成する原子の熱運動が完全に停止する温度を0〔K〕とする。セ氏温度〔℃〕と絶対温度〔K〕の関係は次の通りである。0K＝－273.15℃、0℃＝＋273.15K、温度差は1℃＝1Kである。T〔K〕＝t〔℃〕＋273.15

（5）デグリーデー（度日）

デグリーデーは冷暖房経費を見積もるために必要なエネルギーを計算するものである。日平均気温が基準の温度を超えた分のみを積算した温度である

（図1・9・2）。**暖房デグリーデー**は、ある地域の統計上の日平均外気温と暖房設定温度との差を**暖房期間**で**積算**したものであり、暖房エネルギー消費量の予測に使われる。また、その地域の**寒さの指標**であり、その値が大きいほど暖房に必要なエネルギーが大きくなり、地域ごとに値は変わる。

一方、**冷房デグリーデー**は夏期の冷房が必要な期間中の気候条件であり、その値が大きいほど冷房負荷は大きくなる。デグリーデーの単位は〔℃・day〕、〔℃・日〕である。

（6）気温と湿度の日変化

相対湿度と気温の日変化は、逆の現象になる。日の出前（6時頃）は最高湿度・最低温度になり、正午過ぎ（14時頃）は最低湿度・最高温度になる（図1・9・3）。

快晴日における**相対湿度**は、1日の中では、日中は低く、**夜間は高くなる**。これは、大気中に含まれる湿気の量（水蒸気）が夜も昼もそれほど変化しないのに対し、日中には気温が上がることに伴い湿気を含むことのできる量（飽和水蒸気量）が増えるためである。

・クリモグラフ（Climo Graph）

温湿度の特性を表すクリモグラフ（図1・9・4）は、縦軸を気温、横軸を湿度にとり、各地域の**月平均の気温湿度変動**をグラフに描いたものである。グラフが右上がりになる地域では、冬が低温・低湿で、夏が高温・高湿になる。

（7）風

風は空気の流れのことであるが、地表面において、

表1・9・1　気温較差の比較

	沿岸部低緯度	内陸部高緯度	晴天の日	雲・雨の日
日較差	小さい	大きい	大きい	小さい
年較差	小さい	大きい	―	―

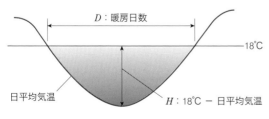

図1・9・2　暖房デグリーデー

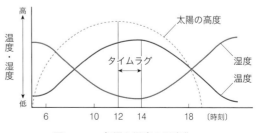

図1・9・3　気温と湿度の日変化

高気圧から低気圧へ流れる空気の移動現象である。

a) 風速

風速は風として空気が移動する速さのことで、単位は〔m/s〕、ノット〔kt〕が用いられる。一般に言われる風速とは地上約10mの高さにおける10分間の平均風速を表す。

b) 風向

風配図は図1・9・5のように、ある地域の特定の季節・時刻に吹く風の風向発生頻度を円グラフで表したものである。すなわち、円の中心から棒状にデータを表したものや、各データを線で結びレーダーチャートのように表したものがある。形がバラの花びらに似ていることからウインドローズということもある。円グラフの中心から遠いほど、その風向の風の発生頻度が高いことを表している。

c) 風の日変化

地面は太陽光線により温まりやすく、冷めやすい。

一方、海水は温まりにくく、冷めにくいという性質から、沿岸部では、海陸風という現象が起きやすい。すなわち、快晴日における沿岸地域の風は、日中は陸地表面が太陽によって温められ上昇気流が生じ、そこに海からの空気が流れ込み、**海から陸へ吹く。**逆に夜になると、陸上の空気は海面上の空気より早く冷えるため、陸から海へ吹き、風向きが逆になる（図1・9・6）。

(8) 雨

a) 降水量

一定の時間に観測された雨量を示す数値で、10分、1時間、12時間などがある。一般的に、前1時間の**降水量**をいう。例えば、10時の降水量が10mmとなっていた場合には、9時から10時までの間に観測された降水量が10mmということになる。

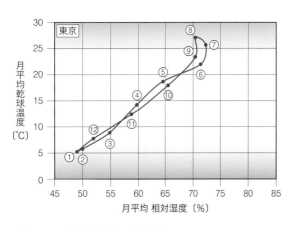

図1・9・4　クリモグラフ（東京）（気象庁・理科年表をもとに作成）

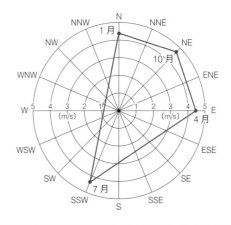

図1・9・5　風配図（那覇）（気象庁・理科年表をもとに作成）

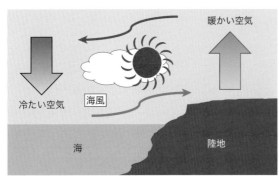

a. 海風循環

b. 陸風循環

図1・9・6　風の日変化

b）ハイサーグラフ

ハイサーグラフとは、雨温図ともいい、ある地域の降水量と気温を表すグラフである（図1・9・7）。横軸の月別平均降水量と縦軸の月別平均気温の交点を折れ線グラフで表し、その交点で生じるループの形によって、その地点の気候を視覚的に判定することができる。

2 室内気候

（1）人体の熱生産と熱放射

人間の1日のエネルギー摂取量は約1,700〜3,500W（1,500〜3,000kcal）である。エネルギーを摂取し、新陳代謝と筋肉運動で熱を生産し、その生産熱は体の表面や呼吸によって放出される。人体は生産熱と放熱のバランスを維持して体温を一定に維持している。

a）エネルギー代謝（metabolic）

人体の熱生産は主に食べ物からの消化と筋肉運動で成り立つが、これを人体の代謝作用という。その量をメット〔met〕という単位を使い測定することが可能である。

1metは静座する日本人の標準的な体格の成人男性（約1.7m²）の人体表面積1m²から発散する平均熱量で、58.2W/m²（＝50mkcal/（m²·h））になる。すなわち、成人男性において1時間の熱量は約100W（58.2 × 1.7）である。

エネルギー代謝率は、人間の作業強度を表す指標であり、基礎代謝に対する労働代謝の比率で表される。

b）総発熱量

燃焼すると水蒸気が発生するが、この水蒸気の蒸発潜熱（温度変化がない熱エネルギー、➔ **2-1 空気調和設備** p.102、**2-2 空調機器・換気設備** p.116 参照）を含めない発熱量を真発熱量（低発熱量）といい、水蒸気の蒸発潜熱を含む発熱量を総発熱量（高発熱量）という。人体からの総発熱量に占める潜熱発熱量の比率は、作業の程度によって代謝量が多くなるほど大きくなる。

人体の熱発散量は個人的な差があり、年をとると減少し、成人女性の場合は成人男性の約85%程度である。

c）熱放出

体内から生産された熱は、放射（輻射）、対流、蒸発により周囲へ放出される。一般的に伝導による熱損失がない場合は、輻射45%、対流30%、蒸発25%による熱損失がある。

（2）温熱感覚

温熱感覚に影響を与える物理的な4つの要素は、温度、湿度、気流、放射である。また、着衣量クロ〔clo〕と活動量メット〔met〕にも影響を与える。

a）有効温度（ET）

有効温度は気温・湿度・気流の組合せにより快適性を体感温度で示したものである。その発想は図1・9・8のように、実験対象者がA、B室を往復し、評価対象室Bの状態と同じ温感を、参照室A室で得られた時の気温を有効温度ETという。放射（輻射）熱を考慮していないことから、湿度と気流の影響を受ける。

b）修正有効温度（CET）

有効温度にグローブ温度計を使用し、周壁よりの

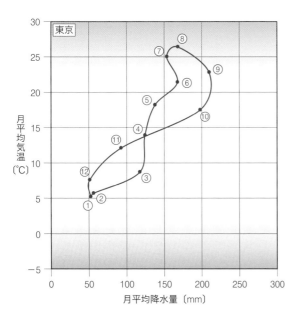

図1・9・7 ハイサーグラフ（気象庁・理科年表をもとに作成）

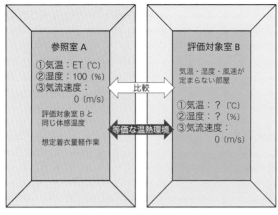

評価対象室Bの状態と等しい体感の
参照室Aの気温が有効温度である。

図1・9・8　有効温度（ET）の考え方

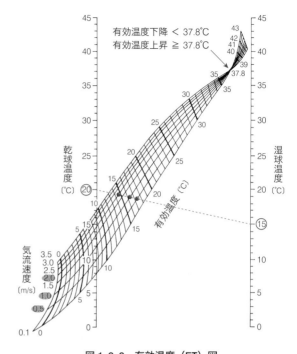

図1・9・9　有効温度（ET）図

（出典：日本建築学会編『建築設計資料集成 1. 環境』丸善、1978 年、pp.108-109、
原出典「ASHRAE」に加筆修正）

放射熱（輻射熱）を考慮した快適指標。修正有効温度の要素は温度、湿度、気流、放射（輻射）である。

c）新有効温度（ET＊）

修正有効温度の温熱4要素に**着衣量と代謝量（作業量）**を加えた6要素の体感温度を新有効温度という。着衣量0.6clo、気流速度0.5m/s以下、相対湿度50%の時の室温で示される。図1・9・10は室温と新有効温度ET＊を表したグラフである。図の赤色部分のようにET＊は、おおよそ室温が22.9〜25.2℃、絶対湿度0.004〜0.012kg/kg（DA）、相対湿度が20〜60%の範囲が快適範囲である。

図1・9・11は放射温度が等しい室内環境に対して必要な着衣関係が示されている。図から1cloで、室温が18℃の場合、新有効温度は21℃であり、室温が20℃の場合、新有効温度は22.5℃で、室温が30℃の場合、新有効温度は31℃である。

図1・9・12は、室温と気流速度が、作業量に与える影響を示している。着衣量0.5clo、相対湿度50%の条件で、作業の程度に応じた快適な室温と気流速度を組み合わせ、示したものである。例えば、着衣量0.5clo、気流速度0.6m/sの条件で、椅座1metは28℃、中作業2metは22.5℃、重作業3metは17℃が同じ体感温度になる。

d）標準新有効温度（SET＊）

温度、相対湿度40〜60%、気流速度0.1〜0.15

例題1

　図1・9・9より乾球温度（気温）20℃、湿球温度15℃の場合、気流速度が0.5m/s、1.0m/s、2.0m/sの時の有効温度ETを求めよ。

| 解答 |

　気流速度0.5m/s≒17.5℃、1.0m/s≒16.5°、2.0m/s≒14.5°である。

---

m/s、放射温度、作業強度1.0〜1.2met、着衣量0.6cloという標準状態を標準新有効温度（SET＊）と呼んでいる。最新快適指標として世界的に広く使われている。SET＊の室内快適範囲は22.2〜25.6℃である。

（3）温熱指標

a）不快指数（DI）

夏の蒸し暑さを数量的に表した指数で、**乾球温度と相対湿度**で表す。不快指数が75を超えると1割の人が不快になり、85を超えると全員が不快になる

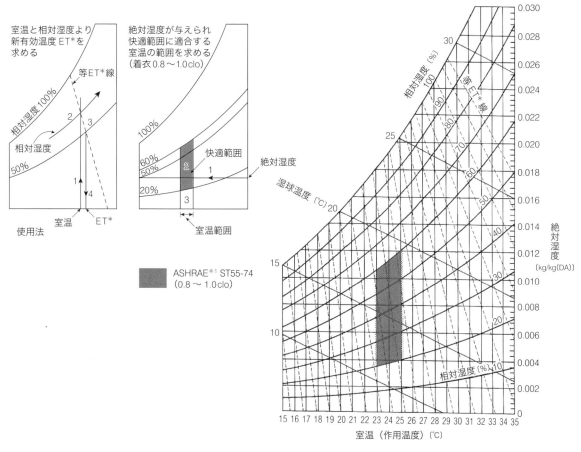

図 1·9·10　新有効温度（ET*）

（出典：日本建築学会編『建築設計資料集成 1. 環境』丸善、1978 年、pp.108-109、原出典「ASHRAE」に加筆修正）

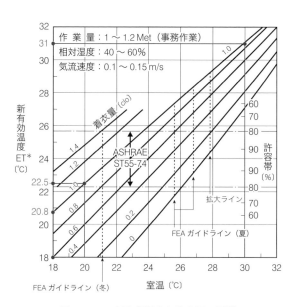

図 1·9·11　新有効温度と着衣量の影響

（出典：日本建築学会編『建築設計資料集成 1. 環境』丸善、1978 年、pp.108-109、原出典「ASHRAE」に加筆修正）

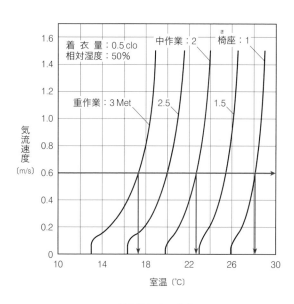

図 1·9·12　新有効温度と作業量の影響

（出典：日本建築学会編『建築設計資料集成 1. 環境』丸善、1978 年、pp.108-109、原出典「ASHRAE」に加筆修正）

＊1　ASHRAE：American Society Heating Refrigerating and Air conditioning Engineers（アメリカ暖冷房空調学会）

と言われているが、人種によって差異があるし、風速が含まれていないため、体感とは一致しないことがある。不快指数を求める式は次の通りである。

$$不快指数\ a = 0.72 \times (DB + WB) + 40.6$$

$$不快指数\ b = 0.81 \times DB + 0.01 \times H\ (0.99 \times DB - 14.3) + 46.3$$

DB：気温（乾球温度）〔℃〕

WB：気温（湿球温度）〔℃〕

H：相対湿度〔%〕

b）予測平均温冷感申告（PMV）

予測平均温冷感申告（PMV）は、温度、湿度、気流、放射の4つの温熱要素に加え、着衣量と作業量（代謝量）を考慮した温熱指標である。主に**均一な環境**に対する**温熱快適指標**であることから、上下温度分布が大きな環境や不均一な放射環境などに対しては、適切に評価できない場合がある。ISO[*2]の推奨値は、− 0.5 ＜ PMV ＜ ＋ 0.5 である（図1・9・13）。

c）予測不満足者率（PPD）

予測不満足者率（PPD）は人がある状態の時に、何%の人がその温熱環境に不満足かを表す指標である。

快適域は− 0.5 ＜ PMV ＜ ＋ 0.5 の範囲で、PPD＜ 10%となる。

（4）温熱感覚温度

a）平均放射温度（MRT：Mean Radiant Temperature）

平均放射温度（MRT）とは、平均放射温度で、全方向から受ける熱放射の平均温度であり、グローブ温度、室温、気流速度の計測値から概算する。

b）作用温度（OT：Operative Temperature）

室温が同じであっても、周囲温度と気流、放射熱の状態により体感温度は異なってくる。作用温度は湿度を考えず気温、気流、放射の条件で測る体感温度の意味で、**効果温度**ともいい、**グローブ温度**とほぼ同じである。作用温度（OT）は、発汗の影響が小さい環境下における熱環境に関する指標として用いられ、**空気温度と平均放射温度（MRT）**の重み付け平均で表される。この指標は暖房時に用いられる。

c）グローブ温度（GT：Globe Temperature）

グローブ温度計は図1・9・14、図1・9・15のように薄い銅製で、表面には黒体塗装が施されている仮想黒体の球である。銅製の中に温度計（センサー）を入れて周囲からの放射（輻射）熱温度を測る。気流が静穏な状態では、作用温度とほぼ一致する。

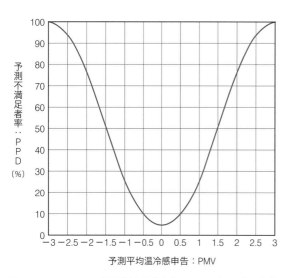

図1・9・13 PMV 予想平均温冷感申告・PPD 予想不満足者率
（出典：ISO-7730 をもとに作成）

縦軸：予測不満足者率：PPD〔%〕
横軸：予測平均温冷感申告：PMV

例題2

乾球温度32℃、湿球温度29℃、相対湿度75%の時の不快指数を求めよ。

解答

不快指数 $a = 0.72 \times (32 + 29) + 40.6 = 85.24$

不快指数 $b = 0.81 \times 32 + 0.01 \times 75 \times$
$(0.99 \times 32 - 14.3) + 46.3 = 85.25$

∴全員不快

＊2 ISO：国際標準化機構（International Organization for Standardizatio）国際的な標準である国際規格を策定するための非政府組織。

d) 実効温度差（ETD：Equivalent Temperature Difference）

　実効温度差は、内外温度差、日射量および**タイムラグ**（壁や天井などの熱容量の大きい部材による熱的挙動の時間遅れ）などを考慮した、**熱貫流計算を簡略**に行うために使用される**仮想の温度差**である。

　実効放射（夜間放射）は、地表における長波長放射収支であり、日中や夜間に生じる**大気放射と地表面放射との差**のことである。

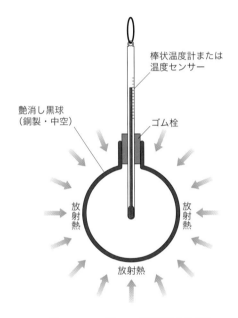

図 1・9・14　グローブ温度計の仕組み

（出典：朴賛弼・伏見建『基礎講座 建築環境工学』学芸出版社、2020、p.34）

図 1・9・15　グローブ温度計

演習問題 ― 1・9　気候

1) クリモグラフとハイサーグラフの差について説明せよ。
2) 今日の日較差と昨年の年較差を計算せよ。
3) セ氏温度20℃はカ氏温度では何度になるか。
4) 海風と陸風について説明せよ。
5) 温熱感覚4要素を述べよ。
6) 温熱感覚温度の進化過程を考えよう。
7) 不快指数85を超えると体感はどのように感じるか。
8) 乾球温度27℃、相対湿度60％の時の不快指数を求め体感を評価しよう。
9) 温熱指標PMVとPPDの違いについて説明せよ。
10) MRT、OT、GT、ETDのそれぞれの特徴を説明せよ。

【1】 気候等に関する次の記述のうち、**最も不適当な**ものはどれか。

1. 微気候は室内環境における人体の皮膚付近や建築部材付近の気候などをいう。

2. 年較差は、赤道付近では極めて小さく、沿岸部のほうが内陸部より大きい。

3. デグリーデーの単位は〔℃・day〕、〔℃・日〕である。

4. 作用温度（OT）は、発汗の影響が小さい環境下における熱環境に関する指標である。

5. 冷房デグリーデーはその値が大きいほど冷房負荷は大きくなる

【2】 気候等に関する次の記述のうち、**最も不適当な**ものはどれか。

1. 夏至の頃に日射量が最大になるが、月平均気温が最高になるのは夏至の頃よりも遅くなる。

2. 暖房デグリーデーは、その直が大きいほど暖房に必要なエネルギーが大きくなる。

3. 不快指数（DI）は、乾球温度、湿球温度、相対湿度で表す。

4. 平均放射温度（MRT）とは、平均放射温度で、全方向から受ける熱放射の平均温度である。

5. 温熱感覚に影響を与える物理的な4つの要素は、温度、湿度、気流、着衣量である。

【3】 気候等に関する次の記述のうち、**最も不適当な**ものはどれか。

1. 湿度を考えず気温、気流、放射の条件で測る体感温度を作用温度という。

2. 人体からの総発熱量に占める潜熱発熱量の比率は、作業の程度によって代謝量が多くなればなるほど小さくなる。

3. 不快指数（DI）が75を超えると1割の人が不快になり、85を超えると全員が不快になる。

4. 実効温度差は、熱貫流計算を簡略に行うために使用される仮想の温度差である。

5. SET*は標準新有効温度で、最新快適指標として世界的に広く使われている。

【4】 気候等に関する次の記述のうち、**最も不適当な**ものはどれか。

1. 微気候は、地面近くの空気層の気候のことで、建物や人体への影響が大きい。

2. 年較差は、低緯度地域で大きく、高緯度地域で小さくなる傾向がある。

3. 快晴日における相対湿度は、1日の中では、日中は低く、夜間は高くなる。

4. エネルギー代謝率は、人間の基礎代謝に対する労働代謝の比率で表される。

5. 作用温度は効果温度ともいい、グローブ温度とほぼ同じである。

【5】 気候等に関する次の記述のうち、**最も不適当な**ものはどれか。

1. 暖房デグリーデーは、暖房エネルギー消費量の予測に使われる。

2. 風向きは、昼は陸から海へ吹き、夜になると海から陸へ吹く。

3. 地面は海面より温まりやすく、冷めやすい。

4. 風配図は地域の特定の季節・時刻に吹く風の風向発生頻度を円グラフで表したものである。

5. クリモグラフは、縦軸を気温、横軸を湿度としたグラフである。

【6】 右の新有効温度 ET* と着衣量の影響のグラフを見て、**最も不適当な**ものはどれか。

1. 1clo で、室温が18℃の場合、新有効温度は21℃である。

2. 1clo で、室温が20℃の場合、新有効温度は22.5℃である。

3. 1clo で、室温が30℃の場合、新有効温度は27℃である。

4. 1.4clo で、室温が18℃の場合、新有効温度は約23.1℃である。

5. 1.4clo で、室温が20℃の場合、新有効温度は約24.8℃である。

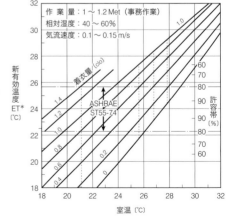

新有効温度と着衣量の影響

1-10 地球・都市環境

◆ 1 地球環境

（1）地球温暖化

地球温暖化とは、長年にわたり地球の平均気温が上昇する現象をいう。温暖化の主な原因は化石燃料の燃焼による温室効果ガスの発生である。温室効果ガスには、二酸化炭素、フロン、メタン、水蒸気などがあり、このなかでは水蒸気を除くガスの人為的な要因による増加が問題となっている。

二酸化炭素は、無色・無臭で空気より重い。二酸化炭素濃度は大気中の赤外線を吸収し電放出（再放出）するので、上昇すると温室効果による温暖化の原因の一つになる。しかし、ヒートアイランド現象の主な原因は、都市部における道路や建築物からの輻射熱、自動車や建築物からの排熱、緑地と土の面積が少ないことによる夜間放射冷却の減少である。

（2）酸性雨

酸性雨とは、化石燃料などの燃焼で生じる硫黄酸化物や窒素酸化物などが大気中で反応して生じる硫酸や硝酸などを取り込んで、雨・霧・雪・エアロゾルの形態で沈着するものである。

中性の水は pH 7.0 を示すが、酸性雨は大気中の二酸化炭素が炭酸イオンとして雨水に飽和状態になった時に pH 5.6 を示す。酸性雨により、木々の葉の黄色化、異常落葉、葉の量の減少、枯死などの悪影響がある。また、建築物には構造材、表面材を腐食させる被害をもたらす。

（3）地球空気汚染

地球空気汚染は次のような物質がある（図 1・10・1）。

a）エアロゾル（Aerosol）

固体または液体の微粒子が、気体中に比較的安定して浮遊し存在している状態をエアロゾルという。大気中のエアロゾルには、海水の飛沫からなる海塩粒子や土壌粒子のような自然起源のもの、石炭燃焼で生じるフライアッシュなどの人為起源の一次粒子がある。さらに、SO_2 が硫酸となって水と結合したもの、硫酸や硝酸がアンモニアと反応したもの、炭

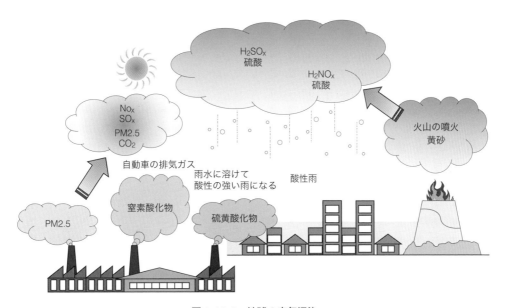

図 1・10・1　地球の空気汚染

化水素が大気中で酸化されて酸になった光化学エアロゾルなど、大気中で生成される二次粒子と呼ばれるものもある。

エアロゾルは、ガス状の大気汚染物質と共存することで健康に悪影響を及ぼす。また、気候変動、オゾン層の破壊、酸性雨の原因物質となるなど、**地球表層の環境にも影響を及ぼす**。

b）PM 2.5

大気汚染の原因物質の一つであり、大気中に浮遊している直径が 2.5 μm 以下の超微粒子（1 μm＝1 mm の 1/1,000）。PM 2.5 の発生原因は、**物の燃焼**などによって直接排出される有害物質であり、主な発生源には、ボイラー、焼却炉などのばい煙を発生する施設、コークス炉、鉱物の堆積場などの粉じんを発生する施設、自動車、船舶、航空機などがある。これらから発生する硫黄酸化物（SO_x）や窒素酸化物（NO_x）、揮発性有機化合物（VOC）などのガス状大気汚染物質が環境大気中での化学反応などによって粒子化する場合がある。人為起源のものだけでなく、土壌や海洋、火山などから発生する自然起源のものもある。PM 2.5 は粒径が小さい分、気管を通過しやすく、人体への呼吸器や循環器系への影響が大きい。

c）光化学スモッグ

工場、自動車などから排出される窒素酸化物や炭化水素が一定レベル以上の汚染の下で紫外線による光化学反応で生じた光化学オキシダントや視程の低下を招く粒子状物質（エアロゾル）を生成する現象、あるいはこれらの物質からできたスモッグ状態のことをいう。

（4）オゾン層破壊とダイオキシンの環境問題

オゾン層は、太陽からの有害な紫外線を多く吸収し、地上の生態系を保護する役割を果たしているが、オゾン層破壊が進行すると地上の生態系は乱れる恐れがある。その原因は**フロン**であるが、フロンは地上付近では分解しにくく、大気の流れによって高度 40 km 付近の成層圏（オゾン層）にまで達し、フロンは強い太陽紫外線を受けて分解し、塩素を発生することによってオゾンを次々に破壊する。

ダイオキシンは廃棄物の処理の過程で生成されてしまう物質である。主な発生源は、ゴミの焼却による燃焼であるが、そのほかに、製鋼用電気炉、たばこの煙、自動車排出ガスなど様々な発生源がある。ダイオキシンは、地上に落ちてきて**土壌や水を汚染**し、様々な経路から長い年月の間に蓄積され、生態系に悪影響を与える。

（5）気候の変化

a）エルニーニョ現象

エルニーニョ現象とは日本では**冷夏**になる現象で、南太平洋の赤道付近から南米にかけて海水温度が平常より高くなることが原因で生じる（図 1・10・2）。

b）ラニーニャ現象

エルニーニョ現象と逆に、ラニーニャ現象になると日本では、**猛暑と厳寒**になる現象で、その原因は南太平洋の赤道付近から南米にかけての海面温度が平常より低くなるためである。

エルニーニョ、ラニーニャ現象は、地球上のいた

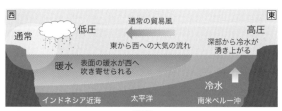

通常

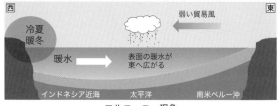

エルニーニョ現象

ラニーニャ現象

図 1・10・2　気候の変化

るところに干ばつや洪水などの被害などの影響を及ぼす。

2 都市環境

(1) ヒートアイランド

　ヒートアイランド現象とは都市における人間活動による大量の熱の放出や、緑地や水面の減少により、都心の気温が郊外の気温よりも高くなる現象である。人工衛星から見た温度分布図から作成した気温の等高線が、都市部は島状に形成されることで、東京などの大都市は赤く島のように浮いて見える。この熱の島のように見える現象をヒートアイランドという。

　ヒートアイランド現象の原因には以下のようなものがある（図1・10・3）。

・コンクリート造の構築物やアスファルトを使用した道路などが熱をためやすいこと。
・空調機や自動車などからの排熱の増加。
・都市の高密度化による夜間放射冷却の低下や風通しの悪化。
・蒸発や蒸散を通して熱を放出する自然の土や植物の減少。
・大気中の**二酸化炭素**濃度の上昇は、地球規模の気温上昇を招くが、ヒートアイランド現象の主たる**原因とならない**。

(2) ビル風

a) 風速増加率

　ビル風とは高層建築物の建設により、周囲の風環境が変化して、強風や大きな空気の乱れが生ずる現象で、高層ビル近くで吹く強風をいう。このような高層建築物によるビル風は風害と呼ばれる。

　高層建築物の建設により、地上風速が建設する前に比べどれだけ増加するかを示したものを、風速増加率 W_i という。風速増加率は、ビル風に影響を及ぼす。

$$風速増加率\ W_i = \frac{建設後の地上風速〔m/s〕}{建設前の地上風速〔m/s〕}$$

　建築物の受風面方位や周囲環境によって、風速の増加領域は変動する。高層建築物を建てる時に、周囲に既設建築物がない場合、風速増加率は小さくなる。周囲に低い建築物がある場合は、もともと風速環境が弱いため、大きくなる傾向がある。風速が変わらなければその値は1.0になる。風害を防止するためには、図1・10・4aのように見付面積を小さく抑えることで風速増加率を小さくできる。多発する風向に対して、受風面を小さく計画するのが有利である。

　2棟間の距離が狭い場合は、風害の範囲は狭まるが、風速増加率は大きくなる。逆に、広い場合は、

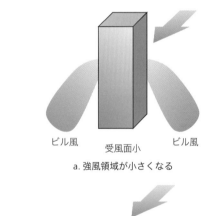

a. 強風領域が小さくなる

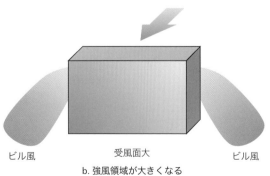

b. 強風領域が大きくなる

図1・10・4　建物における受風面と強風領域

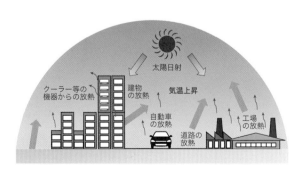

図1・10・3　ヒートアイランド現象の原因

図1·10·4bのように風害影響領域は大きくなるが、風速増加率は小さくなる（図1·10·5）。

b）ビル風の分岐点

高層ビルに風があたると空気が上下、左右に分かれるが、集中的に風が当たるところを**分岐点**といい、建築物の高さの60～70%の部分をいう。この分岐点は建築物で一番大きく風圧の負荷を受ける面でもある。特に左右に分かれた風がビルの側面を回り込む際に、建築物の側面を上方から下方に斜めに向かう速い流れをつくり、地上付近に局部的に強風を発生させる（図1·10·6）。図1·10·7はビル風の分岐点を考慮して周辺へ風害を与えないようにデザインされた建築物である。

c）ビル風の種類

①剥離流

剥離流とは建築物の壁面に沿った風の流れが、隅角部で建築物から離れる現象をいう。風は建築物に当たると、壁面に沿って流れていくが、建築物の隅角部のところまでくると、それ以上壁面に沿って流れることができなくなり、建築物から剥がれて流れ去っていく。この建築物隅角部から剥がれた風は、その周囲の風よりも速い流速をもつ（図1·10·8a）。

②吹き降ろし

吹き降ろしとは分岐点で上下、左右に分かれた風が、建築物の背後に生じた低い圧力領域に吸い込まれるため、建築物の側面を上方から下方に斜めに向

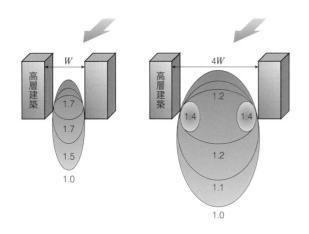

図1·10·5　建物の配置間隔と風速増加率
（出典：新建築学大系編集委員会『新建築学大系8 自然環境』彰国社、1984年をもとに作成）

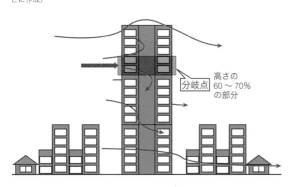

図1·10·6　高層建築における風の分岐点

図1·10·7　風害を配慮した建物（六本木ヒルズ）

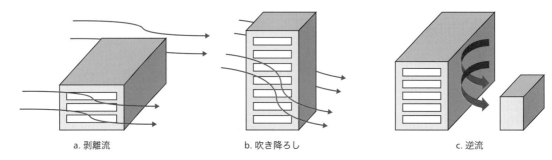

a. 剥離流　　　　　　b. 吹き降ろし　　　　　　c. 逆流

図1·10·8　ビル風の現象の例

かう速い風の流れをいう。吹き降ろしの現象は建築物が高層であるほど顕著であり、それだけ上空の速い風を地上に引きずり降ろすことになる。高層建築物の下部付近では、吹き降ろしと剥離流が一緒になるため、非常に速い風が吹くことになる（図1·10·8b）。

③逆流

高層ビル風の分岐点付近に当たった風は、高層ビル壁面に沿って下降し、一部が地面に沿って反対の方向に向かう。これを逆流という。逆流の発生は高層建築物の前面に低層建築物がある場合に、ますます速い流れとなる（図1·10·8c）。

演習問題 — 1·10　地球・都市環境
1）地球温暖化の原因について述べよ。
2）二酸化炭素とヒートアイランドの関係について考えよ。
3）地球汚染物質にはどのような物質があるか。
4）エルニーニョ現象とラニーニョ現象について述べよ。
5）ビル風で、風速増加率1.0 意味について説明せよ。

Column 1 日本の風害対策と景観

　日本は世界中で自然に恵まれている一方、自然被害が多い地域である。特に地震、津波、台風、暴雨、大雪が多発する。過去には多くの知恵で、このような自然災害を乗り越えてきた。その手法が建築物や景観によく現われている。そのなかには、台風や強風の対策としてつくられた囲いと塀があり、その姿は地域の景観になっている。たとえば、日本の太平洋側は台風が通る地域であり、重い石垣で台風から守っている。一方、日本海岸沿部の集落や民家は竹や板で間垣という高さ4〜5mの塀をつくり、暴風や砂から守っている。間垣で囲い込まれた集落は、住民の連帯感が高められており、統一された集落の景観をつくりだしている。

沖縄県竹富島「ヒンプンと石垣」

高知県室戸市吉良川町「石ぐる塀」

千葉県銚子市外川町「防風石垣」

台風が通りやすい太平洋側海岸地域

石川県輪島市上大沢町「竹暴風柵」

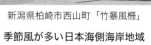
新潟県柏崎市西山町「竹暴風柵」

山形県鶴岡市由良町「板暴風柵」

季節風が多い日本海側海岸地域

97

【1】地球温暖化に関する次の記述のうち、**最も不適当な**ものはどれか。

1. 二酸化炭素が要因となる地球温暖化は、ヒートアイランド現象の起きやすい都市部に限った問題である。

2. 二酸化炭素は、無色・無臭で空気より重い。

3. 水蒸気は、人為的な要因とはみなされない。

4. 温室効果ガスには、二酸化炭素、フロン、メタン、水蒸気などがある。

5. 温室効果の原因になる物質の割合としては、水蒸気が 50 ～ 60％で、二酸化炭素が 25％前後である。

【2】地球・都市環境に関する次の記述のうち、**最も不適当な**ものはどれか。

1. ヒートアイランド現象の主な原因は、都市部における道路や建物からの輻射熱、自動車や建物からの排熱である。

2. エアロゾルは微粒子はガス状の大気汚染物質と共存することで健康に悪影響を及ぼす。

3. 風速増加率 W_i は建物を建設する前後における風速の比率（建設後の風速 / 建設前の風速）で表される。

4. エルニーニョ現象とは日本では猛暑になる現象で、南米で海水温度が平常より高くなることで生じる。

5. 酸性雨とは、化石燃料などの燃焼で生じる硫黄酸化物や窒素酸化物などが大気中で反応して生じる硫酸や硝酸などの汚染物が原因である。

【3】地球・都市環境に関する次の記述のうち、**最も不適当な**ものはどれか。

1. PM 2.5 は、大気汚染物質であり、大気中に浮遊している直径 2.5 ㎛以下の超微粒子である。

2. ヒートアイランド現象とは都心の気温が郊外の気温よりも高くなる現象である。

3. ビル風の吹き降ろしとは建物の壁面に沿った風の流れが、隅角部で建物から離れる現象をいう。

4. ラニーニャ現象になると日本では猛暑と厳寒になる。南米で海面温度が平常より低くなることが原因である。

5. 固体または液体の微粒子が、気体中に比較的安定して浮遊し存在している状態をエアロゾルという。

【4】地球・都市環境に関する次の記述のうち、**最も不適当な**ものはどれか。

1. ヒートアイランド現象の原因は、コンクリート造の構築物やアスファルトを使用した道路などが熱をためやすいことである。

2. 集中的に風が当たるところを分岐点といい、建物の高さの 40 ～ 50％の部分をいう。

3. 2 棟間の距離が狭い場合は、風害の範囲は狭まるが、風速増加率は大きくなる。

4. 光化学スモッグとは、工場、自動車などから排出される汚染物が紫外線と光化学反応することにより発生する。

5. 二酸化炭素濃度は大気中の赤外線を吸収し電放出（再放出）するので、上昇は、温室効果による温暖化の原因の一つになる。

【5】地球・都市環境に関する次の記述のうち、**最も不適当な**ものはどれか。

1. 水蒸気は、二酸化炭素の増加に伴う温暖化により海水などが蒸発して増加するものである。

2. 温室効果ガスは、水蒸気を除くガスの人為的な要因による増加が問題となっている。

3. ヒートアイランド現象の原因は、緑地の面積が少ないことによる夜間放射冷却の減少である。

4. エアロゾルは気候変動、オゾン層の破壊、酸性雨の原因物質となるなど、地球表層の環境にも影響を及ぼす。

5. 風速増加率 W_i は、風速が変わらなければその値は 2.0 になる。

2章

建築設備

新宿から眺める東京都心

建築設備は、建築意匠、建物形態に与える影響はもちろんのこと、建築環境工学を考える上で必要不可欠なものである。

建築物は、外部から様々の影響を受けており、有益なものもあれば、過酷なものもある。これらの負荷は、建築および生活環境に影響を与え、更にはヒトに対する快適性に大きな影響を与える。この影響に対し、機器・機械を使用しながら人工的に最適条件を与えるのが建築設備である。

建築設備とは

(1) 建築設備の位置づけ

建築設備は、居住者の保健性、快適性、利便性、安全性などを確保し、工場などにあっては生産性を上げ、ある目的の達成に必要なものを備え付けられるものをいう。このような建築設備の建築物においてはエネルギー消費を伴う。建築設備は、1.空気調和設備、2.給排水・衛生設備、3.電気設備、4.防災設備に大きく分類される。建築設備は、図2・0・1のように機械が多く使われ、寿命が短く、常に改良される傾向にあるので、これに対応する必要がある。グラフの縦軸を故障率、横軸を時間とし、設備の信頼性や保全性の概念を示したものを**バスタブ曲線**という。グラフの形が浴槽に似ているので、そう名付けられている（図2・0・2）。

(2) 設備の歴史

a) 空気調和設備

換気設備の歴史をたどってみると、竪穴住居では火を使うため、中央部に煙出し・換気が必要であった。伝統民家の換気設備は、棟、軒、妻部、欄間から自然換気がなされている（図2・0・3）。また、伝統暖房方式として、点熱源の直接暖房である囲炉裏、火鉢、こたつがある。これは、室内全体を暖めるのではなく、一部分だけ暖める暖房方式である。一方、海外の寒冷地での暖房は、直接暖房の暖炉以外に、放射暖房のペーチカ、カン、オンドルなどがある。

冷房の歴史は、蒸発と通風効果によるもので、例えば商家の店先の道路への散水や格子、欄間などは涼感を与えるものである。また、蔵の土壁や置き屋根は、空気層を設けて断熱することで冷蔵効果をもたらした。機器・装置としての冷房設備の歴史は、アメリカの紡績工場での生産管理から飛躍的に発達したと言われている。

b) 給排水・衛生設備

水は人間生活にとって密接な関係を持っている。過去には水を得るために多大な努力をしてきた。その考えは今の給排水・衛生設備の原点として受け継がれている。かつては自然の水源を神として祭り、直接生活用水としていた。江戸時代には、玉川上水のように人工的な水路や水道の給水設備があった。

消費された水は、すなわち排水になるが、過去には水路に流し、河川や海域などへ放流するしかなかった。一方、汚水（屎尿）は、コンポスト化し、肥料として使われた。汲取り便所からの汚水の搬送方法は、人力から馬車、鉄道、自動車へと変換し、処理する先は田畑、海洋投棄、汚水処理場での放流へと変わっていった。現在は、公共下水道から処理施設を経由して放流される方法のほか、浄化槽を利用した処理方法がとられる。

c) 電気設備

過去にさかのぼると、照明は火、動力は人力・畜力・風力・水力、熱は燃料による火力が用いられた。通信方法としては、音響、光、煙による伝達がなされた。過去の照明設備は、例えば自然光を利用した障子や格子がある。これらは、室内のプライバシーを保護するとともに、まぶしい直射光を遮り、柔らかい光を室内へ拡散する効果がある。電気はトーマス・エジソン、ニコラ・テスラといった科学者により実用化できたのは19世紀後半であった。その後は急速な電気テクノロジーの発展により、産業や社会が大きく変化している。

d) 防災設備

火災感知の歴史は、かつて高所から町内外の火災を見つける火の見櫓をつくり、毎夜、火の番が町内を見回っていた。今はもう、火の見櫓は火災報知器になっているが、火の番は防災啓発の思想として、歳末夜回りなどに細々と受け継がれている。

図 2・0・1　屋上の設備施設（法政大学）

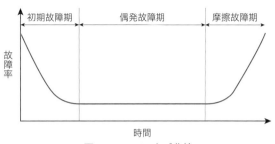

図 2・0・2　バスタブ曲線

初期故障期　　偶発故障期　　摩擦故障期

故障率

時間

伝統通風設備：虫籠窓と格子（彦根市芹町・河原町）

江戸時代の給水：玉川上水（武蔵野市）

伝統採光設備：障子（愛知県南知多町内田家）

火の見櫓（埼玉県川越市）

図 2・0・3　設備の歴史

● 1 空気の混合と熱負荷

（1）空気の熱

物質が固体から液体、液体から気体、固体から気体、あるいはその逆方向へと状態変化する際に必要とする熱のことを**潜熱**といい、温度変化はない。一方、温度変化を伴う熱を**顕熱**という。

状態変化 $\left(\dfrac{顕熱変化}{潜熱変化}\right)$ の種類と、水が状態変化する時の熱エネルギーと温度の関係を図2・1・1に示す。

室内発熱負荷には、顕熱と潜熱がある。人体に起因するものとして、同一作業の場合、室温が高くなると顕熱（発熱）が減り、潜熱（汗）が増加する。

（2）空気の混合

・SHF

SHF は、**顕熱比**を表し、空調負荷における全熱（温度と湿度変化に伴う熱量）に対する顕熱（湿度変化に伴う熱量）の割合を意味する。顕熱＋潜熱はいつも一定の値付近となっている。

$$SHF（顕熱比）= \frac{顕熱}{全熱} = \frac{顕熱}{顕熱＋潜熱}$$

a）加熱・冷却

空調装置での加熱・冷却の熱交換は、空気がコイルを通過する時に行われる。加熱は空気線図上のある条件の点から、右側への移動であり、冷却は左側への移動である（図2・1・2a）。加熱冷却量の算出は、次のように計算する。

$$q = 0.33 \times Q \times \triangle t$$

q：加熱冷却量〔W〕

Q：風量〔m³/h〕

$\triangle t$：温度差

b）加湿・除湿

空調装置での加湿は、加湿器により蒸気や水を噴霧する。除湿は、冷却コイルによる冷却除湿で行われる。加湿は空気線図上のある条件の点から、上側への移動であり、除湿は下側への移動である（図2・1・2b）。

加湿量の算出は、次のように計算する。

$$L = 1.2 \times Q \times \triangle x$$

L：加湿量〔kg/h〕

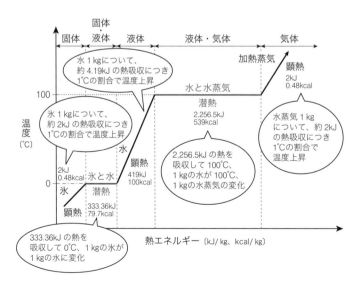

図2・1・1　潜熱と顕熱

（出典：朴賛弼・伏見建『基礎講座 建築環境工学』学芸出版社、2020、p.33）

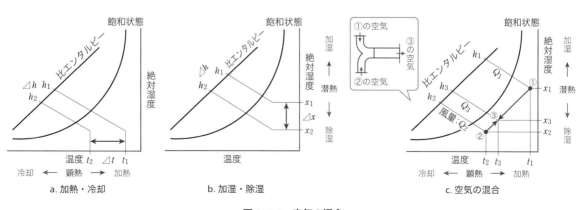

Q：風量〔m³/h〕

x：絶対湿度〔kg/kg（DA）〕

$\triangle x$：加湿（$x_2 \rightarrow x_1$）

　　　　除湿（$x_1 \rightarrow x_2$）

c）空気の混合

空調装置での空気の混合は、給気（OA）と還気（リターン空気：RA）が混合される時の状態である。図2・1・2cから①空気Q_1、②空気Q_2を混合した時、③混合空気Q_3 m³/hが求められる。混合計算式は次のようになる。

$$顕熱：t_3 = \frac{(Q_1 \times t_1) + (Q_2 \times t_2)}{Q_3}$$

$$潜熱：x_3 = \frac{(Q_1 \times x_1) + (Q_2 \times x_2)}{Q_3}$$

$$全熱：h_3 = \frac{(Q_1 \times h_1) + (Q_2 \times h_2)}{Q_3}$$

（3）熱負荷

熱負荷とは、空調する室に出入りする熱量や発生する熱量のことをいう。熱負荷が大きければ、能力が大きい空調機を選択する。透明フロート板ガラスを使用した窓の室内側にブラインドを設ける場合、**明色ブラインド**のほうが暗色ブラインドより日射遮蔽性が高く、熱負荷を減らすことができる。

冷房負荷を低減するため、屋上・壁面緑化や屋根散水は有効である。空気調和設備において、外気冷房システムは、中間期や冬期における冷房用エネルギーを削減するために有効である。また、**全熱交換型**の換気設備は、換気による冷暖房負荷を低減させ

ることが可能である。

a）熱負荷計算

熱負荷計算法には、定常計算法（変動してない状態）、非定常計算法（変動している状態）があり、計算の目的により使い分けられている。最大負荷計算において、照明、人体、器具などによる室内発熱負荷については、冷房時は計算に含めるが、暖房時は安全側になるので計算に含めないことが多い。

TAC温度は設計用外界条件に用いられる温度で、気象データを統計処理して得られた値であり、所定の超過確率を設定して、稀に見られる猛暑の要因を取り除いたものである。

b）熱負荷の省エネ

中央熱源空調方式の中央管理室（データセンター）の空気調和設備の特徴は、年間連続運転、年間冷房、顕熱負荷が主体であり、計画地の気象条件などによっては、外気冷房や冷却塔フリークーリング（外気活用型冷水製造システム）が効果的な省エネルギー手法である。外気冷房は、外気のエンタルピー（空気のエネルギー、→ **1-3 結露** p.30 参照）が室内空気のエンタルピーよりも低い場合に、それらのエネルギーの差を冷房に利用するものである。

● 2 空気調和設備

（1）空気調和とは

a）使用用途

空気調和は、空調設備とも呼ばれ、空気を扱うということから、空気調和・換気設備と称される。主

図2・1・2　空気の混合

に冷暖房、換気を扱う（図2・1・3）。

・保健用（体感用）空気調和

　対人用の空気調和は、人の健康と快適性を求めるもので、一般の建築物における空気調和はこれに該当し、通常、エアコンと呼ぶ。

・工業用（産業用）空気調和

　対物用の空気調和で、工場などにおいて従業員が快適で安全に作業し、製造・生産、貯蔵、品質の保持と製品の向上を目的とする。

b）ゾーニング

　空気調和設備におけるゾーニングは、室の用途や使用時間、方位、空調負荷などにより、空調系統を適切な空間に分割することである。**ペリメーターゾーン**とは周辺部の空間をいい、空気調和設備において開口部の周辺部には日射などの影響が大きい。一方、**インテリアゾーン**とは日射などの影響を受けにくい室内側の空間をいう（図2・1・4、図2・1・5）。ペリメーターゾーンは、建築物の中央部に比べ、熱の出入りが多く、インテリアゾーンと温熱環境が異なるため、空調対策が必要である。

（2）熱搬送方式

　空調方式は熱の搬送媒体の種類によって、空気、水、空気＋水、冷媒の4種類の供給方式に大別される（図2・1・6）。

a）空気方式

　空気のみを室内へ送排気して空調を行う方式である。空調機器が集中しているので、保守管理が容易である。空調機の設置スペースが多く必要である。

b）水方式

　室温を個別に制御しやすいが、外気の取り入れができにくいので、室内空気が汚染されやすい。

　水方式の場合は、換気機能を有する装置が必要となる。水方式の代表例がファンコイルユニット方式である。

c）空気＋水方式

　室内への熱を水（冷水・温水）と空気で分担して送る方式である。ユニットごとに個別制御が容易である。

d）冷媒方式

　冷媒のみで熱を室内に供給する方式であり、個別運転がしやすい。室内設置の場合は、振動、騒音の対策が必要である。HFC（ハイドロフルオロカーボン）のR32は、地球温暖化への影響も少ない冷媒ガスのため、近年注目を集めている。ほかの冷媒は、混合冷媒が主で、冷媒漏れによって混合率が変わると上手く作用しなくなる。R32は、単一成分からなる冷媒ガスなので、冷媒機能が安定し、万が一冷媒

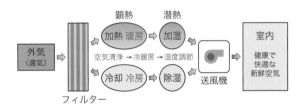

図2・1・3　空気調和の概念

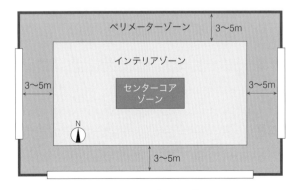

図2・1・4　ゾーニング

図2・1・5　古民家のペリメーターゾーン
縁側（代官山旧朝倉家住宅）

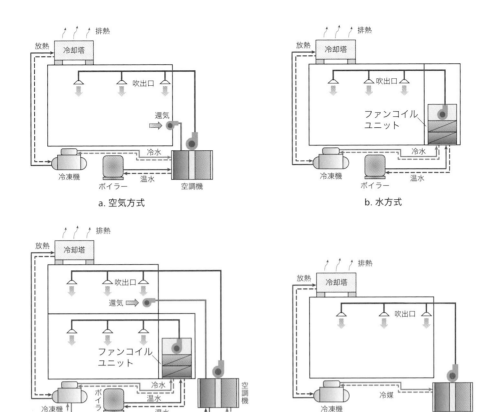

a. 空気方式

b. 水方式

c. 水＋空気方式

d. 冷媒方式

図2・1・6　熱搬送方式

漏れがあっても追加補充すれば元通りの機能を取り
戻せる。

(3) 定風量単一ダクト方式
(CAV：Constant Air Volume)

　CAV 定風量単一ダクト方式は、中央の機械室で適
切な温度にした空気をダクトにより各室に送る空調
設備である。元の送風温度を変えることはできるが、
熱負荷特性が異なるそれぞれの室に対して、室の熱
負荷変動（室温）に対応することができない。**送風
量が大きいので、スペースも必要となる。室内環境
を一様に維持することに関しては変風量単一ダクト
方式より有利である**（図2・1・7）。

特徴

・風量が一定であるため、十分な換気量を定常的に
　確保できる。

・冷却除湿した空気の再熱を行わない場合、室内湿

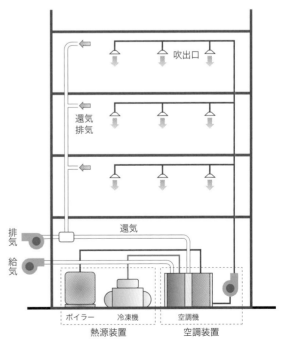

図2・1・7　定風量単一ダクト方式（CAV）

105

度は、部分負荷時の設定条件よりも上昇する。

・中間期や冬期では、冷房時の冷熱源として冷凍機を使わずに外気を使うことが可能である。これを**外気冷房**というが、冬期は外気が乾燥し、加湿を行うので、エネルギー消費量が**増加**する。

・送風温度を変えることで、室温を制御する。

・変風量単一ダクト方式に比べて、搬送エネルギー消費量が大きい。

・2台の同一性能をもつ送風機を並列に接続して単一ダクトにする場合、2台を同時に送風する時の風量は、そのうち1台のみを運転する時の風量の2倍よりも小さくなる。

・ほかの空調方式に比べて、ダクトサイズは一般的に大きくなる。

(4) 変風量単一ダクト方式
（VAV：Variable Air Volume）

変風量（VAV）単一ダクト方式は、定風量単一ダクト方式などと同様、中央式であるため機械室など

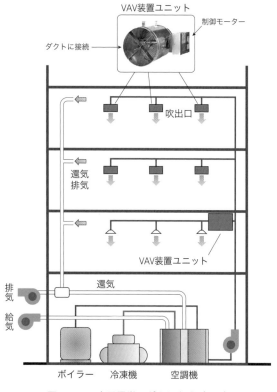

図2・1・8　変風量単一ダクト方式（VAV）

に空調機を設置し、VAVユニットを室やゾーンごとに配置することで、室温の調整を行う方式である（図2・1・8）。

一定の送風量により室温調整を行う定風量単一ダクト方式と比べて、室内負荷の変動（室温の上下）時には送風量が変化するため、室内の気流分布が乱れ、ちりやほこりが舞い上がる。そのため空気清浄度を一様に維持することは難しい。いわば、低負荷時においては、必要換気量の確保と空気清浄度の維持が困難な場合がある。

熱負荷のピークが同時に発生しない場合、定風量単一ダクト方式に比べて、空調機やダクトサイズを小さくすることができる。

空気調和機の冷温水コイルまわりの制御には、変流量（VWV）方式（二方弁制御）と定流量（CWV）方式（三方弁制御）がある。

二方弁とは、液体や気体を流す際に、配管の途中に入れて流量を調整したり、止めたりするのに使う。

配管との接続が入口側と出口側にそれぞれ1つずつある。なお、三方弁は入口側が1つで、出口側が2つある（図2・1・9）。二方弁は配管流量が調整できるので、ポンプ動力が一定な三方弁制御より、ポンプ動力を減少させることができる。

特徴

・室内負荷の変動に応じて、各室への送風量を調整

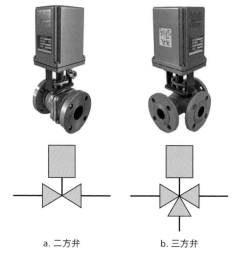

図2・1・9　二方弁、三方弁

して、所定の室温を維持する方式である。

・変風量（VAV）装置ごとに熱負荷に応じた風量だけを給気すればよいので、ファン搬送動力の低減を図ることができる。

・ゾーンごとにVAVユニットを室に配置することから、個別の温度制御が可能である。

・空調用水蓄熱槽の利用温度差を確保するためには、定流量制御（CWV）より変流量制御（VWV）のほうが望ましい。

・負荷の減少に比例して送風量を絞る場合、すなわち、OA機器の室内発熱が減り低負荷運転となった場合は、必要換気量の確保と空気清浄度の維持が困難になることがあるので、最小風量の設定などの対応が必要となる。

・室内のVAVユニットにより吹出風量を変化させることができるため、定風量単一ダクト方式より送風量を低減できる。

・送風機のエネルギー消費量を節減することができるが、室内にユニットを分散設置する空気熱源マルチパッケージ型空調方式に比べて、空気搬送エネルギーは大きくなる。

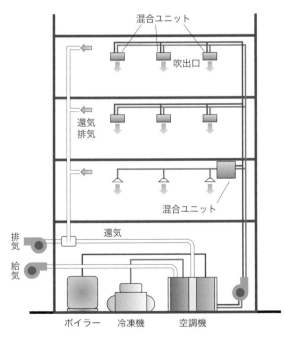

図 2・1・10　二重ダクト方式

（5）二重ダクト方式

　二重ダクト空調方式は、2系統の冷風と温風のダクトによる給気を混合させて温度制御を行うため、個別制御性は高いが、**エネルギー損失が大きい**。建築物内の間仕切の変更に対して柔軟に対応できる（図2・1・10）。

（6）ユニット方式

a) 各階ユニット方式

　図2・1・11aのように各階ごとに単一ダクト方式の空調機を設置して、区域ごとに空調を行う方式である。図2・1・11bのように、外気負荷を調節する1次空調機と、各階の空調を行う2次空調機を組み合わせた方式もあり、省エネの効率を向上することができる。

b) ファンコイルユニット方式（FCU：Fan Coil Unit System）

　ファンコイルユニットは、室内に設置する小型の空調機で、冷温水コイル、送風機、エアフィルターなどを内蔵する（図2・1・12）。室内空気を循環させながら空調するため空気が汚れる短所があるが、それを補う場合はダクト併用式を用いる。

　ファンコイルユニットと定風量単一ダクトとを併用した方式は、定風量単一ダクト方式に比べて、必要とする**ダクトスペースを小さく**することができる。

c) ダクト併用ファンコイルユニット方式

　ファンコイルユニット方式では十分な換気が行えないため、中央機械室の外気処理調和機からダクトで外気を供給する方式である。ファンコイルユニットでペリメーターゾーンの空調を行い、ダクトで運ばれる空気をインテリアゾーンの空調に用いる。この方式は、定風量単一ダクト方式に比べて、必要とするダクトスペースを小さくすることが可能である。

（7）ほかの方式

a) 中央熱源空調方式

　中央熱源空調方式とは、**セントラル方式**とも呼ばれ、熱源機器（冷凍機、ボイラー）と空気調和機とを組み合わせ、機械類を1ヵ所の機械室に集中設置

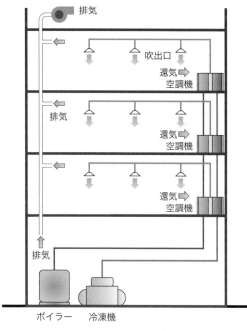

a. 各階ユニット方式

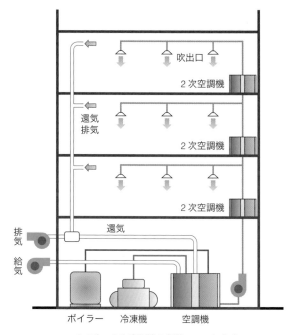

b.1次・2次空調機の各階ユニット方式

図2・1・11　ユニット方式

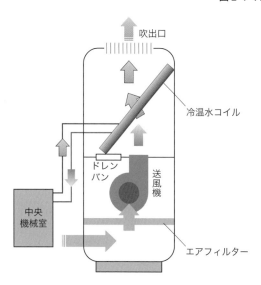

図2・1・12　ファンコイルユニット方式

し、1ヵ所の中央管理室（データセンター）で空調をコントロールする方式である。また、中央管理方式の空気調和設備の制御および作動状態の監視を行う。中央熱源空調方式では**パーソナル空調**（個別制御する空調）としての利用が**可能**である。大きく単一ダクト方式とファンコイルユニット方式の2つに分類されるが、どちらも各部屋の風量や温度を調整することが可能である。

中央熱源空調方式を採用した高層建築物において、低圧ダクトではダクトスペースが建築面積に対して大きな割合となることから、**高圧ダクト**にする。

超高層建築物において、中央管理室は、避難階またはその直上階もしくは直下階に設ける。

b）ターミナルレヒート方式

ダクトの吹出口のすぐ上流に再熱コイルを挿入し、部屋の熱負荷に応じて再熱量を調節する空調方式。単一ダクト方式の欠点である各室の温度調節が可能であるが、単一ダクト方式よりエネルギーが必要なので、燃費が悪い。

c）低温送風空調方式

10〜12℃程度の低温冷風で送風温度を下げ、利用するため、送風搬送動力の低減が可能であり、空調機やダクトスペースも小さくできる。

d）蓄熱式空調方式

夜間電気でつくった氷や水を日中の空調に用いる方式である。同一量の蓄熱をする場合、氷蓄熱方式は、水蓄熱と比べて蓄熱量が大きいので、蓄熱槽の容量を小さくできる。蓄熱式空調システムでは、建築物の冷房負荷が小さくなる中間期の冷房において

も、冷房負荷の大きい夏期と同様に、冷凍機の成績係数（COP：省エネの能力）を高く維持することが可能である。

e）置換換気・空調方式

北欧を中心に発展した空気の浮力を利用した換気・空調方式である。床面付近に低風速かつ室温より低い温度で給気することにより、暖かく汚れた空気を上昇気流に乗せて室上部より排気させるので、気流を感じることもなく、混合換気方式より換気効率が高い。

f）床吹出空調方式

床吹出空調方式は、二重床内に空気を送風し、床面に設けられた吹出口から、温度調節された空気を室内へ供給する方式である（図2・1・13、図2・1・14）。冷房時は、通常の天井吹出しの空調より上げる必要があるため、給気量も若干多くなる。また、夏期には除湿を行う必要がある。天井が高い空間では、天井に近い面での温度と床に近い面での温度に大きな差が生じやすい。すなわち、**垂直温度差（天井〜床）**が大きくなる欠点がある。

（8）個別空調方式

a）ルームエアコン方式

小型のパッケージ型空気調和機を各室ごとに設置して、空調を行う方式である。インバータ方式のルームエアコンは、部分負荷運転時の効率が高く、省エネルギー効果が期待できる。空気熱源ヒートポンプ方式のルームエアコンの暖房能力は、一般に、外気の温度が低くなるほど低下する。

b）マルチパッケージ方式

空気熱源マルチパッケージ型空調機方式は、冷水ではなく冷媒によって冷房を行うもので、図2・1・15のように室外機と室内機の関係が1対多数である。冷房暖房同時型は、冷房負荷と暖房負荷が同時に発生する場合、消費電力を軽減することができる。

この方式は、各室やゾーンごとの単独運転が可能であり、成績係数の大きい機器を採用すると良い。一般に、中小規模の事務所、ホテル、テナントビル、病院などに適している。

c）パッケージユニット方式

パッケージユニット方式は、凝縮機や冷凍機や送風機が一体となっているエアコンで、室外機と室内機が1対1である。比較的安価で簡便に空調したい場合や、小さい部屋単位で独立して運転したい場合に採用される。家庭用や事務所・小規模店舗などに多く使われる。パッケージユニット方式の空調機の

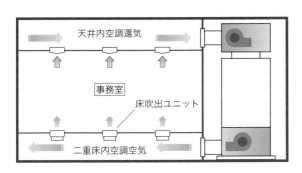

図2・1・13　床吹出空調方式

図2・1・14　床吹出ユニット（虎ノ門ヒルズ）

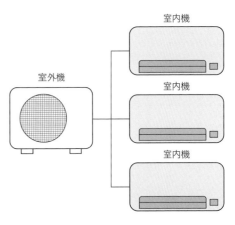

図2・1・15　マルチパッケージ方式

APF（Annual Performance Factor：通年エネルギー消費効率）は、想定した年間の空調負荷と年間の消費電力量により求められる。

（9）乾式・冷却除湿方式

a）冷却除湿方式

冷却コイルで空気を目標露点温度まで冷却、結露させて水分を除去する方式である（図2・1・16）。冷やすことで除湿するため、湿度を優先すると過冷却になってしまうことが多く、これを修正するための再熱は大きなエネルギーロスとなる。

b）デシカント（乾式）空調方式

デシカント空調方式は、デシカント（乾燥材）により、湿気を吸着させることで湿度を下げ、同じ温度でも体感温度を下げるものである。除湿剤などを用いることにより、従来の冷却除湿方式の空調に比べて潜熱を効率良く除去することが可能なため、潜熱と顕熱（p.102 参照）を分離処理する空調システムに利用できる。

デシカント空調は、コージェネレーションシステムに組み合わせることで排熱が利用可能となり、コージェネレーションシステムの総合効率の向上に寄与することができる。

デシカントの原理は、乾燥剤を含浸させたハニカム形状のローター（デシカントローター）に空気を通して除湿する方式である。デシカント空調機・除湿機の構造は対象とする空気を除湿する除湿側と、水分を吸着（収着）したデシカントローターを再生する再生側にて構成される（図2・1・17）。

デシカントローターの再生には加熱用熱源が必要になる。直接的に湿度をコントロールするため、冷却除湿方式に見られるエネルギーロスを防ぐことができる。

3 冷暖房設備

（1）冷房設備

冷凍機を用いる冷房設備には、圧縮式と吸収式がある。冷凍の原理は、循環する冷媒が蒸発器内で気化する時に周囲から熱を奪う作用により、空気や水を冷却することである。この時に機内で発生した熱は冷却塔により処理される。

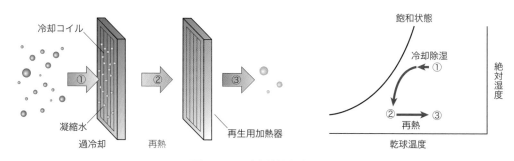

図2・1・16　冷却除湿方式

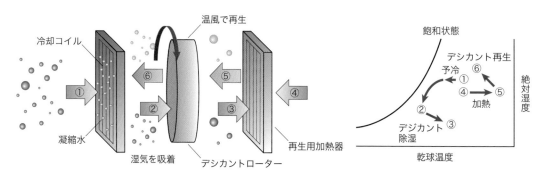

図2・1・17　デシカント（乾式）方式

（2）圧縮式冷凍機

　圧縮式冷凍機はターボ冷凍機ともいい、気体の冷媒を圧縮機で圧縮し凝縮器で冷却して圧力が高い液体をつくり、膨張弁で圧力を下げ蒸発器で気化させ気化熱で熱を奪い取るものである。高効率型なので成績係数が高く省エネであるが、部分負荷運転には必ずしも対応していない。圧縮冷凍機械室において、冷媒ガスが漏れた時に滞留しないように、排気設備の吸込口を、床面近くに設ける。

a）圧縮式冷凍機の原理

　圧縮式冷凍機のサイクルは、次の通りである（図2·1·18）。

① 圧縮：低圧の蒸気冷媒を圧縮機で圧縮し、高温・高圧の蒸気冷媒となり、凝縮器へ。

② 凝縮：高温・高圧の蒸気冷媒は凝縮器で冷却、凝縮し、低温・高圧液冷媒になり、膨張弁へ。

③ 膨張：液冷媒を膨張弁へ通して減圧させて、低温・低圧の液冷媒の流量を調節し、蒸発器に入る。

④ 蒸発：蒸発器内で冷水から熱を奪い蒸発し、気体となった蒸気冷媒は圧縮機内へ吸い込まれ、①の圧縮過程になり、これを繰り返すサイクルになっている。

b）圧縮式冷凍機の種類

・インバータ冷凍機

　インバータ型冷凍機は、圧縮機の回転数を制御で

きるので、定格運転時に比べて、部分負荷運転時の効率が高い。新冷媒 R410A を小型密閉冷凍機（屋内設置型）に採用すると、冷凍能力が向上し、省エネになる。R410A は、取扱いが容易、オゾン層を破壊しない、高効率運転が可能、消費電力低減効果などの長所がある。

・遠心冷凍機

　遠心冷凍機とは遠心式圧縮機を利用した冷凍機で、回転する羽根車で冷媒を外周部へ吐き出すことで圧縮を行う蒸気圧縮式冷凍機の一種である。オフィスビル、地域冷暖房、病院、半導体工場、石油化学工業などに適用されている。

（3）吸収式冷凍機

　吸収式冷凍機は、真空中の蒸発器内で吸収液の混入した水（冷媒）を低温蒸発させ冷水をつくる（図2·1·19）。

　冷媒に水を使用し、水が蒸発する時に周囲から熱を奪う性質を利用する。器内の臭化リチウムの濃溶液が水蒸気を吸収し、蒸発器内の圧力を下げることにより、蒸発を促進させる。水蒸気を吸収した吸収液は、再生器で水と臭化リチウムに分離し再利用する。吸収冷凍機は、圧縮機が必要ないため、振動や騒音が少ない。また、夏期、冬期ともにガスを燃焼させ、冷水と温水を同時にまたは切り換えて取り出すことができる。蒸発、吸収、再生、凝縮の4つの作用を経て冷房し、フロンや代替フロンを使用せず、

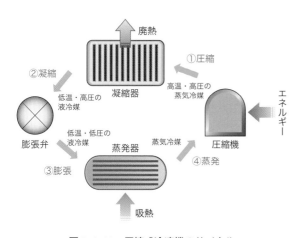

図 2·1·18　圧縮式冷凍機のサイクル

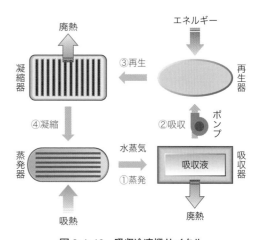

図 2·1·19　吸収冷凍機サイクル

水を冷媒とした環境にやさしいシステムである。

a) 吸収式冷凍機の原理

吸収式冷凍機、図2・1・19に示すように圧縮式冷凍機と根本的な違いが2つある。1つ目は、圧縮機ではなく、吸収器・ポンプ・再生器が使われていることである。2つ目は、冷媒のほかに吸収液が必要なことである。

吸収式冷凍機サイクルは、次の通りである。

①蒸発：蒸発器で、冷水配管内の比較的温かい水から熱を奪うことで冷水を冷却し、水蒸気が吸収器に吸い込まれる。

②吸収：蒸発した冷媒は臭化リチウム吸収液に吸収され、薄い吸収液になり、ポンプで再生器へと押し出される。

③再生：再生器で適当な加熱源で濃縮される。再生器内で冷媒・吸収液の混合液を加熱し元の水蒸気と吸収液に分離され、吸収液は吸収器へ戻り、水蒸気は凝縮器へ送られる。

④凝縮：低温・低圧の気液混合冷媒（水と水蒸気）が蒸発器に入る。そして①蒸発器に流れるという繰り返しのサイクルである。

再生器で熱を加える方法として、ガス・油などの燃料を用いた燃焼方式のほか、蒸気や高温水による方法がある。

b) 吸収式冷凍機の特徴

吸収式冷凍機は、遠心冷凍機のような電動機が不要であることから、振動および騒音が小さい。一方、同一容量の遠心冷凍機に比べて、凝縮器に加え吸収器にも冷却水を多く要す。また、遠心冷凍機に比べて機内（冷媒循環系）の圧力が低く、消費電力が少ない。運転中も機内が真空に近い状態であり、圧力による破裂のおそれがない。

圧縮式冷凍機（ターボ冷凍機）と吸収式冷凍機の比較を表2・1・1に示す。

c) 冷媒

冷凍機の冷媒のノンフロン化に伴い、自然冷媒であるアンモニア、二酸化炭素が冷媒として用いられ

ることがある。冷凍機に使用される代替冷媒のフロン（CFC、HCFC）は、オゾン層の破壊物質である。フロンを改善した代替フロン（HFC）は、オゾン層の破壊防止に効果があるが、地球温暖化係数については二酸化炭素を上回り、温室効果ガスの一種である。

（4）暖房設備

暖房設備における冷温水配管では、冷水から温水への状態変化にともなう体積の膨張を吸収するため、膨張タンクが必要である。

a) 蒸気暖房

ボイラーでできた蒸気が放熱器で潜熱を発散し、室内を暖める。冷えた蒸気は凝縮水となりボイラーに戻ってくる。この循環で暖める。放熱温度が高いため、上下の空気温度差があって暖房感は良くない。快適性は劣り、スチームハンマー、還水管の腐食、温度制御が困難などの短所がある。凍結の危険性が少ないため、寒冷地や工場、学校などで特に設備費を安くしたい場合に使用される。

b) 温水暖房

ボイラーで温水をつくり、放熱器で室内を暖める。ボイラーの水量を制御できるので、燃料は経済的である。暖房の感じが柔らかく快適であるが、設備費が高い。住宅、病院、ホテルなどに多く採用される。

表2・1・1　圧縮式・吸収式冷凍機の比較

比較項目	圧縮冷凍機	吸収式冷凍機
構成要素	蒸発器 ➡ 圧縮機 ➡ 凝縮器 ➡ 膨張装置	蒸発器 ➡ 吸収器 ➡ 再生器 ➡ 凝縮器
冷媒	フロン類またはノンフロン	水＋吸収液
長所	・立ち上がりが早い ・負荷変動に対応性がよい ・経年劣化が少ない	・蒸気や高温水排熱が利用可能 ・1台で冷水・温水供給可能 ・電気設備容量(瞬時電力値) 小
短所	・熱回収型もある、温水は47℃まで ・電気設備容量(瞬時電力値) 大	・立ち上がりが遅い ・負荷変動に対応性が悪い ・経年劣化が大きい
主な用途	大規模ビル	小中大規模ビル

短所としては、寒冷地における凍結の恐れなどがある。**真空式温水機**は、内部の蒸気圧が大気圧以下で運転されるので、安全性が高く、ボイラーの**取扱資格者が不要**となる（図2・1・20）。

c）温風暖房

ボイラーから出る蒸気、温水をコイルに通し、空気を加熱して、ダクトで温風を送る。予熱時間が短く、室温、温度、気流の調整ができる。ダクト寸法が大きいので、そのスペースを考慮しておく必要がある。

d）放射暖房

放射暖房は、一般に、室の床、壁、天井や放射パネルを加熱して、その放射熱を利用するものである。室内の上下の**温度差が少なく**、床面積を十分に利用でき、放熱器のスペースがいらないなどの長所がある。熱容量が大きいので、熱が冷めにくい。一方で、設備費が割高になる。放射冷房を行う場合は、放射パネル表面における結露を防止するため、放射パネル表面の温度を下げ過ぎないように制御する必要がある。温水暖房は放射暖房の一種である。

（5）成績係数（COP：Coefficient Of Deformance）

成績係数（COP）とは、エアコン、冷凍機などのエネルギー消費効率の目安として、消費電力1kW

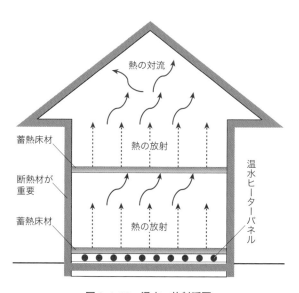

図2・1・20　温水・放射暖房

当たりの冷却能力などを表したものである。

$$成績係数 = \frac{定格冷房（暖房）能力〔kW〕}{定格消費電力〔kW〕}$$

成績係数は、省エネ性能に優れた機器ほどその値は高くなり、効率が良いといえる。暖房の場合、外気温が低ければ調和空気をつくるための消費エネルギーは高くなり、省エネとは言えないので成績係数は低くなる。

特徴

- 河川水や井戸水を熱源とする**水熱源ヒートポンプ**は、熱源水の温度が冷房時には外気温度よりも低く、暖房時には外気温度よりも高いことから、空気熱源ヒートポンプより成績係数（COP）が高い。

- 水蓄熱槽の採用は、一般に、熱源を全負荷運転することによる高効率運転に加えて、冷水ポンプや冷却水に係る熱源補機も含めた熱源システムのエネルギー効率を高めることができる。

- 省エネルギー性能が高い冷凍機の選定に当たっては、定格条件の成績係数（COP）とともに、年間で発生頻度が高い部分負荷時の成績係数（COP）も考慮する必要がある。

- 遠心（ターボ）冷凍機は回転する羽根車による遠心力によって冷媒を圧縮する装置のことであるが、この**冷媒の温度を高く設定**しておくと、負荷が小さくなる（消費電力が少なくなる）ので**成績係数（COP）は上がる**。遠心冷凍機の冷水出口温度を低く設定すると、成績係数（COP）の値は低くなる。

（6）コージェネレーションシステム（CGS：Co-Generation System）

コージェネレーションシステム（CGS）は、発電に伴う排熱を給湯などに有効利用するものである。とくに年間を通して安定した給湯需要のある大きな建築物に対して、コージェネレーションシステムを採用すると、**省エネ対策**になる。

通常は、燃料を35％程度しかエネルギーに変換できないが、コージェネレーションシステムは、**排熱**

を有効利用することで総合エネルギー効率を 70 ～ 80%に向上することができ、省エネルギー効果がある。計画に際し、発電、冷暖房、給湯の負荷バランスが取れれば省エネの効率は上がる。システムの例を、図 2·1·21 に示す。

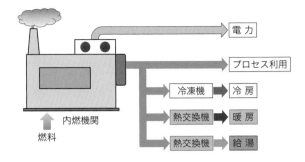

図 2·1·21　コージェネレーションシステム

コージェネレーションシステムの原動機としては、ガスエンジン、ディーゼルエンジン、ガスタービンなどが使用される。発電機の発電効率は、ガスタービンより**ガスエンジン**のほうが高い。

一部のコージェネレーションシステムでは、常用発電設備と消防法や建築基準法で定める**非常用発電設備**との兼用が可能な機種があり、スペースの有効利用やメンテナンスコストの削減などに効果がある。

演習問題—2·1　空気調和設備
1) 定風量単一ダクト方式と変風量単一ダクト方式の違いを説明せよ。
2) ファンコイルの構成を述べよ。
3) デジカント空調方式と冷却除湿の特徴を説明せよ。
4) 圧縮式冷凍機と吸収式冷凍機について、それぞれの特徴を述べよ。
5) コージェネレーションシステムについて説明せよ。

建築士チャレンジ問題　2·1　空気調和設備

【1】空気調和等に関する次の記述のうち、**最も不適当な**ものはどれか。
1. ペリメーターゾーンとは、開口部に近い日射などの影響が大きい空間のことをいう。
2. コージェネレーションシステムに使用される発電機の発電効率は、一般に、ガスタービンよりガスエンジンのほうが低い。
3. 空気熱源マルチパッケージ型空調機は、成績係数の大きい機器を採用する。
4. 真空式温水機は、安全性が高く、ボイラーの取扱資格者が不要となる。
5. ガス吸収冷温水機は、冷水と温水を同時あるいは切り換えて取り出すことができる。

【2】空気調和等に関する次の記述のうち、**最も不適当な**ものはどれか。

1. インバータ型冷凍機は、定格運転時に比べて、部分負荷運転時の効率が高い。

2. 冷凍機に使用される代替冷媒のフロン（HFC）は、地球温暖化係数が高く、温室効果ガスである。

3. 圧縮冷凍機械室において、冷媒ガスが漏れた時に滞留しないように、排気設備の吸込口を、天井面近くに設ける。

4. 水方式の場合は、換気機能を有する装置が必要となる。

5. CAV定風量単一ダクト方式は、中央の機械室で適切に設定した温度の空気を各室に送る空調設備である。

【3】空気調和等に関する次の記述のうち、**最も不適当な**ものはどれか。

1. 吸収冷凍機は、遠心冷凍機のような電動機が不要であることから、振動や騒音が小さい。

2. 中間期や冬期においては、外気冷房を用いた場合、定風量単一ダクト方式はエネルギー消費量が減少する。

3. 空調設備の熱搬送方式で、水方式の代表例はファンコイルユニット方式である。

4. 変風量単一ダクト方式は、定風量単一ダクト方式より、空調機やダクトサイズを小さくできる。

5. 超高層建築物において、空気調和設備の制御および作動監視を行う室は、避難階またはその直上階もしくは直下階に、中央管理室を設ける。

【4】空気調和等に関する次の記述のうち、**最も不適当な**ものはどれか。

1. 吸収式冷凍機は同一容量の遠心冷凍機に比べて、冷却水が少ない。

2. TAC温度は設計用外界条件に用いられる温度で、気象データを統計処理して得られた値である。

3. デシカント空調方式は、潜熱と顕熱とを分離処理する空調システムに利用できる。

4. 暖房設備等における冷温水配管では膨張タンクが必要である。

5. 成績係数が高ければ省エネに優れた機器である。

【5】空気調和等に関する次の記述のうち、**最も不適当な**ものはどれか。

1. 置換換気・空調方式は空気の浮力を利用した換気・空調方式である。

2. ファンコイルユニットは、室内に設置する小型の空調機で、冷温水コイル、送風機、エアフィルターなどを内蔵する。

3. 人体の潜熱は、同一作業の場合、室温が高くなると顕熱（発熱）が減り、潜熱（汗）が増加する。

4. 空気熱源ヒートポンプ方式のルームエアコンの暖房能力は外気の温度が高くなるほど低下する。

5. 冷房負荷を低減するため、屋上・壁面緑化や屋根散水は有効である。

【6】空気調和等に関する次の記述のうち、**最も不適当な**ものはどれか。

1. 二重ダクト空調方式は、個別制御性は高いが、エネルギー損失は大きい。

2. 定風量単一ダクト方式において、冷却除湿した空気の再熱を行わない場合、室内湿度は、部分負荷時の設定条件よりも上昇する。

3. 変風量単一ダクト方式において、空調用水蓄熱槽の利用温度差を確保するためには、定流量制御より変流量制御のほうが望ましい。

4. コージェネレーションシステムの原動機としては、ガスエンジン、ディーゼルエンジン、ガスタービンなどが使用される。

5. 外気冷房は、外気のエンタルピーが室内空気のエンタルピーよりも高い場合に、それらのエネルギーの差を冷房に利用するものである。

2-2 空調機器・換気設備

● 1 空調機器

(1) 空調機器

a) AHU（Air Handling Unit）

AHU は、中央式空調方式に用いられる**一体型で大規模な**空気調和機のことである。

エアフィルタ、熱交換器、加湿器、送風機などにより構成される（図 2・2・1）。

b) ダンパー

ダクト内で風量を調整する装置のことである（図 2・2・2）。

c) 気化式加湿器

加湿素子を水で濡らし、これに空気を接触させ、空気の持つ顕熱により**水を蒸発**させて加湿を行うものである。

d) 空調制御

空調制御において PI 制御は、比例動作に積分動作を加えたものであり、比例動作のみでは生じやすいオフセットを取り除く複合動作方式である。PID 制御は、比例・積分・微分の 3 つの利点を組み合わせた制御方式である。空調機の**ウォーミングアップ制御**は、外気ダンパーを全閉にするとともに還気ダンパーを全開にする制御を行い、空調の立ち上がり時間を短縮する方法である。搬送動力を削減するため、送風機やポンプの電動機を**インバータ**制御とする。

(2) 冷却塔（クーリングタワー）

空調機の凝縮器や吸収器から出た温度の高い冷却水を冷却塔内でシャワー状に噴霧し、冷却水の一部が蒸発する時に周囲から熱を奪う作用により**冷却水の温度を下げる**装置である（図 2・2・3）。冷却塔は、風向などを考慮し、外気取入口、居室の窓などから 10 m 以上離す。これは夏のレジオネラ属菌の繁殖を防ぐためである。

冷却塔の冷却効果は、主として、冷却水と空気との接触による水の**蒸発潜熱**により得られる。しかし、冷却水に接触する空気の温度と冷却水の温度との差によって**得られるものではない**。これは、冷却塔の送風機により強制的に送り込まれた外気と、温度が上昇した冷却水が接触することでも得られる。すなわち、冷却機で使用済みの熱を含んだ冷却水は、冷却塔の充塡物（パッキン）へ送られ、外気と接続させて温度を下げ、再度、冷却機へ送られる。

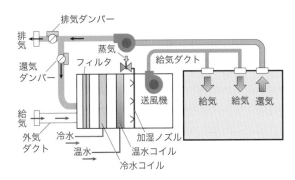

図 2・2・1　AHU

図 2・2・2　ダンパー（出典：ゼビオプラスト株式会社 HP）

図 2・2・3　冷却塔

a) フリークーリングシステム

冬期において、冷凍機の圧縮機を運転しないで**冷却塔の冷却水を使用するシステム**であり、電算室などの年間冷房負荷がある施設の空調に採用されている。いわば、冷却塔を冷凍機として利用する省エネルギー手法である。外気温度が低い冬期に冷却塔を運転すると、冷却水温度を冷凍機で製造する冷水温度近くまで低下させることが可能である。

b) 開放式冷却塔

開放式は、循環水が直接**空気と接触**して冷却される。開放式冷却塔の冷却水を冷ます効果は、冷却水に接触させる空気の温度で向上するのではなく、冷却水を霧状にして外気との接触面積を増やしたり、外気を当てる方向を調節して**接触時間を長く**することなどによって向上する。

c) 密閉式冷却塔

冷却水を直接大気に開放しない密閉式冷却塔は、**コイル**を通して**間接冷却**されるため、同じ冷却能力の開放式冷却塔に比べて、送風動力や容積が**大きく**なる。

d) 冷却水の温度

冷却塔内の冷却水の温度は、外気の湿球温度よりも低くすることはできない。空調熱源用の冷却塔の冷却水温度は、一般に**低い**ほうが省エネルギー上有効であり、冷却塔の設計出口水温は、冷凍機の機能に支障のない範囲で低く設定することが望ましい。

(3) 水搬送機器

水搬送の機器は、ポンプに代表される（図2·2·4）。

ポンプは用途・流体種類に合わせ、数多くの構造や種類がある。その原理構造によって容積式、非容積式の2つに大別され、その後さらに多くの種類に分岐され、その特徴は様々である。すべてのポンプの性能は**流量・揚程**という共通の指標で表される。設備の流量や揚程、液体種別などから、目的に合った配管ポンプを選ぶ。空調用冷水ポンプの台数制御による**変水量方式**を採用すると、搬送動力を低減することができる。

(4) 空気搬送

a) ダクトの用途

ダクトとは、給気や排気などを目的としてビル内や屋外に設置された空気の通り道をいう（図2·2·5）。換気ダクトにおいて、ダクトの曲がり部分や断面変化部分に生じる**局部圧力損失**は、風速の2乗に比例する。**軸流送風機**は静圧が低く、ダクトの抵抗を受けると風量が減少する。対して、**遠心送風機**は、ダクトが長い場所などの静圧の高い場合に用いられる（図2·2·6）。

b) ダクトの形状

ダクトは、角ダクト（矩形）と丸ダクト（円形）の2種類に大別される（図2·2·7）。10〜12℃程度の低温冷風を利用した低温送風空調方式は、送風搬送動力の低減が可能であり、空調機やダクトサイズを小さくすることができる。

c) アスペクト比

長方形ダクトの断面の長辺と短辺の比であり、アスペクト比は4以下とすることが望ましい。長方形

図2·2·4 ポンプユニット

図2·2·5 ダクト

軸流送風機　　　　　遠心送風機

図2·2·6 送風機 （出典：荏原製作所HP）

ダクトの縦横比が大きくなると表面積が多くなり、熱損失などが高まるため、比率は低い方が良い。アスペクト比が小さいほど、搬送エネルギーを減少できる。

d) ダクト内の風量

換気ダクトにおいて、ダクト直管部の単位長さ当たりの圧力損失は、平均風速の2乗に比例する。ダクト径を変更せずに、それに接続されている送風機の羽根車の回転数を2倍にすると、軸動力は回転数比の3乗に比例するので8倍になる。長方形ダクトの直管部において、同じ風量、同じ断面積であれば、形状が正方形に近くなるほど、単位長さ当たりの圧力損失は小さくなる。

軸流吹出口（ライン型、ノズル型）の吹出気流は、ふく流吹出口（アネモ型）に比べて誘引比[*1]が小さいため、広がり角が小さく、到達距離が長い（図2・2・8）。セントラルダクト方式を採用した高層建築物において、低圧ダクトではダクトスペースが建築面積に対して大きな割合となることから、高圧ダク

トとする。

（5）蓄熱槽

一般には暖房用温水、冷房用冷水を一時貯えるための水槽をいう（図2・2・9）。蓄熱方式は、熱源装置の負荷のピークを平準化し、その容量を小さくすることができる。蓄熱槽から各室に設置された空調機まで冷却水などを送る配管回路の方式には、開放式と密閉式がある。

a) 開放回路方式

蓄熱槽を最下階に設けた場合の開放回路方式は、空調機が高所にある場合にポンプの揚程が大きくなり、その動力も大きくなる。

b) 密閉回路方式

密閉回路方式は、配管の途中に熱交換器を設けることから、開放回路方式に比べてポンプ動力を低減することができる。

c) 水蓄熱槽

蓄熱槽は、大きな水槽に夜間の安い電力を使って熱を溜める仕組みで、夏には冷水にし、冬には温水にしておく設備である。これは熱容量が大きい水を使って、蓄熱を利用した省エネルギーな環境設備手法である。いわゆる熱の水バッテリーである。

水蓄熱槽の性能を十分に発揮させるために、槽内の高温水と低温水とを可能な限り分離させる。空調

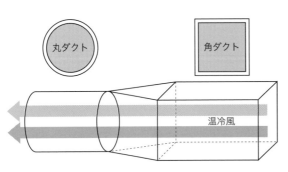

図2・2・7　ダクトの形状

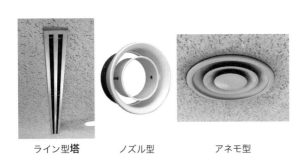

ライン型塔　　ノズル型　　　アネモ型

図2・2・8　吹出口の種類（ノズル型の出典：協立エアティックHP）

図2・2・9　蓄熱槽

＊1　誘引比：室内空気との混合しやすさを示すもので、誘引比が大きい方が、室内空気と吹出温度差を大きくとることができるので、室内で良好な温度分布となる。

用の蓄熱槽の水は、必要な措置が講じられている場合には、消防用水として使用することができる。

一般的な事務所ビルにおいて、水槽類を除く設備機器を同一階に設置する場合、局部震度法による設計用標準震度は、防振支持された設備機器のほうが大きい値となる。蓄熱媒体には、水や氷のほかにも土壌や建築物の躯体を用いることが可能である。

(6) ヒートポンプ

冷房時と暖房時で圧縮冷凍機の冷媒の流れを変えることができ、冷房時は室内の熱を外に放出し、暖房時には屋外の熱を室内に運んで暖房する。ヒートポンプの仕組みを図 2・2・10 に示す（→ **3-4 省エネルギー技術（1）ヒートポンプ p.196 参照**）。

大気中の熱エネルギーを利用するため、温暖な地域での採用に適する。

a) ガスエンジンヒートポンプ

ガスエンジンヒートポンプは、電気ヒートポンプに比べガスエンジンから出る**廃熱（排熱）**を利用できるため、消費電力を低減させることが可能で、**寒冷地に適している**。暖房時において、ヒートポンプ運転により得られる加熱量とエンジンの排熱量の合計を利用できる。

b) 空気熱源ヒートポンプ方式

空気熱源ヒートポンプユニットを複数台連結するモジュール型は、部分負荷に対応して運転台数が変わるので、効率的な運転が可能である。エアコンの暖房能力と成績係数は、外気の温度が低くなるほど低下する。

(7) 全熱交換器

全熱交換器とは換気によって失われる空調エネル

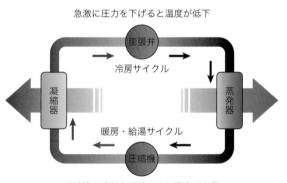

図 2・2・10　ヒートポンプの仕組み

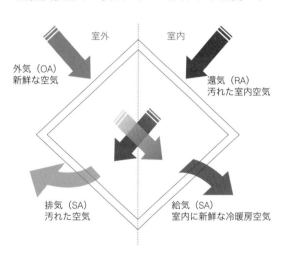

図 2・2・11　全熱交換器の仕組み

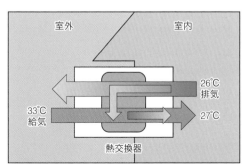

夏季冷房時：33℃の外気と室内の 26℃の排気する際に出る熱を熱交換で再利用し室内へ供給

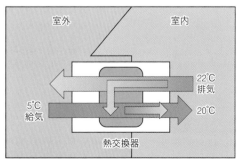

冬期暖房時：5℃の外気と室内の 22℃の排気する際に出る熱を熱交換で再利用し室内へ供給

図 2・2・12　全熱交換器

ギーの全熱（顕熱＝温度と潜熱＝湿度）を交換回収する省エネルギー装置である（図2・2・11、図2・2・12）。換気による外気負荷を少なくし、冷暖房負荷を低減することが期待できる。

空調機の外気の取入れに全熱交換器を使用することにより、空調機にかかる負担を減らすことはできるが、空調機の送風量を小さくすることはできない。核店舗、準核店舗、専門店街からなる大型ショッピングセンターでは、業態による営業時間や負荷特性を考慮して、熱源をそれぞれで独立させることが望ましい。

特徴

・全熱交換器を病院に採用する場合は、外気および還気に浮遊細菌が含まれている可能性を考慮し、高性能フィルターを全熱交換器の給気側に設ける。
・外気取入れ経路に全熱交換器が設置されている場合、中間期の外気冷房が効果的な状況においては、バイパスを設けて熱交換を行わないほうが省エネルギー上有効である。
・空調運転開始後の予熱時間において、外気取入れを停止することは、一般に、省エネルギー上有効である。

● 2 換気設備

（1）自然換気

自然換気は風力換気と重力（温度差）換気がある（➔1-1 室内空気 p.16 参照）。夏期の昼間における冷房負荷を低減するため、外気温が低下する夜間に自然換気を行い、昼間に建築物の内部に蓄えられた熱を排出するように計画する。また、中間期に冷気を取り入れることにより、内部の熱除去を行うとともに、自然換気が促進できるように、通気経路の計画をする。すなわち、夏期の夜間や中間期において自然換気による冷房を行う。

（2）機械換気

各種機械換気での給気と排気の関係は表2・2・1に示す。

a）第1種機械換気

給気、排気を機械換気で行うものである。外壁に換気口を設けられない地階の電気室は、第1種換気方式とする。厨房では、周辺諸室への臭気の流出を防ぐために、第1種または第3種換気方式が採用される。屋内駐車場の換気方式においては、一般に、周辺諸室への排気ガスの流出を防ぐために、第1種換気方式を採用する。

b）第2種機械換気

給気のみを機械換気で行うものである。ボイラー室は、燃焼に対応させて新鮮な空気を十分に取り入れるために、給気を機械換気で強制的に行う。ボイラー室、冷凍機室の給気量は、「燃焼に必要な空気量」に「室内発熱を除去するための換気量」を加えた量とする。

c）第3種機械換気

排気のみを機械換気で行うものである。喫煙室は、煙や臭気が禁煙エリアに漏れないように、第3種換気方式とする。営業用厨房の換気計画において、排気量を給気量に比べてやや大きくする。営業用厨房は、客席へ厨房内の臭気が流入しないように厨房に排気ファンを設け負圧に保つようにする。厨房の排気フードを、火源からフード下端までの高さが1m以下となるように設置する。

（3）その他の換気

a）全般（混合）換気

還気と取り入れ外気との混合空気を給気する室内空気循環型の換気・空調方式である（図2・2・13）。汚染された空気と新鮮な空気が混ざってしまうので換気効率が悪い。

b）置換換気

置換換気（ディスプレイスメント・ベンチレーシ

表2・2・1　各種機械換気

種別	第1種	第2種	第3種
給気	機械	機械	自然
排気	機械	自然	機械
風圧	正・負圧	正圧	負圧

ョン）は、空間上部の高温（汚染）領域と空間下部の低温（新鮮）領域との空気密度差によって生じる、**空気の浮力を利用した換気方式**である（図2・2・14）。工場などにおいて、汚染物質が周囲の空気より高温または軽量の場合に有効である。

c）ガラリ換気

同じ風量用の給気ガラリと排気ガラリを比べると、**排気ガラリのほうが、通過風速を速くできる**ことから必要なガラリの開口面積（正面面積）は小さくなる。

$$ガラリ面積〔m^2〕＝\frac{風量〔m^3/h〕}{有効開口率×風速〔m/s〕}$$

$$（規定値2〜3〔m/s〕）$$

注意：風速単位の秒を時に合わせる。

風速〔m/s〕× 3,600（60秒×60分）→ 風速〔m/h〕

d）その他

天井から下向きに軸流吹出口を設置する事務室の

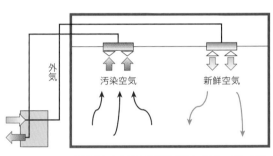

汚染された空気＋新鮮な空気＝混ざってしまう
↓
換気効率が悪い

図2・2・13　全般（混合）換気方式

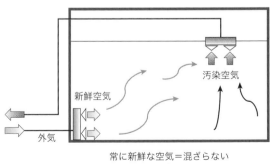

常に新鮮な空気＝混ざらない
↓
換気効率が良い

図2・2・14　置換換気方式

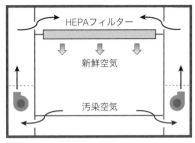

クラス100以下
・半導体工場のほか、清浄度の高い場所
・コストは高い

a. 垂直層流式（床吸い込み）

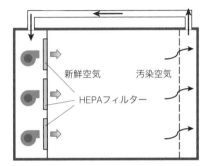

クラス100〜1,000
・適用範囲は広い、改造は難しい
・清浄度を高めるための風量の変更困難

b. 水平層流式

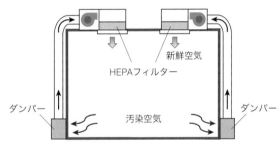

クラス1,000〜100,000
・適用範囲は広い
・空間の四隅に不均等が発生する

c. 乱流方式

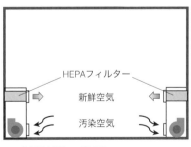

クラス1,000〜100,000
・工事費は安価、工事期間が短い
・ユニットの増設が可能
・設置スペース必要、清浄度に限界がある

d. ユニット式

図2・2・15　クリーンルームの換気方式

計画に当たっては、居住域の上面における風速が0.5m/s以下となるようにする。また、居室のシックハウス対策を機械換気方式で行う場合、必要有効換気量の換気回数は、当該居室の天井の高さによっては、その天井の高さの区分に応じて低減することができる。

（4）クリーンルーム

クリーンルームとは、空気清浄度が確保された部屋で、**防塵室**ともいう。クリーンルーム換気方式を図2・2・15に示す。

空気中の塵埃を除去するため、室内で閉鎖された構造の区画に超高性能エアフィルター（HEPA）を通じて空気を送り込み、排気経路から流出する空気を室外に排気または室内で循環させる給排気システムを備えている。HEPAフィルターは粒径0.3㎛の粒子に対し、99.97%以上の粒子補修率をもつ。

半導体や液晶などの電子工学製品を製造する工場のクリーンルームにおいては、清浄度を保つために周囲の室に対して10Pa程度の**正圧**となるように換気し、塵埃の流入を防止する。

演習問題― 2・2　空調機器・換気設備

1）AHUについてを説明せよ。
2）冷却塔の役割は何か述べよ
3）各種機械換気の室内に生じる風圧について述べよ。
4）風量1,800㎥/h、有効開口率0.4、風速2m/sの外気取入れガラリの開口面積を求めよ。
5）クリーンルームの換気方式について説明せよ。

建築士チャレンジ問題　2・2　空調機器・換気設備

【1】空調機器・換気に関する次の記述のうち、**最も不適当な**ものはどれか。

1. 空調のPI制御は、比例動作のみでは生じやすいオフセットを取り除く複合動作方式である。
2. クリーンルームでは、超高性能エアフィルター（HEPA）を使い室の空気清浄度を高める。
3. 冷却塔の冷却効果は、主として、冷却水と空気との接触による水の蒸発潜熱により得られる。
4. 半導体や液晶を製造する工場のクリーンルームにおいては、周囲の空間に対して負圧となるように制御を行い、塵埃の流入を防止する。
5. 蓄熱槽の密閉回路方式は、配管の途中に熱交換器を設けることからポンプ動力を低減することができる。

【2】空調機器・換気に関する次の記述のうち、**最も不適当な**ものはどれか。

1. AHUは、Air Handling Unitの略であり、一体型で大規模な空気調和機のことである。
2. ボイラー室は、燃焼に対応させて新鮮な空気を十分に取り入れるために、給気を自然換気で行う第3種換気方式とする。
3. 冷却塔は、風向などを考慮し、外気取入口、居室の窓などから10m以上離す。
4. 搬送動力を削減するため、送風機やポンプなどの電動機をインバータ制御とする。
5. 長方形ダクトの縦横比が大きくなると表面積が多くなり、熱損失が大きくなる。

【3】空調機器・換気に関する次の記述のうち、**最も不適当な**ものはどれか。

1.外壁に換気口を設けられない地階の電気室は、第3種換気方式とする。

2.水蓄熱槽の性能を十分に発揮させるために、槽内の高温水と低温水とを可能な限り分離させる。

3.冷却塔内の冷却水の温度は、外気の湿球温度よりも低くすることはできない。

4.置換換気（ディスプレイスメント・ベンチレーション）は、汚染物質が周囲の空気より高温または軽量の場合に有効である。

5.暖房時において、ヒートポンプ運転により得られる加熱量とエンジンの排熱量の合計を暖房に利用できる。

【4】空調機器・換気に関する次の記述のうち、**最も不適当な**ものはどれか。

1.クリーンルームとは、空気清浄度が確保された部屋で、防塵室ともいう。

2.開放式冷却塔の冷却水を冷ます効果は、冷却水に接触させる空気の温度で向上するので、外気の接触面積や時間は関係ない。

3.長方形ダクトの断面のアスペクト比は4以下とすることが望ましい。

4.機械換気は外気負荷を少なくするために、全熱交換型換気扇を用いる。

5.外気取入れ経路に全熱交換器が設置されている場合、バイパスを設けて熱交換を行わないほうが省エネルギー上有効である。

【5】空調機器・換気に関する次の記述のうち、**最も不適当な**ものはどれか。

1.排気ガラリが給気ガラリより、通過風速が速い。

2.第2種機械換気は給気を機械換気、排気を自然換気で行うものである。

3.蓄熱槽を最下階に設けた場合の開放回路方式は、空調機が高所にある場合にポンプの揚程が大きくなり、その動力も大きくなる。

4.全熱交換器を病院に採用する場合は、外気および還気に浮遊細菌が含まれている可能性を考慮し、高性能フィルターを全熱交換器の給気側に設ける。

5.セントラルダクト方式を採用した高層建築物において、低圧ダクトとした。

【6】空調機器・換気に関する次の記述のうち、**最も不適当な**ものはどれか。

1.換気ダクトにおいて、局部圧力損失は、風速の2乗に比例する。

2.喫煙室は、煙や臭気が禁煙エリアに漏れないように、第1種換気方式とする。

3.ガスエンジンヒートポンプは、寒冷地に適している。

4.空気熱源ヒートポンプユニットを複数台連結するモジュール型は、部分負荷に対応して運転台数が変わるので、効率的な運転が可能である。

5.ダンパーはダクト内で風量を調整する装置のことである。

2-3 給水・給湯設備

1 給水設備

　給水設備は建築物へ水を供給し、日常生活のなかで使うために必要な機器である。また、給湯設備は必要な箇所へ湯を供給する機器である。次節の排水設備・通気設備は使った水を排出する機器であるが、これらのすべてを給排水設備と呼ぶ。その概略系統を図2・3・1に示す。

（1）水の使用

a）水の用途

　居住生活で消費される水の用途は飲用と雑用に大きく分けられる。

・飲用水：飲用、厨房用、洗面浴用、洗濯用
・雑用水：便器洗浄用、掃除用、散水、空調冷却水

　上水道の飲料水には、所定の値以上の**残留塩素**が含まれていなければならない。水源から給水施設までの経路を図2・3・2に示す。

b）水の消費率

　一般住宅での水消費は200〜400 ℓ/人・日で多く使われているが、飲料は少量であり、ほとんど浴室、洗濯、トイレに使われている。

　飲食施設を設けない中小規模の事務所ビルの使用水量の比率は、**飲料水30〜40%**、**雑用水60〜70%**として計画する。事務所ビルの設計用給水量は、在

図2・3・1　給排水設備の概略図

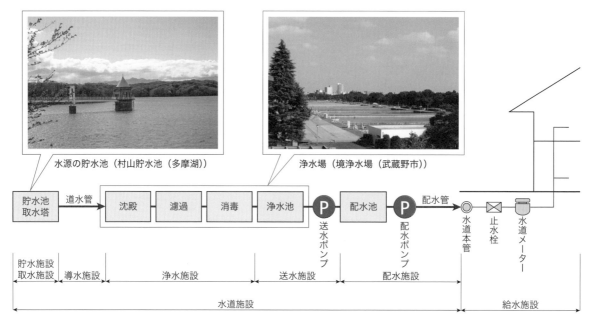

図2・3・2　水源から給水施設までの経路（村山貯水池と境浄水場は1924年に完成した東京水道である）

勤者1人1日当たり60〜100ℓ程度である。集合住宅では、入浴や洗濯などの家事で多くの水を使用するため、居住者1人1日当たり200〜350ℓとなるが、居住者1人当たり250ℓ/日とする。また、客室主体のホテルにおいては、ベッド1台当たり500ℓ/日、総合病院では、ベッド1台当たり1,500〜3,500ℓ/床・日とする（表2・3・1）。

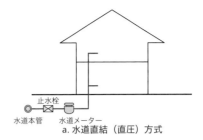
a. 水道直結（直圧）方式

（2）給水方式

建築物への給水方式の選定は建築物の高さによる水圧が決定的である。

a）水道直結（直圧）方式

水道直結（直圧）方式は、水道本管の圧力をそのまま利用して建築物内の必要箇所に給水する方式である。一般に2〜3階建て以下の小規模な建築物に適切である。断水時でも、上水給水配管と井戸水配管との**接続は禁止**である（図2・3・3a）。

水道直結方式は、受水槽設置スペースが不要なので、維持管理がしやすい。一般的に、低中層・中規模建築、3階建以上の小規模な建築物に適する。

b）水道直結増圧方式

水道直結増圧方式は、水道本管の圧力に加えて**増圧ポンプ**によって建築物内の必要箇所に給水する方

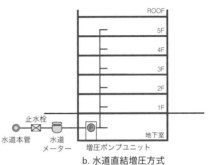
b. 水道直結増圧方式

c. 高置（高架）水槽方式

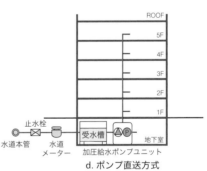
d. ポンプ直送方式

表2・3・1　給水使用量

建築物種類		給水量（1日当たり）	使用時間〔h/d〕
戸建住宅		200〜400ℓ/人	10
集合住宅		200〜350ℓ/人	15
官公庁・事務所		60〜100ℓ/人	9
ホテル	全体	500〜6,000ℓ/床	12
	客室部	350〜450ℓ/床	
総合病院		1,500〜3,500ℓ/床 30〜60ℓ/m²	16
大型店舗		15〜30ℓ/m²	10
飲食店舗		55〜130ℓ/客 110〜530ℓ/店舗m²	10
小・中・普通高校		70〜100ℓ/人	9
大学講義棟		2〜4ℓ/m²	
劇場・映画館		25〜40ℓ/m² 0.2〜0.3ℓ/人	14
図書館		25ℓ/人	6

（出典：空気調和・衛生工学会『空気調和・衛生工学便覧』第14版などをもとに作成）

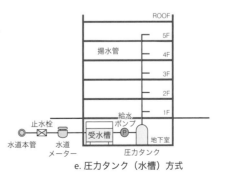
e. 圧力タンク（水槽）方式

図2・3・3　給水方式

式である（図2・3・3b）。水道の給水引込管に増圧給水設備を直結し、水道本管の水圧を利用できるため、省エネルギー効果が期待できる。

水道本管への逆流について考慮する必要があり、水道本管への逆流を防止するためには、増圧ポンプの吸込み側に逆流防止器を設置する。

c) 高置（高架）水槽方式

高置水槽方式は、水道本管からの水を受水槽へ貯水した後に、図2・3・3cのように屋上などに設置した高置（高架）水槽（図2・3・4）へ揚水し、そこから重力による自然流下を利用して建築物内の必要箇所に給水する方式で、大規模な建築物にも適用する。高置水槽へ給水する揚水ポンプの揚程（汲み上げ能力）は、実揚程、管内摩擦損失および速度水頭（吐水口における速度水頭に相当する高さ）との合計で決定する。高置（高架）水槽は、建築物内で最も高い位置にある水栓、器具の必要水圧が確保できるような高さに設置する。

揚水管の横引きが長くなる場合は、ウォーターハンマー（水撃）を防止するために、その低層階で配管の横引きを行ってもよいとされている。

高置水槽方式における給水引込管は、受水槽に水を貯めることが目的であるのに対し、水道直結増圧方式の場合は、給水引込管が最大需要量を賄わなければならない。よって、高置水槽方式の給水引込管のほうが管径は小さくなる。高置水槽給水方式において、70 kPaの最低圧力を確保するために高置水槽の低水位から最も高い位置のシャワーヘッドまでの高さを設定する。

d) ポンプ直送方式

ポンプ直送方式は、水道本管からの水を受水槽へ貯水した後に、給水ポンプによって建築物内の必要箇所に給水する方式である（図2・3・3d）。主にマンションなどに用いられる給水方式で、建築物が停電した際は給水することができない。水の使用状況に応じて給水ポンプの運転台数や回転数の制御を行って給水する。

e) 圧力タンク（水槽）方式

圧力タンク方式は、気体を封入した逆止弁付き圧力タンクにポンプで水を供給し圧力を高めるものである。停電時も圧力タンク内の圧力が低下するまで一定時間の給水が可能である。圧力変動が大きく、圧力タンク内の気体封入ベローズ（継手配管）の保守が煩雑である（図2・3・3e）。

（3）給水方法

a) 配管方式

給水管の上向き配管方式は、最下階で天井に給水主管を配管し、各枝管を上向きに配管し、ポンプによって上方の器具へ給水する。上向き方式には、水道直結方式やポンプ直送方式がある。

下向き配管方式は、最上階まで水を汲み上げ、溜めてから給水主管を展開し、各枝管を下向きに配管し下方階へ給水する。そのため、枝管も上向き配管方式は先上がり配管、下向き配管方式は先下り配管とする（図2・3・5）。下向き方式には、高置水槽方式、高層建築物の給水などがある。

図2・3・4　高置水槽

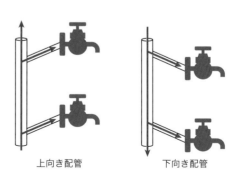

上向き配管　　　　下向き配管

図2・3・5　配管の向き

b) 高層建築物の給水のゾーニング

　高層建築物では、給水を1系統で行うと、下層階において給水圧力が過大になり、ウォーターハンマーや器具配管類のシール劣化、水の飛散、水漏れや、器具の消耗故障となる。そのため中間水槽や減圧弁を用いて上下の系統わけを行うが、このような手法をゾーニングという。一般的にはホテル、住宅では0.3MPa、事務所・工場では0.5MPaを上限水圧とする。その水圧は図2・3・6に示すように、30m、50m以内ごとに系統を分ける。高層の集合住宅において、ポンプ直送方式の給水区分を1系統とする場合、下層階では給水管に減圧弁を設置して給水圧を調整する。

(4) 受水槽

a) 容量

　受水槽（図2・3・7）の水量は基本的に日平均給水量の1日分であるが、貯蔵時間の長期化を考慮し、良質な水を保つために1日の使用水量の半分程度（4/10～6/10）を標準とする。水を多く貯めすぎると、俗にいう「死に水」（循環がされにくい水）が発生しやすくなるため不衛生になる。

　一般的な事務所ビルにおいて、災害応急対策として、飲料用受水槽の容量を1日予想給水量の2倍程度に設定する場合は、水道法の規定による残留塩素の濃度を確保するため、**塩素注入**を行う。

b) 設置

　受水槽は建築物内で水の衛生的な供給の中心であるので、絶対に汚染があってはならない。点検スペースは槽の全面（六面）点検できるように、標準寸法として壁面と床は600mm以上、天井面は1,000mm以上の間隔を設ける（図2・3・8）。飲料水用の受水槽に設ける保守点検のためのマンホールは、有効内径60cm以上とする。

　スロッシング（sloshing：はねること）とは、給水槽の水が地震などにより振動する現象で、これによ

図 2・3・7　ステンレス受水槽

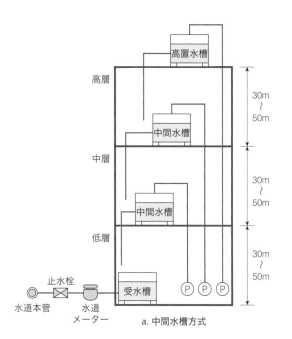

a. 中間水槽方式

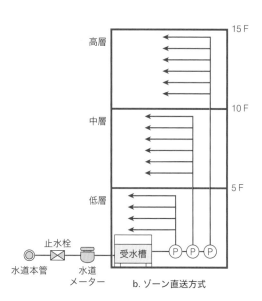

b. ゾーン直送方式

図 2・3・6　高層ビル給水

り給水槽に損傷を与えることがある。飲料水用の高置水槽から配管した給水管には、屋内消火栓の消火管を直接接続してはならない。

災害応急対策活動に必要な医療施設では、地震災害時に使用できる水を確保するために、受水槽に**地震の感知により作動する緊急給水遮断弁**を設ける。受水槽の材質は、腐食のおそれがあるが、木を使用することはできる。ただし、圧力水槽にはできない。FRP製の水槽は、内部で藻類が増殖することを防ぐため、水槽内への光の透過率を下げたものとなっている。そのほかには鋼板、ステンレス鋼板などがあり、使用目的や使用方法に応じて選定する。

c) 躯体利用

上水受水槽と別に設ける**消火用水槽**は、地下ピットなど、建築物の躯体を利用することができる。すなわち、上水系統と雑用水系統とを別系統とすることにより、雑用水系統の受水槽は、鉄筋コンクリート造の床下ピットを利用することができる。

(5) ポンプ

ポンプとは液体を低い場所から高い場所へ移送する機械である。ポンプは大きく容積式ポンプと非容積式ポンプに分類される。容積式ポンプは、一定容積内で加圧して汲み上げる方式である。往復動ポンプと回転ポンプの2つがある。非容積式ポンプは、羽根状の回転子（インペラー）を使い、遠心、斜流、軸流の動作方法によって分類する。遠心ポンプは水道・下水道の送水用で、斜流ポンプは比較的高揚程

に適し、軸流ポンプは低揚程の大容量に適している（図2・3・9）。

・キャビテーション（cavitation：空洞現象）

キャビテーションはポンプヘッド内の負圧により気泡が発生し、吐出量が減少するとともに**異常音や振動**が起こる現象をいう。作動しているポンプ内のキャビテーションは、水温が一定の場合、**ポンプ吸込口の管内圧力が低い**時に発生しやすい。

(6) 中水

中水は再生した水であり、飲用には不適である。トイレの洗浄、冷却塔補充水、屋外清掃用水、消防用水などで使われる。誤飲の防止のため配管接続のミスを防ぐために配管に「上水」「中水」の表示をする（図2・3・10）。排水再利用水の原水としては、手洗器・洗面器や湯沸室からの排水のほかに、**厨房の排水**も利用できる。排水再利用水は、人の健康に関わる被害の防止のため、大腸菌が検出されない場合であっても、飲料水として使用することはできない。

また、汚水を原水として雑用水の水質基準に適合するように処理した中水でも植栽の散水や噴水の補

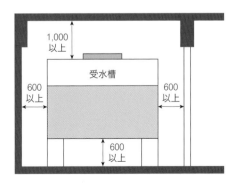

図2・3・8　受水槽の設置〔mm〕

容積式ポンプ、在来式ポンプ

非容積式ポンプ、機械ポンプ

図2・3・9　ポンプ

給水に使うことはできない。その飛沫の拡散や子どもが誤飲する可能性があり、健康上の被害や衛生上の問題が懸念されるからである。

(7) 水圧とウォーターハンマー（水撃）

給水用器具の必要圧力は、一般器具で30kPa、洗浄弁や浴室のシャワーの最低必要圧力は70kPaである。

ウォーターハンマー（水撃）は、急激な止水によって流体が配管の壁面に衝突して水圧によって衝撃音が発生する現象である（図2·3·11）。給水圧力が高すぎると、給水管内の流速が速くなり、ウォーターハンマーなどの障害を生じやすい。配管や継手の劣化が進み漏水する原因となり、騒音も発生する。これはウォーターハンマー防止器を取り付けることで防止できる（図2·3·12）。

(8) 給水管

給水管の材質は、硬質塩化ビニルライニング鋼管とし、管端防食継手を使用すれば、赤水の発生を防止することができる。また、屋内の給水管の結露防止のためには、保温材を用いて防露被覆を行う。給水管の管径は、配管系統や配管部位における**瞬時最大流量**を負荷流量として決定する。

給水管の配管は、飲料水の給水・給湯系統とその他の系統が、配管・装置により直接接続される**クロスコネクション**（上水道管とそれ以外の配管などを直接接続すること）を、絶対に行ってはならない。

図2·3·10　中水利用ユニット

また横管は、各住戸やホテルのバスルームの場合、**スラブ上面**と床仕上げ面との間に配管する。

・節水こま入り給水栓

節水こま入り給水栓は、こまの底部を普通こまより大きくした節水こまによって、ハンドルの開度が小さい時の吐水量を少なくして、節水を図る水栓である（図2·3·13）。

🌀 2 給湯設備

(1) 給湯の性質・特徴

給湯設備とは、建築物内の浴室、洗面所、台所などに温水を供給する設備である。1ヵ所に温水ボイラーを設け、必要箇所に配管して給湯する**中央給湯方式**と、瞬間湯沸器を設ける**個別給湯方式**がある。家庭用にはガスを燃料とした瞬間湯沸器が多く用いられているが、最近は温水暖房用の温水ボイラーに給湯用の機構を組み込んだ、配管による給湯が次第に普及している。温水ボイラーの熱源にはガス、灯油、電気などが用いられる。

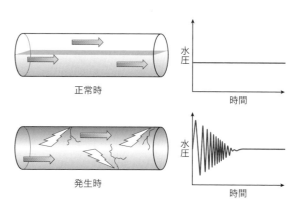

正常時

発生時

水圧

時間

水圧

時間

図2·3·11　ウォーターハンマー現象

図2·3·12　ウォーターハンマー防止器

（2）水の膨張と管の伸縮

a）水の膨張

水は4℃以下で体積が膨張し、加熱しても膨張する。湯の膨張は給水管の膨張・収縮に影響を与え、管継手からの水漏れや給湯装置の膨張破壊など、給湯系に様々な問題を起こす恐れがある。

b）膨張管・膨張水槽（タンク）

加熱装置と膨張タンクをつなぐ配管を膨張管といい、逃がし管ともいう。水を温めると膨張するが、お湯を大量に使用する住宅のセントラルヒーティングやビルディング用の空調システム、大規模給湯システムなどで発生する膨張水を吸収させるためには膨張水槽（タンク）が必要になる（図2・3・14）。膨張水槽には、密閉式と開放式がある。密閉式は膨張水量の吐出（オーバーフロー）がなく、開放式はオーバーフローの可能性がある。加熱装置と膨張水槽とを連結する膨張管には、止水弁を設けない。

c）給湯管の伸縮

湯による管の伸縮は管の破裂、建築構造物の破損を招き、水損事故の原因になる。このような損害を防ぐためには、給湯管の固定端間で15～20mごとに伸縮を吸収する装置を設置する必要がある。通常、図2・3・15のようにベローズ式伸縮継手が用いられる。また、小規模なものや管口径が小さい場合、スイベルジョイント、エルボを用いる。

（3）給湯温度・使用温度

レストランや、病院、学校などの業務系厨房では90℃以上のお湯ですすぎを行って、食器消毒保管庫に入れて、乾燥している。家庭では、食器洗浄機を用いて60℃のお湯ですすぎを行い、布巾では拭かずに、自然乾燥させるのが衛生的である。シャワーや台所の水栓は、60℃のお湯と15℃の水を混ぜることで、約40℃の適温にして給湯される。

循環式の中央式給湯設備において、レジオネラ属

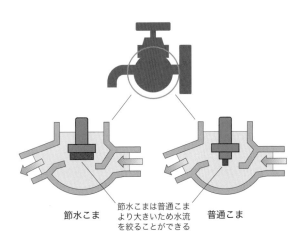

節水こま　　節水こまは普通こまより大きいため水流を絞ることができる　　普通こま

図2・3・13　節水こま入り給水栓

図2・3・14　膨張水槽（タンク）

ベローズ式伸縮継手　　　　スイベルジョイント

エルボ

図2・3・15　伸縮継手（出典：株式会社ヨシタケHP）

菌の繁殖を防ぐために、貯湯槽内の湯の温度を60℃以上に保つ。

（4）給湯方式

1）配管方式

a）単管式

給湯管のみの配管で供給する方式。給湯温度が安定するまで時間が必要であるが、配管長が短いので安価で熱損失が少ない。小規模の給湯設備に有効。

b）複管式

給湯管（往き管）と返湯管（還り管）の2系統を配管で供給する方式。湯を強制循環させて配管内に冷水が貯留しないようにしておくので給湯温度が安定している。しかし、配管長が長いので、高価で熱損失が大きい。大規模の給湯設備に有効である。

2）供給方式

湯を使う箇所の水圧を一定に保つための工夫である。

a）ダイレクトリターン方式（直接還水方式）

給湯管（往き管）はポンプから順に各機器へ接続し、返湯管（還り管）はポンプから遠い機器から順に配管する方式（図2・3・16a）。

末端の分岐の水が流れにくくなり、分岐ごとに圧力差が変わってしまう。

b）リバースリターン方式（逆還水方式）

往き管はポンプから順に各機器へ接続し、還り管はポンプから近い機器から順に遠い機器へ配管する方式（図2・3・16b）。すべて分岐の水が流れやすさは同じで分岐ごとに圧力差は一定である。しかし、往き管と還り管の流量が等しい循環配管系には適しているが、給湯管と返湯管で流量が大きく異なる場合には適さない。

3）系統による方式

給湯系統の分類には、中央式と個別式があり、個別式の熱源は主に瞬間式と貯湯式に分けられる。

a）中央式給湯

中央式は、加熱装置を1ヵ所に設け、そこから配管を通して給湯する方式で、主に規模が大きい建築物に用いられる。熱源機は、給湯専用熱源機によるほか、別熱源から、熱交換器により湯（温水）を製造する場合がある（図2・3・17）。

b）個別式給湯

個別式は使用箇所ごとに加熱装置を設ける方式で、主に規模が小さい建築物、住宅に用いられる。この

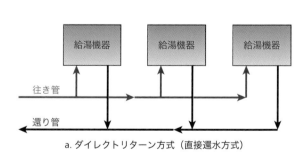

a. ダイレクトリターン方式（直接還水方式）

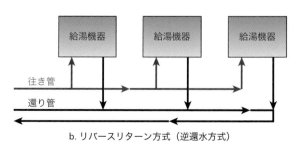

b. リバースリターン方式（逆還水方式）

図2・3・16　供給給湯方式

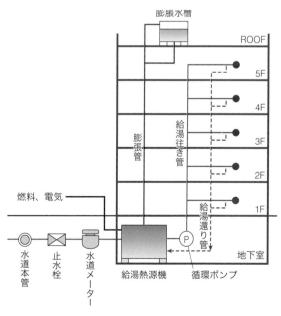

図2・3・17　中央式給湯方式

方式には大きく分けて、ガス式と電気式がある。それぞれ瞬間式と貯湯式があるが、住宅設備では瞬間式が多く採用されている。

c) 瞬間式

瞬間式は、給湯栓を開くと同時に加熱して給湯する方式である。潜熱回収型ガス給湯器（エコジョーズ）は燃焼排気ガスに含まれる排熱を回収して、有効なエネルギーとして利用することができる省エネタイプの給湯器である。従来の給湯器の熱交換器から出る排ガスから潜熱を取り出し、再利用することによって効率的にお湯をつくることができ、二酸化炭素排出量も削減できる。

従来のガス給湯器（図2・3・18a）では熱効率が80％で残り20％は排気ロスになっていた。これに対して潜熱回収型ガス給湯器（図2・3・18b）は、排ガスに含まれる水蒸気が水に戻る時に放出される凝縮熱（潜熱）を、回収・再利用することで、熱効率を95％まで高められ、ガスの使用量も13％削減できる。

ガス瞬間式給湯器（図2・3・19）の給湯能力は、1ℓの水の温度を1分間に25℃上昇させる能力を1号として表示する。例えば、ガス瞬間式給湯機の20号は、20ℓの水を1分間に25℃上昇させることができる。1分間で20ℓの水を20℃上昇させる能力ではないので注意する。24号は4人家族に適当である。

d) 貯湯式

貯湯式は、タンクに水を貯めてから沸かす方式である。満水時の質量が15kgを超える給湯器については転倒、移動などによる被害を防止するため、アンカーボルトで固定するなど転倒防止の措置を講じる。給湯用ボイラーは、常に缶水が新鮮な補給水と入れ替わるため、空気調和設備用温水ボイラーに比べて腐食しやすい。

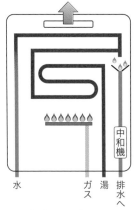

a. 従来ガス給湯器　　b. 潜熱回収型ガス給湯器（エコジョーズ）

図2・3・18　ガス給湯器の種類

図2・3・19　ガス給湯器

図2・3・20　エコキュート

a. シングルレバー式水栓　　b. 2ハンドル水栓　　c. サーモスタット式水栓　　d. 自閉式水栓

図2・3・21　給湯水栓（出典：水まわり創造企業 KVK カタログ）

最近の傾向では、自然冷媒ヒートポンプ給湯機（エコキュート、図2·3·20）（**→ 3-4 省エネルギー技術 p.196 参照**））が、使用される。

(5) 給湯水栓

a) シングルレバー式水栓

レバーハンドルで湯水の混合および吐水・止水する。レバーハンドル上下の操作で吐水・止水、左右の操作で湯水の混合ができるので簡単で便利である（図2·3·21a）。

b) 2ハンドル式水栓

2つのハンドルによって湯水の混合および吐水・止水する。止水状態ではスピンドルがこまを押さえている。ハンドルを開けるとスピンドルが上がり、こまが水圧で持ち上がり吐水する（図2·3·21b）。短時間に出湯する必要があるホテルなどに有効であり、配管方式は、複管式を使用する。

c) サーモスタット式水栓

温調ハンドルで温度を設定すれば、サーモスタットカートリッジの働きで湯水の混合量を自動調節し、安定した温度のお湯が得られる。吐水・止水は切替ハンドルで行う（図2·3·21c）。

サーモスタット式水栓は、2ハンドル式水栓に比べて、適温調整中の無駄な湯水の削減が可能であり、**節水に有効である**。

d) 自閉式水栓

ボタンを1回押すと、洗い桶1杯分の約3ℓで自動的に止まる。特に温泉、ホテルやサウナ、ゴルフ場などパブリックな浴室における流し放しを防止でき、お湯の無駄使いがない（図2·3·21d）。

演習問題 ― 2·3　給水・給湯設備

1) 給水方式について説明せよ。
2) 受水槽の容量と水質、設置について述べよ。
3) 中水の用途について説明せよ。
4) ウォーターハンマー（水撃）の発生原因と防止について説明せよ。
5) 給水管について説明せよ。
6) 給湯設備の膨張装置について述べよ。
7) 中央式給湯と個別式給湯の違いについて説明せよ。

建築士チャレンジ問題 2·3　給水・給湯設備

【1】給水・給湯設備に関する次の記述のうち、**最も不適当な**ものはどれか。

1. 短時間に出湯する必要があるホテルなどの場合、給湯方式には、単管式は使用しない。
2. 上水道は、所定の値以上の残留塩素が含まれても、飲料水としては使用できない。
3. 集合住宅において、居住者1人当たり250ℓ/日とした。
4. 汚水を原水として雑用水の水質基準に適合するように処理した中水でも植栽の散水や噴水の補給水に使うことはできない。
5. 空気調和設備用温水ボイラーは、給湯用ボイラーより腐食しやすい。

【2】給水・給湯設備に関する次の記述のうち、**最も不適当な**ものはどれか。

1. 飲食施設を設けない中小規模の事務所ビルの使用水量の比率は、飲料水 30 ～ 40%、雑排水 60 ～ 70% として計画する。
2. サーモスタット式水栓は、2 ハンドル式水栓に比べて、節水にならない。
3. 総合病院における給水量は、ベッド 1 台当たり 1,500 ～ 3,500 ℓ / 床・日である。
4. 排水再利用水は、手洗器・洗面器や湯沸室からの排水のほかに、厨房の排水も利用できる。
5. リバースリターン方式は、給湯管と返湯管で流量が大きく異なる場合には適さない。

【3】給水・給湯設備に関する次の記述のうち、**最も不適当な**ものはどれか。

1. 水道直結直圧方式は、水道本管の圧力をそのまま利用して給水する方式である。
2. 浴室のシャワーの最低必要圧力は 70 kPa である。
3. 瞬間式給湯機の 20 号は、1 分間で 20 ℓ の水を 20℃ 上昇させる能力である。
4. ポンプ内のキャビテーションは、ポンプ吸込口の管内圧力が低い時に発生しやすい。
5. 空調システム、大規模給湯システムでは膨張水槽（タンク）が必要になる。

【4】給水・給湯設備に関する次の記述のうち、**最も不適当な**ものはどれか。

1. 高置水槽の揚水ポンプの揚程は、実揚程、管内摩擦損失および速度水頭との合計で決定する。
2. 循環式の中央給湯設備の給湯温度は、レジオネラ属菌対策として、貯湯槽内で 30℃ 以上に維持する必要がある。
3. 水道直結直圧方式は、水道直結増圧方式に比べて、維持管理がしやすい。
4. 事務所ビルにおける飲料水の受水槽の有効容量は、1 日の使用水量の半分程度（4/10 ～ 6/10）を標準とする。
5. 給水圧力が高すぎると、給水管内の流速が速くなり、ウォーターハンマーなどの障害が生じやすい。

【5】給水・給湯設備に関する次の記述のうち、**最も不適当な**ものはどれか。

1. ポンプ直送方式は、水道本管からの水を受水槽へ貯水した後に、給水ポンプによって給水する方式である。
2. 給水管の上向き配管方式は、最下階の天井に主管を配管し、これより上方の器具へ給水する。
3. 加熱装置と膨張タンクを連結する配管を膨張管といい、逃がし管ともいう。
4. 給水設備におけるポンプ直送方式は、水の使用状況に応じて給水ポンプの運転台数や回転数の制御を行って給水する。
5. 上水受水槽と別に設ける消火用水槽は、建築物の地下ピットなどの躯体を利用できない。

【6】給水・給湯設備に関する次の記述のうち、**最も不適当な**ものはどれか。

1. 高層の集合住宅において、下層階では給水管に減圧弁を設置して給水圧を調整する。
2. 膨張タンクには、密閉式と開放式がある。
3. 節水こま入り給水栓は、節水を図る水栓である。
4. 高置（高架）水槽は、建築物内で最も高い位置にある水栓、器具などの必要水圧が確保できるような高さに設置する。
5. 洗面器など一般水栓の最低必要圧力を 70 kPa とした。

2-4 排水・通気設備

1 排水設備

(1) 排水の種類

排水は、汚水、雑排水、厨房排水、特殊排水、ドレーン、湧水、雨水に分類される。排水の分類を、表2・4・1に示す。

(2) 排水系統

排水は、図2・4・1に示す経路で放流される。放流先は各地方自治体により、直接終末処理場に放流する。しかし、各建築物に対して汚水処理装置の設置が義務付けられる。

a) 合流式

合流式下水道は、汚水と雨水を同じ管（合流管）で流し、集めた下水は浄化センターで処理する。合流式は、埋設する管が1本で済むため、工事が容易で経済的である。

公共下水道が合流式の地域において、雨水排水管と敷地排水管を接続する場合には、下水道本管からの害虫などの侵入防止のためのトラップ桝（図2・4・10c）を介して接続する（図2・4・2a）。建築物内の雨水排水管と汚水排水管を別系統で配管し、屋外の排

表2・4・1 排水の種類

排水呼称	排水種類
雑排水	浴室、シャワー、洗面所、洗濯等からの排水
汚水	トイレからの洗浄水排水
特殊排水	工場、病院等からの有害物質を含む排水
ドレーン	空調凝縮水の排水
雨水	天水（雨水・雪・雹等も含む）の排水
湧水	地下に浸透した雨水や、地中水位面からの排水

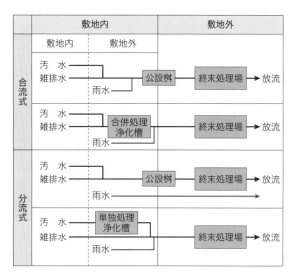

図2・4・1 排水系統図

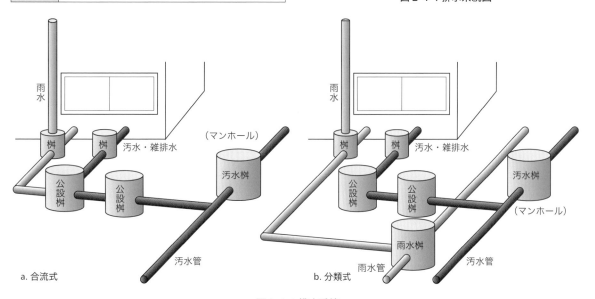

図2・4・2 排水系統

水桝で双方を接続する。すなわち、雨水排水と汚水排水とを屋外の排水桝で同一系統にする。

b) 分類式

分流式下水道は、汚水と雨水を別々の管（汚水管と雨水管）で流し、汚水は浄化センターで処理し、雨水は直接河川へ流す。

建築物内の排水設備においては汚水と雑排水とを別系統にし、公共下水道においては汚水および雑排水と雨水とを別系統にすることをいう（図2・4・2b、図2・4・3）。

(3) 排水トラップ

a) 排水トラップの目的

排水トラップは、図2・4・4のように排水管を曲げることによって、水の壁のような封水を保つことによって、下水道の悪臭やガスを遮断し、屋内へ侵入するのを防ぐ設備である。また、衛生害虫やネズミなどを屋内に進入させない目的をもつ。排水トラップの封水深は、一般に、5～10cmとする。

一方、阻集器は、排水の流出を妨げる夾雑物（種々雑多な異物）や油脂を水際除去し、排水系統を防護させる目的をもつ。飲食店の厨房の排水設備において、グリース阻集器への流入管には、トラップを設けない。使用頻度の少ないトラップに生じる蒸発作用の防止策として、**封水の補給装置**などが有効である。

b) 排水トラップの種類

トラップの種類は、建築物の排水場所、位置、排水方向、使用目的により、図2・4・5のような種類があるので、状況に応じて選択し設置する。

① Sトラップ

Sトラップは垂直（床方向）に排水されるため、Pトラップよりも流速が速くなり、封水が破壊（破封、
→ 2-4 排水・通気設備（4）p.137参照）されやすい。また、掃除流しなどに用いると、ため洗い後に自己サイホン作用による破封を起こすおそれがある（図

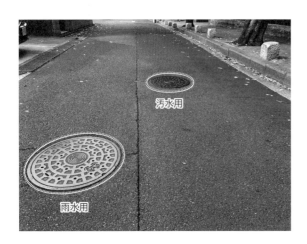

図2・4・3 分類式マンホール

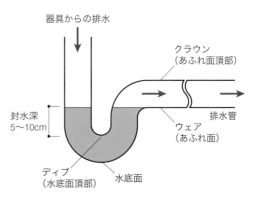

器具からの排水

クラウン
（あふれ面頂部）

封水深
5～10cm

排水管

ウェア
（あふれ面）

ディプ
（水底面頂部）

水底面

図2・4・4 トラップ各部名称

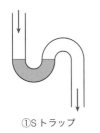

①Sトラップ

②Pトラップ

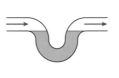

③Uトラップ

④ドラムトラップ

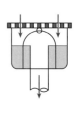

⑤ワントラップ
（ベルトラップ）

図2・4・5 トラップの種類

2・4・6)。**自己サイホン作用**とは、洗面器に溜めた水を一気に流すと、水の勢いで破封する現象である。

②Pトラップ

SトラップとPトラップは、洗面器の下部に設けられるが、Sトラップは床に、Pトラップは**壁に配管**が行われる。

③Uトラップ

横走り管に使用。

④ドラムトラップ

厨房用流しに使用。

⑤わんトラップ（ベルトラップ）

床排水、実験用流しに使用。

c) 二重トラップ

二重トラップは、図2・4・7のように排水トラップを直列に2つ並べて配管することであり、トラップ間の空気が密閉され、排水の流れが悪くなるので禁止されている。グリース阻集器に接続する排水管には、器具トラップを設けると**二重トラップになるため付けてはならない**。また、衛生器具のトラップの

下流の配管の途中にUトラップを設けると、二重トラップになる。

（4）封水の破壊（破封）

排水トラップの中で封水が破壊されることを**破封**といい、トラップ内の封水が損失することである。

封水破壊の要因は図2・4・8に示すが、排水管内は、管内圧力変動や、室内環境条件その他、諸現象により、封水が破壊される可能性を秘めている。

（5）排水の種類

a) 間接排水

間接排水の目的は、一般排水系統からの逆流の防止で臭気などの侵入を防ぐことである。上水系統の受水槽の水抜き管とオーバーフロー管は、いずれも十分な排水口空間を介して排水管などへの間接排水とする（図2・4・9）。飲料用冷水器は、一般排水系統からの逆流などを防止するために、間接排水とする。

図2・4・6 Sトラップ

図2・4・7 二重トラップ

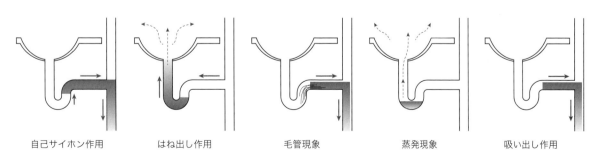

| 自己サイホン作用 | はね出し作用 | 毛管現象 | 蒸発現象 | 吸い出し作用 |

図2・4・8 封水の破壊原因

b）雨水排水

雨水排水桝は、雨水中に混在する泥を桝に沈殿させ、排水が円滑に流れるようにするもので、底に泥だめを設ける。

c）自然流下式の排水

自然流下式の排水設備は、重力式ともいい、建築物内の排水管が公共下水道の位置より高い場合には、排水を重力により自然に流す。自然流下式の排水立て管の管径は、どの階においても、最下部の最も大きな排水負荷を負担する部分の管径と同一にする必要がある。すなわち、**最下階の管径と同一管径**とし、接続する排水横枝管の管径以上とする。

公共下水道より低い場合には、排水ポンプなどで流す機械式がある。排水管内が常に大気圧の状態であることが大事なため、管径の変化による圧力変化が生じるような管径を計画する。重力式の排水横主管や排水横枝管などの排水横走管には、管径に応じ

て 1/50 ～ 1/200 の勾配が必要である。管径による排水管の最小勾配を表 2・4・2 に示す。

d）排水槽

排水槽は自然流下では排除できない建築物内・敷地内の排水を集め、ポンプなどによって排除するために設ける槽をいう。排水槽に設ける**マンホール**は、有効内径 60 cm 以上とする。汚水や雑排水を貯留する排水槽の底部には排水および汚泥の排出を容易にするため、**吸込みピット**を設ける。その槽の底部はピットに向かって 1/15 以上 1/10 以下の下がり勾配とする。

（6）排水桝

排水桝とは、固形物（ゴミ）が廃液と一緒に流れ込まないようにするために排水管の合流部などに設置される設備である。これによって排水管が詰まることを防止する（図 2・4・10）。

a）雨水桝

雨水を集結させる桝で、枯葉などの異物を沈殿させる役割も担っている（図 2・4・10a、図 2・4・11）。浸透式と非浸透式がある。分流式公共下水道の雨水専用管に、敷地内の雨水排水管を接続する場合には、

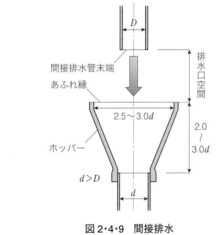

図 2・4・9　間接排水

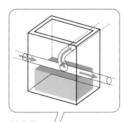

表 2・4・2　管径による排水最小勾配

管径	最小勾配
65 mm 以下	1/50
75、100 mm	1/100
125 mm	1/150
150 mm 以上	1/200

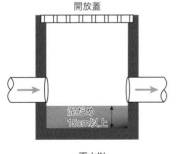

a. 雨水桝

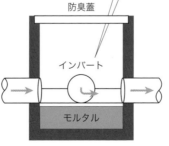

b. 汚水（インバート）桝

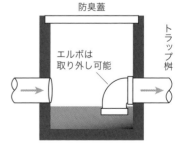

c. 雑排水桝

図 2・4・10　桝の種類

一般に、トラップ桝は設置しない。

b）汚水桝

インバート桝とも呼ばれ、汚水に使用される。桝の底面に配管と同じ型の溝があり、水以外の泥や異物を沈殿しやすくなっている（図2・4・10b）。インバートは汚水桝の底に設け、異物や泥などを桝の中で滞留させることなく流すためのものである。

c）雑排水桝（会所桝）

雑排水用の桝で、洗濯や洗面、台所からの排水に使用される。会所桝ともいう（図2・4・10c）。桝には泥や混合物を沈殿させて上澄みだけを流す役割もあり、トラップ桝が多くなっている。

d）マンホール

マンホールの蓋は、風で飛ばされたり、盗難や関係者以外の進入を防止するほか、耐荷重性を高めるために、重い鉄でつくられている。形状はほとんど円形であるが、これは蓋が穴の中に落ちないようにするためである。マンホールは各地域ごとに固有のデザインがあり、町名と「汚水」などの種別が明記される（図2・4・12）。

（7）クロスコネクション

クロスコネクションは、飲料水の給水・給湯系統とその他の系統とが、配管・装置により直接接続されることをいう。混交配管ともいい、上水の配管の故障や配管ミスにより給水管中に汚水が混入する現象をいう。上水が汚染されることがあるので、やってはならないことで、配管ミスをしないように注意する。断水時に備えて、上水高置水槽と井水の雑用水高置水槽とを管で接続し、弁で切り離すことは、クロスコネクションに該当する。

（8）逆サイホン作用

逆サイホン作用は、水受け容器中に吐き出された水が、給水管内に生じた負圧による吸引作用により、給水管内に逆流することをいう。これを防止するために、図2・4・13のようなバキュームブレーカーを設ける。

バキュームブレーカー（真空防止器）とは、給水配管に取り付けて空気を送り込む装置で、給水管内への逆流を防ぐために設けられる、大気圧式と圧力式があり、大便器の洗浄弁などに取り付けられる。排水管に設けないように注意する。

（9）ディスポーザー

ディスポーザーとは、排水設備に取り付ける生ゴミ粉砕機である。家庭用ディスポーザーは台所のシンク（流し台）の下に設置し、水と一緒に生ゴミを流し粉砕させ、下水道に流下させる仕組みとなっている。装置としてはモーターと生ゴミ破砕処理室に分かれている（図2・4・14）。専用の排水配管および排水処理装置により構成されており、居住者の生ゴミ廃棄の負担軽減や清潔性向上の効果がある。

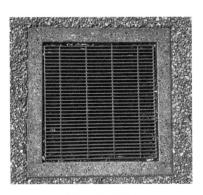
図2・4・11 雨水桝

図2・4・12 汚水桝のマンホール
（京都府加悦町）

図2・4・13 バキュームブレーカー

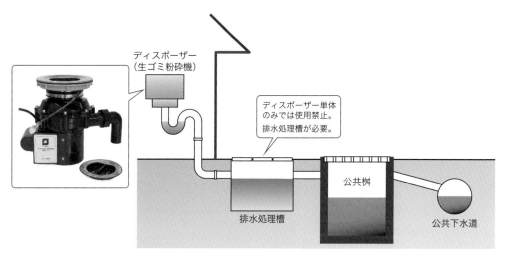

図2·4·14　ディスポーザー <small>(写真出典：FIRST TASK HP)</small>

● 2 通気・浄化槽設備

(1) 通気設備の目的

通気管（ベントパイプ）は、排水管内の流れを良くし、トラップ内の封水がなくなるのを防ぐために設ける。また、サイホン現象の防止や、管内換気による清潔保持、排水管内の圧力変動緩和などの効果もある。

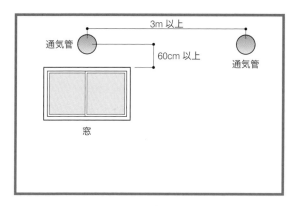

図2·4·15 通気管の位置

(2) 通気管

通気管の大気開口部は、窓・換気口などの開口部付近に設ける場合、当該開口部の上端から60 cm以上立ち上げるか、または当該開口部から水平に3 m以上離す（図2·4·15）。通気管の横管は、その階の最も高い位置にある衛生器具のあふれ縁から15 cm以上立ち上げて立て管に接続する。また、通気立て管の下部は、最低位の排水横枝管より低い位置で、排水立て管に接続する（図2·4·16b 赤丸部参照）。

通気立て管は雨水立て管、排水立て管のいずれとも兼用してはならない。また、排水槽に設ける通気管は、排水管に接続する通気管とは別に設け、外気に開放させる。

(3) 通気方式

a) 各個通気方式

各個通気方式は、各衛生器具のトラップごとに取り出した通気管を通気横枝管に接続し、その端部を通気立て管に接続する方式であり、自己サイホン作用の防止に有効である。設置費は割高であるが、性能は一番優れている（図2·4·16a）。

b) ループ通気方式

ループ通気方式は、2個以上のトラップを保護するために用いられる方式であり、ループ通気管を排水横枝管に接続される最高位の衛生器具のあふれ縁よりも高く立ち上げて、通気立て管にその端部を接続する。一般的に用いられている方式であるが、自己サイホン作用は防止できない（図2·4·16b）。

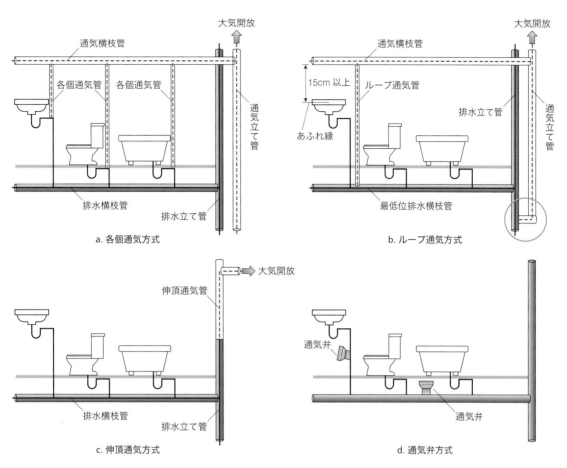

図 2・4・16 通気管

c）伸頂通気方式

伸頂通気方式は、通気立て管を設けず、排水立て管の頂上に設置した伸頂通気管を用いて通気を行う単純な通気方式であり、排水立ての管径を縮小することなく延長しそのまま大気中に開放する。いわば、排水横枝管接続部に特殊継手排水システムを用いることにより、通気管を伸頂通気管のみとすることができる。設置費は安価であるが、各個通気方式やループ通気方式に比べて許容流量値が小さい（図 2・4・16c）。

伸頂通気管の管径は、排水立て管の管径より小さくしてはならない。通気管を大気中に開口するに当たり、通気管が建築物の最上階の窓に近接するので、通気管の末端をその窓の上端から 700 mm 立ち上げる。

d）通気弁方式

通気弁は、排水管内が**負圧**になると弁が開いて空気を吸引し、排水負荷がない時や通気管内が正圧になる時は弁が閉じる機構を有している（図 2・4・16d）。

（4）浄化槽（汚水処理）設備

a）汚水処理施設

し尿を浄化する原理は、腐敗を促す**嫌気性菌**と、曝気により浄化する好気性菌により無害化の工程で浄化させる。浄化の工程と構造を、図 2・4・17 に示す。

汚水処理施設には、し尿のみを処理する**単独処理方式**と、し尿と生活排水を同時処理する合併処理方式がある。かつては合併処理は大規模建築物に該当したが、近年環境問題から小規模施設にも合併処理方式設置の義務付けが、行政指導されている。

b）放流水質

　生物化学的酸素要求量（BOD）は、水の汚染を表す指標で、微生物が水中で有機物を分解するのに必要な酸素量のことである。これに近いものとしてCODがあり、微生物の代わりに化学薬品を使った時の薬品の消費量を酸素の量に換算した値として表される。この数値が小さいほどきれいな水である。水質の基準になる指標を、表2・4・3に示す。

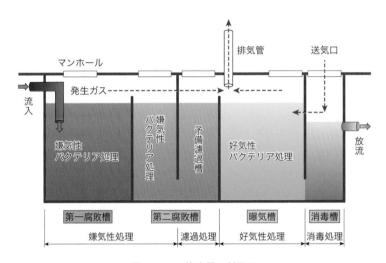

図2・4・17　浄水層の断面図

表2・4・3　水質検査指標

	名称		水質
BOD	Biochemical Oxygen Demand	生（物）化学的酸素要求量	小さいほどきれいな水
COD	Chemical Oxygen Demand	化学的酸素要求量	小さいほどきれいな水
SS	Suspended Solid	浮遊物質（濁度）	小さいほどきれいな水
DO	Dissolved Oxygen	溶存酸素	大きいほどきれいな水

単位：mg/ℓ（1ℓ中の濃度の単位）、ppm

演習問題 — 2・4　排水・通気設備

1）排水系統の合流式と分類式について説明せよ。

2）排水トラップの目的は？

3）SトラップとPトラップの相違点について述べよ。

4）二重トラップ禁止の理由は？

5）汚水桝の必要性について述べよ。

6）通気方式について説明せよ。

7）浄化槽の仕組みについて説明せよ。

建築士チャレンジ問題 2・4 排水・通気設備

【1】排水・通気設備に関する次の記述のうち、**最も不適当な**ものはどれか。

1. 使用頻度の少ないトラップに生じる蒸発作用の防止策として、封水の補給装置などが有効である。

2. 生物化学的酸素要求量（BOD）は、微生物が水中で必要な酸素量のことである。

3. 伸頂通気管の管径は、排水立て管の管径より小さくする。

4. 分流式公共下水道の雨水専用管に、敷地内の雨水排水管を接続する場合は、トラップ桝は設置しない。

5. 重力式の排水横主管や排水横枝管などの排水横走管には、$1/50 \sim 1/200$ の勾配が必要である。

【2】排水・通気設備に関する次の記述のうち、**最も不適当な**ものはどれか。

1. 合流式の雨水排水管と敷地排水管を接続する場合には、トラップ桝を介して接続する。

2. COD は化学薬品を使った時の薬品の消費量を酸素の量に換算した値として表される。

3. 通気管の横管は、衛生器具のあふれ縁から 15 cm 以上立ち上げて立て管に接続する。

4. 排水槽は自然流下では排除できない建築物内の排水を集め、ポンプなどによって排除する槽をいう。

5. グリース阻集器の排水管は、二重トラップにした。

【3】排水・通気設備に関する次の記述のうち、**最も不適当な**ものはどれか。

1. 建築物内の排水設備においては、汚水と雑排水とを別系統にする。

2. ディスポーザとは、排水設備に取り付ける生ゴミ粉砕機である。

3. 自然流下式の排水設備は、重力式ともいう。

4. COD の数値が大きいほどきれいな水である。

5. 排水トラップの封水深は、$5 \sim 10$ cm とする。

【4】排水・通気設備に関する次の記述のうち、**最も不適当な**ものはどれか。

1. 分類式は公共下水道においては、汚水および雑排水と、雨水とを別系統にすることをいう。

2. 排水横枝管接続部に特殊継手排水システムを用いると、通気管を伸頂通気管のみにすることができる。

3. 通気管は、排水管内の流れを良くし、トラップ内の封水がなくなるのを防ぐ。

4. インバートは汚水桝の底に設け、異物や泥などを桝の中で滞留させることなく流す。

5. 飲食店の厨房の排水設備において、グリース阻集器への流入管には、トラップを設ける。

【5】排水・通気設備に関する次の記述のうち、**最も不適当な**ものはどれか。

1. P トラップは垂直に排水されるため、S トラップよりも流速が速くなるので、封水が破壊しやすい。

2. ループ通気方式は、2 個以上のトラップを保護するために用いられる方式である。

3. クロスコネクションは、飲料水の給水・給湯系統とその他の系統とが、配管・装置により直接接続されることをいう。

4. 飲料水用受水槽のオーバーフロー管の排水は、一般排水系統の配管に間接排水とする。

5. 雨水排水管と汚水排水管とを別系統で配管した建築物において、公共下水道が合流式であったことから、雨水排水と汚水排水とを屋外の排水桝で同一系統とした。

【6】排水・通気設備に関する次の記述のうち、**最も不適当な**ものはどれか。

1. S トラップは床に、P トラップは壁に配管が行われる。

2. 各個通気方式は、自己サイホン作用の防止に有効である。

3. 断水時に備えて、上水高置水槽と井水の雑用水高置水槽とを管で接続し、弁で切り離すことは、クロスコネクションに該当する。

4. 二重トラップは、排水トラップを直列に 2 つ並べて配管することである。

5. 飲料用冷水器は、一般排水系統からの逆流などを防止するために、直接排水とする。

2-5 衛生・ガス設備

● 1 衛生設備

(1) 衛生器具

　衛生器具設備は、建築物内のトイレ、浴室、厨房などで直接居住者と接して湯水の供給、汚水・汚物の排出などに使われる装置である。

(2) 衛生器具の種類

　衛生器具は、給水栓、洗浄弁、ボールタップ、大便器、小便器、洗面器、手洗器、掃除流し、厨房シンク、浴槽、そのほか付属品を称する。

a) 大便器

　大便器の洗浄方式はフラッシュバルブ式とタンク式の2種類がある（表2・5・1）。大便器の洗浄弁における流水時の最低必要圧力は、70 kPaである。便器の洗浄水に中水を利用する場合、温水洗浄便座の給水には、別途、上水を用いなければならない。

①フラッシュバルブ式

　フラッシュバルブ式は、レバーを下げると弁が開き、一定量の水が流れることにより汚物を処理するものである。洗浄弁ともいう。瞬間的に連続して使用できるので、不特定多人数が使用する公共建築物などに適している。高水圧の給水管に直接取り付けるのでタンクが不要のため、省スペースになる。

②タンク式

　タンク式トイレの洗浄水量は、サイホン式で10ℓ程度、洗い落とし式で8ℓ程度であるが、近年、大便器の節水化が進み、1回当たりの洗浄水量を4ℓ以下としたものが市販されている（図2・5・1）。

　住宅用のタンクレス型洋式大便器は、給水管内の水圧を直接利用して洗浄するので、設置箇所の給水圧を確認する必要がある。ロータンク方式の大便器は、洗浄弁方式の大便器に比べて、給水管径を小さ

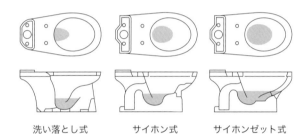

洗い落とし式　　サイホン式　　サイホンゼット式

図2・5・1　大便器のタンク方式

（出典：福田健策、高梨亮子『〈第二版〉専門士課程建築計画』学芸出版社、p.165をもとに作成）

表2・5・1　大便器の洗浄方式

形式	タンク式				フラッシュバルブ式
	洗い落とし式	サイホン式	サイホンゼット式	サイホンボルテックス式	
洗浄方式	洗浄水の落差による流水作用で汚物を押し流す洗浄方式。	屈曲した排水路を満水にし、サイホン作用（便器の水を吸引する作用）を起こす洗浄方式。	独特のゼット穴構造から吹き出す水が強いサイホン作用を起こし、汚物を吸い込むように排出する洗浄方式。	サイホン作用と渦巻き作用を併用した洗浄方式。	水が溜まることで高圧で洗浄する方式。手動フラッシュバルブ、リモコンフラッシュバルブ、赤外線人感センサの自動フラッシュバルブがある。
特徴	水たまり面が狭いため、ボール内乾燥に汚物が付着しやすく、洗浄時に多少水はねすることがある。和風便器に臭気の発散。	水たまり面はサイホンゼット式より少し狭いため、ボール内乾燥面に汚物が付着することがまれにある。臭気の発散が少ない。	水たまり面が広いので、汚物が水中に沈みやすく臭気の発散も少なくなり、汚物の付着がほとんどない。	水たまり面が広いので、汚物が水中に沈みやすく臭気の発散も少なく、汚物の付着がほとんどない。洗浄音が最も静かである。	住宅での採用は少ない。多くは、給水管径と水圧を確保できるところに採用される。洗浄音が大きい。高水圧の給水管に直接取り付ける、タンクが不要のため、省スペースになる。瞬間的に連続使用が可能。
洗浄水量	8～12ℓ/回	8～20ℓ/回	8～16ℓ/回	16ℓ/回	約2.5ℓ/s

くすることができる。

・洗い落とし式

洋式大便器の洗い落とし式は、洗浄水の落差による流水作用によって汚物を押し流す洗浄方式である。サイホン式に比べて、溜水面が狭く封水深が小さいため、臭気の発散や汚物の付着が多い。

・サイホン式

サイホン作用を起こさせてその水圧で汚物を排出する水洗式大便器の洗浄方式である。洗い落とし式に比べて溜水面が広くとれる。

・サイホンゼット式

噴出口から洗浄水を強く噴出させ、その圧力で汚物を排出する水洗式大便器の洗浄方式である。

b）小便器

無水小便器は水を使わない節水方式で、尿からの臭気拡散を防ぐため、トラップ内に水より比重の小さい**シール液**を入れている。

c）洗面器

最低必要圧力は、一般**水栓は30kPa**である。病院の洗面器は、オーバーフロー穴のない洗面器が有効で、菌繁殖の影響を受けにくい。

（3）さや管ヘッダー配管工法

さや管ヘッダー配管工法とはヘッドと呼ばれる集中器具に給水し、ヘッダーから分配して使用箇所へと直接配管する方法である（図2・5・2、図2・5・3）。同時使用時の水量の変化が少なく、安定した給水ができる。ヘッダーから器具までの配管に継手（管同士を接続する部品）を使用しないため、管の**更新性**に優れ、継手部分で多く発生する漏水事故がなく、メンテナンスが容易である。架橋ポリエチレン管の登場により、ヘッダー工法の施工が簡単になり普及し始めた。**架橋ポリエチレン管**とはポリエチレン管の一種で、ポリエチレンの弱点であった耐熱性をさらに改良したものである。

● 2 ガス設備

（1）ガスの種類

ガスは、建築設備では熱源として、厨房の調理や浴槽、シャワーなどの温水の給湯として利用される。ガスの種類は、都市ガス（LNG：天然ガス）と液化石油ガス（LPG：プロパンガス）に分類される。

都市ガスは、ガス会社など供給事業者が設けた地下供給ガス管から各消費先へ供給される（図2・5・4）。液化石油ガスは、専門事業者がボンベにガスを入れて搬送し、供給される（図2・5・5）。

a）都市ガス（LNG：Liquefied Natural Gas）

都市ガス（LNG）は空気より軽いので給水より供給しやすい。図2・5・6のように高層の建築物でも少ない設備で、低中圧さえあれば送ることが可能である。都市部のビルや住宅ではガス会社から直接供給

図2・5・2　さや管ヘッダー配管工法の事例

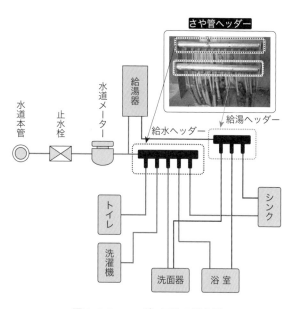

図2・5・3　ヘッダー工法の概念図

される。また、大容量の消費や団地など一定の地域に対しては、中圧で供給されたガスをガスガバナー（調圧装置）で、低圧になるように調圧して供給する

こともある。

都市ガスの供給方式は供給圧力によって区分されており、一般の建築物に用いられる**低圧供給方式**は、

図2·5·4　**都市ガス**（LNG）（西東京市）

図2·5·5　**液化石油ガス**（LPG）

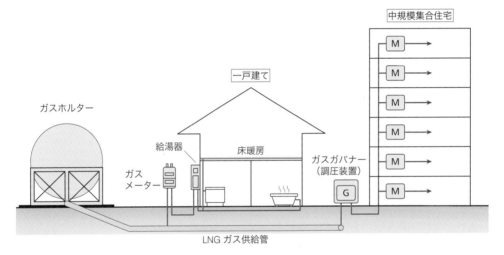

図2·5·6　**都市ガス系統図**

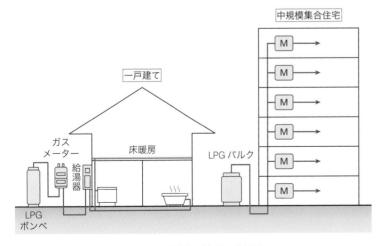

図2·5·7　**液化石油ガス系統図**

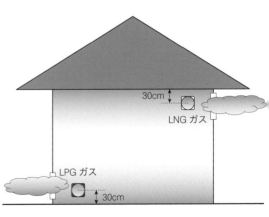

図2·5·8　**ガス警報器**

146

0.1 MPa 未満とされている。また、工業用、ビル冷房用などに用いられる中圧供給方式は 0.1 MPa 以上 1.0 MPa 未満である。

b) 液化石油ガス（LPG：Liquefied Petroleum Gas）

　液化石油ガス（LPG）は水より比重が大きく、重い。したがって、水のようにパイプで供給することは困難であり、ボンベ式やバルク式で供給する（図 2・5・7）。住宅や中小規模のビルではボンベ式が採用されるが、大型建築物、地域供給用には、バルク式が適用される。

　都市ガスが存在する地域でも都市ガスを適用せず、ボンベ式やバルク式を使う建築物も多く見られる。また、LPG ガスは LNG より火力が強いので、強火を要求する中華料理店では多く使われている。

（2）ガス警報器

a) 都市ガス（LNG）

　都市ガスは空気より軽いため、ガスが漏れた場合は上昇する。警報器はガス機器と同じ部屋で 8 m 以内の天井近く（天井より 30 cm 以内の高さ）に取り付ける（図 2・5・8）。漏れたガスが溜まりやすい場所や点検しやすい場所に取り付けるのが望ましい。

b) 液化石油ガス（LPG）

　LPG ガスは空気より重いため、ガスが漏れた場合は下降する。よって床近く（床面より 30 cm 以内の高さ）に警報器を取り付ける。また、ガス機器と同じ部屋で 4 m 以内に取り付ける。

演習問題― 2・5　衛生・ガス設備

1) 町の中でヘッダー工法を観察してみよう。
2) 身近な所にどんな衛生機器があるか調べよ。
3) 都市ガスと LPG ガスの相違点について述べよ。

建築士チャレンジ問題　2・5　衛生・ガス設備

【1】排水・通気設備に関する次の記述のうち、最も不適当なものはどれか。
1. 大便器の洗浄方式はフラッシュバルブ式とタンク式の 2 種類がある。
2. 都市ガスは空気より重いため、ガスが漏れた場合は下降するのでガス警報器は床近くに設置する。
3. さや管ヘッダー配管工法は、ヘッダーから器具までの配管に継手を使用しないため、管の更新性に優れる。
4. 洗面器の最低必要圧力は、一般水栓は 70 kPa、シャワーは 30 kPa である。
5. 洋式大便器の洗い落とし式は、洗浄水の落差による流水作用によって汚物を押し流す洗浄方式である。

【2】排水・通気設備に関する次の記述のうち、最も不適当なものはどれか。
1. LPG ガスは天井面より 30 cm 下に取り付ける。
2. 便器の洗浄水に中水を利用する場合、別途、上水を用いなければならない。
3. 大便器の節水化が進み、1 回当たりの洗浄水量を 4 ℓ 以下としたものが市販されている。
4. 公衆トイレの洗浄弁にフラッシュバルブ式を使用した。
5. 都市ガスにおいて工業用、ビル冷房用などに用いられる中圧供給方式は 0.1 Mpa 以上 1.0 MPa 未満である。

【3】排水・通気設備に関する次の記述のうち、最も不適当なものはどれか。
1. 建築物内の排水設備においては、汚水と雑排水とを別系統にする。
2. 都市ガスの低圧供給方式は一般の建築物に用いられるが、0.1 MPa 未満とされている。
3. 住宅用のタンクレス型洋式大便器は、設置箇所の給水圧を確認する必要がある。
4. 無水小便器は、一般の小便器に比べて、水を半分しか使わない節水方式である。
5. 都市ガスは空気より軽い。

● 1 電気設備

(1) 電気設備の概要

　発電から送配電、電気を使用する機器までの一連の電気設備をはじめ、電話設備、防災設備、情報通信設備などをいう。近年の住宅は情報技術の進歩により、様々な施設で電力需要が増えてきている。最近は、新しいエネルギーとして太陽光発電設備の導入も行われている。また、住宅のIT（情報技術）化はめざましいものがある。

(2) 電圧、電流、抵抗

a) 電圧

　電圧は、電気を流すための圧力である。電気を水の流れにたとえると、電圧は水の落差（水圧）のようなことで、水圧が大きければ大きいほど水の勢い（水圧）が大きく、電圧が高いほど電気を流す力（電圧）が大きくなる。ここで、電圧のことを**電位差**ともいい、単位は**ボルト**〔V〕で表す。また、建築物の規模や電力の消費量により異なり、一般の建築物で使用される電圧の表示は、交流で600V以下を**低圧**（直流では750V以下）、600V以上7kV（7,000V）未満を**高圧**（直流は750V以上）、7kV（7,000V）以上を**特別高圧**（直流は同一）と称する。

　低圧回路の電圧降下の許容値は、配線の長さに応じて段階的に規定されている。電力の供給において、負荷容量、電線の太さ・長さが同一であれば、発電所から変電所まで送られる電気の電圧が高いほうが、電力損失が小さくなり、効率が良い。住宅（特別の場合を除く）において白熱電灯・蛍光灯に電気を供給する屋内電路の**対地電圧**（電線と接地点または接地側電線との間の電圧のこと）は、150V以下とする。

b) 電流

　電流は実際に流れている**電気の量**を意味する。単位は**アンペア**〔A〕で表し、数字が大きいほど電流が多いことを示す。

　許容電流値は、主に周囲温度、電線離隔距離により変化する。同一電線管に収める電線本数が多くなると、電線の許容電流は小さくなる。

c) 電気抵抗

　電気抵抗とは**電流の通りにくさ**を意味し、単位は**オーム**〔Ω〕で表す。抵抗値が小さければ電気が通りやすく、送電するのに有利である。金属のなかでも銅は電気抵抗値が低いので導線やケーブルなどに用いられる。逆に、一定の電流を細いケーブルに流すと、抵抗は大きくなり、電線が熱を持つことで、ヒーターの原理になる。電圧、電流、抵抗に関する式を図2·6·1に示す。

　ジュール熱 Q（J）は、$Q = R \times I^2 \times t$ であり、次に記すオームの法則より、

$$V \times I \times t = \frac{V^2}{R} \times t$$

となる。

　オームの法則 $V = I \times R$ の関係である。

　　V：電圧〔V〕

　　I：電流〔A〕

　　R：電気抵抗〔Ω〕

　　t：時間〔秒〕

(3) 直流と交流

　電気の流れ方には直流と交流の2種類がある。直流は電流・電圧ともに変化せず、常に一定の向きで

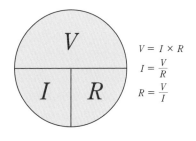

$$V = I \times R$$
$$I = \frac{V}{R}$$
$$R = \frac{V}{I}$$

図2·6·1　電圧、電流、抵抗の関係

流れる（図2·6·2a、図2·6·3a）。交流は電流・電圧が変化し、向きを変化させながら流れる。一般家庭で主に利用される電気は交流である。交流は単相と三相がある（図2·6·2b、図2·6·3b、c）。

a）単相

単相は、電流の時間経過に伴い、波形を描きながら変化している。波形が1本なので単相と呼ばれている（図2·6·3b）。単相交流のために利用する電線の数は2本である。1本が電気を受けるもの、そしてもう1本が電気を送るために利用するもので、交互に電気が行き来する。

配線の数が少ないため電圧が低く安全で、それほどの高電圧が必要ではない家庭の電気供給に利用されることが多い。100Vの単相2線式と、100Vまたは200Vの単相3線式がある。

住宅などの小規模な建築物の電気方式には、単相2線式100Vまたは単相3線式100V/200Vが用いられている。そのなかで、電灯やコンセントには、単相2線式100Vが用いられる。中小規模の事務所ビルにおいて、電灯・コンセント用幹線の電気方式には、単相3線式100/200Vが用いられる。

b）三相

三相は単相と比べて少ない電流で同じ電力を得られるため、電気損失が少なく、多くの電気を使う工場などで利用されることが多い。三相という名前の通り、電線が3本で、**3つの波形**（図2·6·3c）が常に流れているので、モーターを起動する時に配線を正しくつなげば、常に同じ方向にモーターを回転させることが可能である。ただし電力が大きくなるため、単相と比べて安全性の面では劣る。

三相には三相3線式、三相4線式、三相7線式がある。これは配線する本数を意味する。それぞれの主電圧は、三相3線式200V、三相4線式200V·400V、三相7線式400Vである。電線の仕組みについて図2·6·4で表す。

かご形三相誘導電動機の始動方式の一つである**ス**

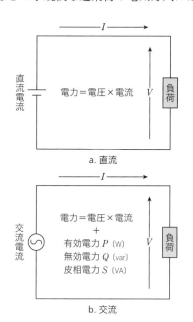

図2·6·2　直流・交流の電力

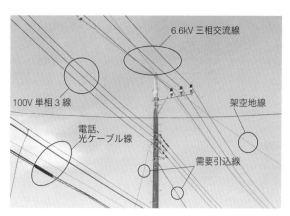

図2·6·4　電線の仕組み

a. 直流

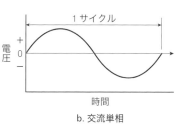

b. 交流単相

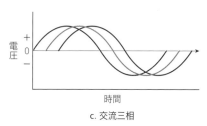

c. 交流三相

図2·6·3　直流、交流の単相・三相

ターデルタ始動は、直入始動に比べて始動電流を小さくすることができる。電動機のスターデルタ始動方式とは、電動機の始動電流を制限する最も簡単な**減電圧始動法**である。

c) 電圧降下

電線に電流が流れると**損失**が発生し、受電端の電圧が送電端の電圧よりも低くなることを電圧降下という。

- 単相2線式：$e = 35.6 \times L \times \dfrac{I}{1,000} \times A$

- 単相3線式：$e = 17.8 \times L \times \dfrac{I}{1,000} \times A$

- 三相3線式：$e = 30.8 \times L \times \dfrac{I}{1,000} \times A$

　　e：電圧降下〔V〕
　　L：電線1本の長さ〔m〕
　　I：電流値〔A〕
　　A：電線断面積〔mm²〕

(4) 電力と電力量

a) 電力

電力Pとは、電流の力であり、単位はワット〔W〕で表す。電流や電圧が大きければ、そのぶん電力も大きくなる。直流回路では、$P = V \times I$で表される。

交流回路では、単相交流の場合、

$$P = V \times I \times \cos\theta$$

三相交流の場合、

$$P = V \times I \times \cos\theta \times \sqrt{3}$$

である。$\cos\theta$は力率という。

b) 電力量

電力量は、電力P〔W〕を有する機器が、ある時間H〔h〕稼働した時、電流が仕事をした総量をいう。電力量〔Wh〕は、W〔Wh〕＝電力P〔W〕×時間H〔h〕である。**高圧受電**となるのは、契約電力が50kW以上2,000kW未満で、契約電力が2,000kW以上の場合は**特別高圧**とする。

c) 力率

力率は、交流回路に電力を供給する際の「皮相電力」（電圧と電流との積）に対する「有効電力」の割合である。数値は1.0（100%）以下である。**進相コンデンサ**は、主に、力率を改善するために用いられる。

電気の効率は、電圧を高くしたほうが電流量は少なくてすむので、電力損失を少なくするためには、配電電圧をなるべく高くするほうが良い。

・力率の計算

力率は、皮相電力Sが有効電力Pになる割合を表す（図2・6・5）。

有効電力は、

$$P = S\cos\theta = V \times I\cos\theta \text{ 〔W〕}$$

$$\cos\theta = \frac{P}{S}$$

ここで、$\cos\theta$のことを力率（power factor）という。

$$\text{力率} = \frac{\text{有効電力}}{\text{皮相電力}}$$

$$= \frac{P}{S} = \frac{P}{\sqrt{P^2 + Q^2}}$$

$\cos0° = 1$、$\cos90° = 0$のように1〜0の値なので、普通は100倍してパーセント〔%〕で表わす。

・進相コンデンサ

受変電設備における進相コンデンサは、電動機の力率改善を目的としており、**無効電力**を削減できる。進相コンデンサは誘導電動機に並列に接続する。

d) 需要率

需要率は、「負荷設備容量の総和」に対する「最大需要電力」の割合である。

$$\text{需要率} = \frac{\text{最大需容要電力}}{\text{設備容量}} \times 100 \text{ 〔%〕}$$

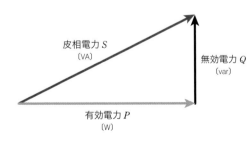

有効電力P〔W〕：負荷で実際に消費される電力無効電力
無効電力Q〔var〕：電力を消費しない分の電力
皮相電力S〔VA〕：電源から送られる電力

図2・6・5　皮相電力

一般需要家などの電気消費設備は、その設備いっぱいに負荷がかかることは少なく、負荷電力は設備容量（取付け負荷）より小さいのが普通であり、その程度を表すために用いられる。この需要率は街路灯のように同時にすべてが点灯されるようなものは100〔％〕になるが、過負荷使用を除き一般に100〔％〕より小さくなる。

e）負荷率

電力の使用状態は1日24時間の時刻で変化し、さらに季節によっても変化するため、安定供給と効率の良い電源の運用に関わる重要な指標となる。負荷率は、「ある期間の**最大需要電力**」に対する「その期間の**平均需要電力**」の比をパーセント〔％〕で表したものである。その値が100％に近いほど、効率的な設備の運用がなされていることを示している。負荷率が高いほど電気料金の単価は安くなる。

$$年間負荷率 = \frac{年間平均電力〔kWh/h〕}{年間最大電力〔kW〕} \times 100 〔\%〕$$

（5）電源周波数

電気の周波数〔Hz〕とは、交流電気の入れ替わる**波の回数**のことである。乾電池のように「＋」と「－」

の電極があり、電気が一定の方向に流れるものは直流である。一方、電力会社から送られてきてコンセントを通して使用している電気は交流である。交流電気は電気のプラスとマイナスが常に入れ替わっているもので、1秒間に何十回も入れ替わっている（図2・6・3参照）。この交流電気の入れ替わる波の回数のことを**周波数**と呼び、単位はヘルツ〔Hz〕を使用する。

日本の電気は、**東日本は50 Hz、西日本は60 Hz**と、地域によって2種類ある（図2・6・6）。その理由は、明治時代に日本に電気が到来した際、東京ではドイツ製の周波数50 Hzの発電機、大阪ではアメリカ製の周波数60 Hzの発電機を使用し始めたからである。世界の周波数の違いを見てみると、現在もアメリカ側は60 Hz、ヨーロッパ側は50 Hzの周波数の電気が使用されている。

● 2 受電設備

（1）電源引込

a）配電

一般の需要家に供給される電源の引込は、低圧、高圧および特別高圧の3種類の電圧がある。電力会社から送電される電力は、住宅用や小規模なビルを除き、多くが高圧によるものである。高圧、特別高圧の電力は危険性が高く、受電設備や変電設備は高い安全性が必要であり、**受変電設備**を構成する機器の種類や特徴を理解して、設計に反映しなければならない。建築物の受電電圧は、契約電力により決定される（表2・6・1）。建築物の受電電圧は、電気事業者から電気の供給を受ける場合、一般に、契約電力により決定される。図2・6・7は単相3線式電気の引込の例である。

b）低圧引込

供給は通常、電線より引き込まれる。低圧は直流で750 V以下、交流で600 V以下である。50kW以下の低圧供給の場合、**電圧は100/200 V**である。

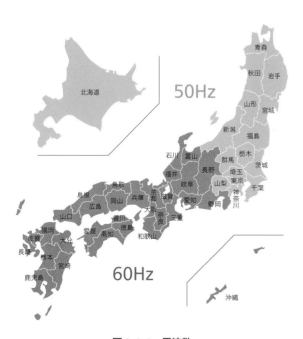

図2・6・6　周波数

(2) 変電設備

a) 受変電設備

発電所でつくられた高圧の電気は、電柱に設置される変圧器を通して家庭でも使える 100 V や 200 V の電圧に変換される（図 2・6・7）。しかし、ビルや工場など一度にたくさんの電気を使う施設では、変換せずに高い電圧のまま電気を受け取り、施設内で電圧を変換する必要がある。集合住宅において、契約電力が 60 kW を超える場合は、受変電設備の必要性がある。受変電設備において、負荷に合わせて変圧器の台数制御を行うことは、省エネルギーに有効である。すなわち、変圧器の電力損失を少なくするため、負荷に合わせて変圧器の台数制御を計画する。変圧器から住宅への配電電圧を、現在の 100 V から世界で標準的に使われている 230 V に上げるなど昇圧の一方で、配電線を地中化して電力損失を低減することで、年間 130 万トンの二酸化炭素を削減することができる。

b) キュービクル

キュービクルは立方体の小部屋という意味で、発電所から変電所を経て送られてくる電気を**変圧**させる設備で、金属製の箱に収められている（図 2・6・8）。

表 2・6・1　受電電圧と契約電力

区分	交流	直流	契約電力
低圧	750 V 以下	600 V 以下	50 kW 未満
高圧	750 V を超え 7,000 V 以下	600 V を超え 7,000 V 以下	50 kW 以上 2,000 kW 未満
特別高圧	7,000 V を超えるもの		2,000 kW 以上

c) スポットネットワーク受電方式

3 回線の配電線を需要家内に引き込み、ネットワーク変圧器の二次側を並列にして受電する方式。1 回線が停電しても、残りの変圧器を過負荷運転にして電力供給することが可能であり、電力供給の信頼性が高い（図 2・6・9）。主に都心部において、**特別高圧受電**を行う場合に採用される受電方式である。

(3) 電気配線設備

a) 幹線

幹線とは、配電盤から分電盤までの配線のことであり、建築物の垂直方向に連続することが望ましい。幹線サイズは許容電流と電圧降下を考慮して、負荷容量と電線の長さから決定する。

b) 電線

電力を供給する場合、同一容量の負荷設備に同じ種別の電線であれば、配電電圧が 400 V より 200 V のほうが、電線は細いものを使用することができる。

c) バスダクト

幹線に使用する配線方式において、バスダクト配線は、金属製ダクト内に絶縁物を介して銅やアルミの導体を直接収めたもの（＝難燃性絶縁体）である（図 2・6・10）。大規模建築物への引込幹線や電気室内の高圧配電などに用いられている。バスダクト方式は、負荷の増設に対応しにくく、大規模建築物の**大容量の電力供給に適している**。

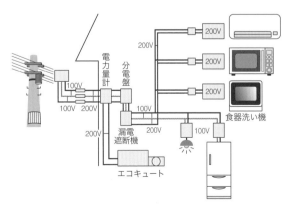

図 2・6・7　単相 3 線式 100V / 200V 電気の引込み

図 2・6・8　キュービクル

d) アウトレットボックス

アウトレットボックスは、電気工事で**配線の分岐や接続**などに用いるプラスチック製または鋼製のボックス（図2·6·11）である。

e) 無停電電源装置（UPS）

UPSは無停電電源装置のことであり、瞬間的な電圧降下時や停電時においても**一時的**に安定した**電力供給**を行うために用いられる。無停電電源装置は、整流器、蓄電池、インバータなどにより構成されている。

（4）配線

a) 電線管

電線管は電線を保護する目的で使用される樹脂、または金属のパイプである。屋内外、土中、隠蔽部など様々な箇所で使用されることから、それぞれの環境に合った電線管がある。低圧の配線に用いられる**PF管**は、樹脂製のコルゲート管であるが、耐燃性（自己消火性）なので、簡易間仕切内の電線管に用いる。色はアイボリー色が基本で多種ある。同じく配線に用いられる**CD管**は、耐燃性（自己消火性）がなく、オレンジ色でコンクリート埋設専用である（図2·6·12）。

b) 配線工事

電線を被覆する絶縁体の素材によっても許容電流値は変わり、電力損失が発生する。負荷電流が大きくなるような配電は、発熱などによる電力損失を伴うので、電圧降下の原因となる。配電線路の電力損失を少なくするためには電圧を高くし、電流を小さくする。

低圧屋内配線において、合成樹脂製**可とう管**（曲がる性質を持っている）は、コンクリート内に埋設してもよい。この場合は、合成樹脂製可とう管を、コンクリート打設時に管が動かないように鉄筋に固定する。ほかに、コンクリート内へ埋設できるものとして、金属製電線管（コンジットチューブ）がある。ビニル外装ケーブルなどは、コンクリート打設時に断線する恐れがあるので、直接埋め込んではならない。

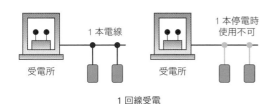
1本電線 / 1本停電時使用不可 / 受電所 / 1回線受電

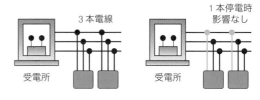
3本電線 / 1本停電時影響なし / 受電所 / 3回線受電

図2·6·9 スポットネットワーク受電方式

図2·6·10 バスダクト（渋谷ストリーム）

図2·6·11 アウトレットボックス

c) 3路スイッチ

3路スイッチは、2箇所のスイッチにより、同一の電灯を点滅させることができる。

d) 分電盤

分電盤とは、引込線の電気を負荷回路へと分岐する部分に設置され、配線などが集合して取り付けられた機器である（図2・6・13）。分電盤の中に遮断器（ブレーカー）やヒューズを設けるのは、回路に事故が発生した場合、直ちに事故回路を電源から切り離し、事故の拡大を防止するためである。

分電盤の二次側配線距離が長くなると、電圧降下のため配線サイズを太くする必要があるので、分電盤は、**電力負荷の中心に配置**することが望ましい。また、保守・点検が容易な場所に設置する。

(5) 接地工事

接地工事とは、電気機器の鉄台や金属製外箱などと大地を電線でつなぐことで、漏電が起きた場合の感電、火災、機器の損傷を防ぐものである。接地工事には、接地工事の対象施設、接地抵抗値および接地線の太さに応じて、高電圧のA種、B種、C種およびD種の4種類がある。

B種接地工事は、高圧または特別高圧電路と低圧電路の結合用変圧器において混触（高圧電路と低圧電路の接触）の恐れのある場合に行われる（表2・6・2）。

埋設接地極は、**水気のある場所**を選定する（図2・6・14）。これは湿潤な地域ほど接地抵抗値が低く、電流が地中に流れやすくなるためである。接地には、外部雷保護用接地、電位上昇による感電などを防ぐ保安用接地、電位変動による電子機器の機能障害を防ぐ機能用接地、通信用の接地などがある。接地工事の接地線には、過電流遮断器を設置してはならない。

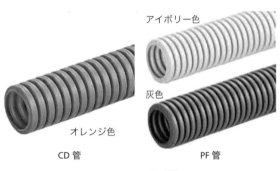

図2・6・12　電線管

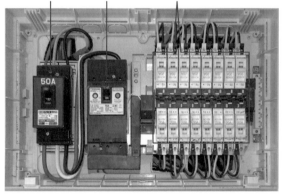

図2・6・13　分電盤

表2・6・2　接地工事の種類

接地工事	機械器具	接地抵抗値	接地線の太さ
A	高圧のもの	10 Ω以下	2.6 mm 以上
B	高低圧結合変圧器の低圧側中性線	$\dfrac{150}{1線地絡電流}$ Ω以下	
C	300 V を超える低圧	10 Ω以下	1.6 mm 以上
D	300 V 以下の低圧	100 Ω以下	―

・漏電遮断器が 0.5 秒以内で作動する場合は 500 Ω
・接地抵抗が小さいほど、漏電した電気が大地へよく流れる

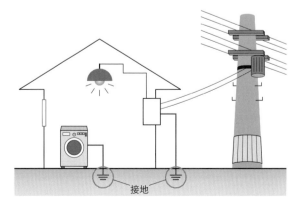

図2・6・14　接地

2-7 照明・通信設備

1 照明設備

(1) 照明設計

照明設計とは、使用目的、立地条件などに応じて、安全・快適に活動できるように適切な照明器具を備える計画である。計算法には一般室内の全域照明計算で使用する光束法と、局所照明、ライトアップ、街路照明などで使用する逐点法がある。

事務所（執務空間）の照明計画は、グレアを考慮した作業面の照度計算をする必要がある。**昼光利用制御**は、照明器具を調光する方式で、設計照度を得るために、室内に入る自然光に応じる方式である。

a) 光束法

光束法は、作業面の平均照度や、ある照度を得るために必要な照明灯具（光源）の数を求めるために使われる。人工照明と室内の反射などから求める**平均照度**であるため、昼光率は含まない。光束法による全般照明の平均照度計算においては、天井面や壁面などの光の反射率を考慮する必要がある。光束法によって全般照明の照明計画を行う場合、設置直後の照度は、設計照度以上となる。

$$E = \frac{F \times N \times U \times M}{A}$$

E：平均照度〔lx〕

F：光源の全光束〔lm〕

N：器具の数量

U：照明率

M：保守率

A：室面積〔m²〕

・照明率 U：光源から出た全光束のうち、作業面に到達する光束の割合である（表2·7·1）。

・保守率 M：電灯器具をある期間使用した時と新設時の平均照度の比率のことである。すなわち、「初期の作業面の平均照度」に対する「ある期間使用後の作業面の平均照度」の割合で、時間の経過に伴う照度低下の補正係数である。また、ランプの経年劣化やほこりなどによる照明器具の効率の低下をあらかじめ見込んだ定数である。

b) 逐点法

照明にかかわる照射面の明るさ、すなわち照度は、光度に比例し、**距離の二乗に反比例する**（➔ 1-5 採光・照明 p.54 参照）。

c) 室指数

室指数は、照明率を求める際に用いられる指数であり、室の間口・奥行、作業面から光源までの距離によって求められる（表2·7·1）。平面形状が、正方

表2·7·1　照明率表

反射率	天井	80%				70%				50%				30%				0
	壁	70	50	30	10	70	50	30	10	70	50	30	10	70	50	30	10	0
	床	10%				10%				10%				10%				
室指数		照明率〔%〕または（×0.01）																
0.6		51	42	36	32	50	42	36	32	48	41	36	32	47	40	35	32	31
1.0		66	60	55	51	65	59	54	51	63	58	54	51	62	57	53	50	49
2.0		78	74	70	67	77	73	70	67	75	71	69	66	73	70	68	66	64
3.0		81	78	76	74	80	78	75	73	78	76	74	72	77	75	73	71	69
4.0		83	81	79	77	82	80	78	76	80	78	77	75	78	77	76	74	72
5.0		84	82	81	79	83	82	80	79	81	80	79	77	80	78	77	76	74
7.0		86	84	83	82	85	83	82	81	83	82	81	80	81	80	79	78	76
10.0		86	85	84	84	85	85	84	83	84	83	82	81	82	81	80	80	78

（出典：Panasonic 照明設計資料参考をもとに作成）

形に近くなれば室指数は**大きくなり、効率の良い照明**になりやすく、細長い部屋は室指数が小さくなり、効率の悪い照明になりやすい。

$$室指数 = \frac{室奥行〔m〕× 室間口〔m〕}{H〔m〕×(室奥行〔m〕+室間口〔m〕)}$$

H：器具から作業面までの高さ〔m〕

つまり室指数は、光源の高さの影響を受ける。照明率は、器具の配光や内装材の反射率が同じ場合、**室指数が大きいほど高くなる**。

配光とは、光源の各方向に対する光度の分布である。スポットライトのように集光性のあるものは、「配光が狭い」という。配光曲線とは光の強さとその方向を曲線で表現したものである。

(2) 照明器具

照明用の光源の種類は大きく白熱電球、蛍光ランプ、放電灯、LED に分けられる（図2・7・1）。

a) 白熱電球

電源は直流でも交流でも使え、交流電源の場合でもチラツキがない。フィラメントの熱による光を利用した電球である。照明器具のなかでは演色性に優れているが、最近は LED により消費や生産がなくなっている。

b) 蛍光灯

蛍光灯は紫外線を放電管壁に塗布した蛍光物質によって可視光に変換する放電灯である。蛍光灯の効率は、白熱電球に比べて**周囲温度の影響**を受けやすい。蛍光水銀灯は、白熱電球に比べて色温度は高く、**演色性は低い**。

c) 放電灯

HID（高輝度放電）ランプは、金属蒸気中の放電発光を利用した光源であり、高圧水銀ランプ、メタルハライドランプおよび高圧ナトリウムランプを総称したものである。小型で高出力、高効率、長寿命が特長である。

d) LED（Light Emitting Diode）照明

近年、照明器具の主力光源となっている LED 照明は、発光ダイオード（順方向に電圧を加えた際に発光する半導体素子）を使用した照明器具のことである（→ **3-4 省エネルギー技術** p.198 参照）。その特徴は、小型、軽量、省電力、長寿命、**熱放射が少ない**などである。

ランプのサイズが小さく高輝度の LED ランプを使用するに当たっては、グレアに配慮して、光源が直接目に入らないように注意する。

(3) 照明計画

照明計画は、施設の用途に適切な雰囲気や機能を有する光環境を構成することである。そして、これに適当な照明方式を選ぶことと、照度基準、昼光照明や照明器具などを十分考慮する必要がある。

昼光照明は、明るさの変動はあるが、省エネルギーに寄与するため、特に大空間においては、効果的な計画が必要である。照明器具の**初期照度補正制御**を行うことは、余分な明るさを制御するものであるため、明るさを一定に保つ効果に加えて省エネルギー効果も期待できる。**昼光利用制御**は、室内に入る自然光を利用して、照明器具の調光を行うものであ

白熱電球

蛍光灯

メタルハライドランプ

LED 照明

図2・7・1　照明器具

る。

●照明計画の例

・給湯室に人感センサーと連動させた照明器具を採用することで、省エネルギー効果が期待できる。

・事務室の照明計画において、ブラインドの自動制御により昼光を利用し、かつ、照度センサーを用いた照明の制御も併せて行うことにより、消費電力が少なくなるようにする。

・病院の手術室および診察室の照明設備において、患者の顔色を見て判断する**病院や診断所**は、**演色性が高い**ほうが良い。

・色温度の低い照明光源は、暖かみを感じさせる。

・**光天井照明**とは、乳白樹脂などの拡散透過板を天井の大部分に張り、その上部に光源を配置した照明手法の一つで、柔らかい光環境の雰囲気ができる。

● 2 通信設備

(1) 放送設備

放送設備は、**火災発生時**に建築物内の人々に**警報と避難誘導**を行うための設備である。

自動火災報知設備との連動により、自動的に音声警報音による放送を行う。劇場、公会堂、ホテル、病院などの消防法で規定された防火対象建築物内への設置が義務化されている。

(2) 共聴設備

共聴設備は、集合住宅・マンション・ビル・ホテル・旅館・病院・学校などで各戸に対して一つのアンテナで受信したテレビ放送電波を複数の世帯に分配し、**共同で視聴**する設備である。その環境によって設備の大きさは変わる。また、光回線やCATVの回線などで引き込み、分波する方式もある（図2·7·2）。

(3) 監視設備

監視設備は一般的に防犯を目的としているが、大型の商業ビルや病院・工場には、空調設備や電気設備、給排水設備など様々な機能が組み込まれている。近年は録画機能も持つ設備が増えている。**中央監視装置**とは、これらの機能の自動化や、不具合の監視・記録といった管理をコンピュータに集約させた設備である。

(4) インターホン設備

インターホン設備は、建築物などに設置される構内専用の電話である。法的には有線電気通信法および**有線放送電話**に関する法律の規制が適用されないものをいう。

住宅用インターホン（ドアホン）は住宅の玄関外部の脇に設置する玄関子機と、室内に設置するインターホン親機で構成され、玄関から室内を呼び出して通話ができる。玄関を開けることなく来客者と会

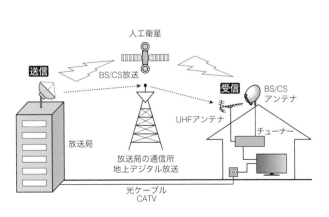

図2·7·2　共聴アンテナ設備

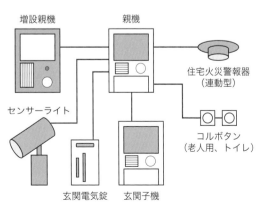

図2·7·3　インターホン設備

話し確認ができるため、**防犯の目的**で設置される。インターホン設備の仕組みを図2・7・3に示す。

（5）LAN（Local Area Network）システム

システムの構築に関してコンピューターをインターネットと接続したり、複数のパソコンを接続できる環境をつくるためのものである。LANを構成することで複合機やプリンターなどの周辺機器を共有でき、オフィススペースの有効活用・コスト削減ができる。さらに、データを共有することで、タイムリーな情報交換と情報の一元化など多くのメリットを得ることができる。LANには、有線LAN・無線LAN・光ケーブル・データサーバシステムの構築がある。

（6）テレビ会議システム

テレビ会議システムは、遠隔拠点を通信回線で結び、音声、映像、データを双方向にやり取りして、同じ会議室（空間）にいるのと変わらず相手の顔を見ながら話し合ったり説明を授受したりすることを実現する通信形態のことをいう。1対1だけではなく、複数の拠点とも同時に接続できる。

（7）Web会議

パソコンやタブレット、スマートフォンを使用して音声・映像（ビデオ）でやり取りするコミュニケーションツールである。ほとんどのWeb会議はデスクトップ共有などの**資料共有**はもちろん、チャット機能、出席参加確認機能などにも対応できる。

（8）PBX（Private Branch eXchange）

構内電話交換機のことであり、事業所内などでの電話機相互の接続と、電話局の回線と事業所内の電話機との接続を行う装置である（図2・7・4）。

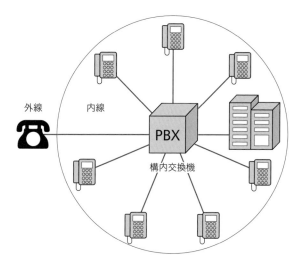

図2・7・4　PBX 構内交換機

演習問題—2・6　電気設備｜2・7　照明・通信設備

1) 電気のオームの法則を理解しよう。
2) 力率と電力の関係を説明せよ。
3) 需要率とは？
4) 負荷率とは？
5) 受変電設備が必要な理由について説明せよ。
6) キュービクルの役割について説明せよ。
7) 接地工事の必要性について述べよ。
8) 身近な所で使われている照明器具について述べよ。
9) 照明計画で重視すべき点を述べよ。
10) Web（オンライン）会議に必要となる設備・通信環境について述べよ。

建築士チャレンジ問題 2・6 電気設備 | 2・7 照明・通信設備

【1】電気・照明設備に関する次の記述のうち、**最も不適当な**ものはどれか。

1. 住宅および人の触れやすい電気を供給する屋内電圧は、150V以下とする。

2. 室指数は、照明率を求める指数であり、室の間口・奥行、作業面から光源までの距離で求められる。

3. 接地工事には、高電圧のA種、B種、C種の3種類がある。

4. 幹線とは、配電盤から分電盤までの配線のことで、建築物の垂直方向に連続することが望ましい。

5. 力率は、交流回路に電力を供給する際の、「電圧と電流との積」に対する「有効電力」の割合である。

【2】電気・照明設備に関する次の記述のうち、**最も不適当な**ものはどれか。

1. 病院の手術室および診察室の照明設備において、演色性は低いほうが良い。

2. 照明率は、器具の配光や内装材の反射率が同じ場合、室指数が大きいほど高くなる。

3. 300V以下の低圧用機器の鉄台の接地には、D種接地工事を行う。

4. 受変電設備において、負荷に合わせて変圧器の台数制御を行うことは、省エネルギーに有効である。

5. 電気の効率は、電力損失を少なくするためには、配電電圧をなるべく高くするほうが良い。

【3】電気・照明設備に関する次の記述のうち、**最も不適当な**ものはどれか。

1. 色温度の低い照明光源は、暖かみを感じさせる。

2. 保守率Mは電灯器具を一定期間使用した時と、新設時の平均照度の比率のことである。

3. 3路スイッチは、2箇所のスイッチにより、同一の電灯を点滅させることができる。

4. 低圧は直流で600V以下、交流で750V以下である。

5. 中小規模の事務所ビルの電気方式は、一般に、単相3線式100V/200Vが用いられる。

【4】電気・照明設備に関する次の記述のうち、**最も不適当な**ものはどれか。

1. LEDランプは、白熱電球や蛍光灯と比べて、熱放射が少なく、寿命が長い。

2. 事務所の照明計画は、グレアを考慮した作業面の照度計算をする必要がある。

3. 電線を被覆する絶縁体の素材によって許容電流値は変わる。

4. 一般の需要家に供給される電源の引込は、低圧、高圧および特別高圧の3種類の電圧がある。

5. 住宅などの小規模の電気方式には、単相2線式100Vまたは三相4線式400V/200Vが用いられている。

【5】電気・照明設備に関する次の記述のうち、**最も不適当な**ものはどれか。

1. HIDランプは、金属蒸気中の放電発光を利用した光源である。

2. 接地工事は、接地線や抵抗値の違いで高圧用のA種、低圧用のB種がある。

3. アウトレットボックスは、電気工事で配線の分岐や接続などに用いる。

4. 負荷率が100%に近いほど、効率的な設備の運用がなされていることを示している。

5. 許容電流値は、主に周囲温度、電線離隔距離により変化する。

【6】電気・照明設備に関する次の記述のうち、**最も不適当な**ものはどれか。

1. 蛍光ランプは紫外線を放電管壁に塗布した蛍光物質によって可視光に変換する放電ランプである。

2. バスダクトは大規模建築物への引込幹線や電気室内の高圧配電などに用いられている。

3. 分電盤は、電力負荷の中心より電信柱から近い場所に配置することが望ましい。

4. 需要率は、負荷設備容量の総和に対する最大需要電力の割合である。

5. 低圧回路の電圧降下の許容値は、配線の長さに応じて段階的に規定されている。

1 消火設備

(1) 消火設備

a) 消防法

消防法において、「消防用設備」は、「消防の用に供する設備」であるが、消火設備、警報設備および避難設備を意味する。消火方法として、一般的に多く使われているのは水で、蒸発潜熱による**冷却消火**である。また、酸素の供給を遮断し濃度低下による**窒息消火**がある。これは特殊消火と呼ばれ、泡、粉末、二酸化炭素などを利用する（図2·8·1）。

b) 火災の種類

火災の種類は、一般的にA、B、C、D、ガス火災の5種類がある。A火災は**木材や紙**、B火災は**油**、C火災は**電気**、D火災は**マグネシウム**などの金属、ガス火災は**可燃性ガス**である。消火器はA、B、C火災に対応しており、種別が表示に記されている（図2·8·2）。

(2) 消火栓

a) 屋内消火栓

屋内消火栓設備は、建築物使用者が使うもので、火災の**初期消火**を目的に設置されている。消防隊による本格的な消防活動を目的とした設備として使わ

れるものではない。主に火災初期段階に用いられ、火災発見者が手動操作により放水する設備である（図2·8·3）。屋内消火栓の種類は、大きく分けると、ϕ40口径の1号消火栓と比較的操作が簡単なϕ25口径の2号消火栓（連結散水栓と同口径）がある。屋内消火栓設備における防護範囲の水平距離は、1号消火栓は25m、2号消火栓は15m以内である（図2·8·4）。

b) 屋外消火栓

屋外消火栓設備（図2·8·5）は、屋外に設置され、建築物の1階および2階部分で発生した火災を消火する時に用いられ、隣接建築物への**延焼防止**を目的としている。外からの消火活動で消防隊員が到着するまで火の発見者が消火するもので、消火水は建築物の消火貯水を利用する。建築物の各部分から屋外消火栓のホース接続口までの水平距離が40m以下となるように設置する。

c) 連結送水管設備

連結送水管設備は、図2·8·6のように建築物の前面に多く設置されているのを見かける。この消火設備は消防ポンプ車で送水して使用する設備である。

地階の場合、消火活動を容易にするため、消防ポンプ自動車から送水して天井または天井裏の散水へ

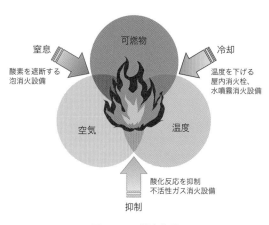

図2·8·1　消火作用

図2·8·2　消火器

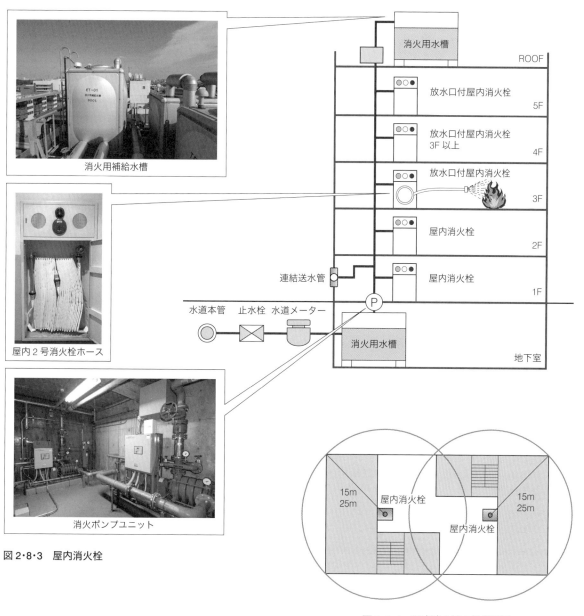

消火用水槽

ROOF

放水口付屋内消火栓 5F

放水口付屋内消火栓
3F 以上 4F

放水口付屋内消火栓 3F

屋内消火栓 2F

連結送水管　屋内消火栓 1F

水道本管　止水栓　水道メーター

消火用水槽　地下室

消火用補給水槽

屋内2号消火栓ホース

消火ポンプユニット

図2・8・3　屋内消火栓

15m
25m　屋内消火栓

15m
25m

屋内消火栓

図2・8・4　屋内消火栓の防護範囲

図2・8・5　屋外消火栓

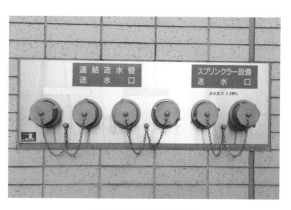

図2・8・6　連結送水管

ッドから送水を行い、消火する。建築物の**使用者で**
はなく、消防隊が火災の初期の段階において直接消
火活動を行うために設置する。事務所ビルの連結送
水管の放水口については、**3階以上の階ごと**に、そ
の階の各部分から水平距離が**50m以下**となるよう
に設置する。

(3) スプリンクラー設備

スプリンクラー設備は、自動初期消火装置である。
基本的には**11階以上**の建築物または延べ面積によ
って設置が義務付けられている。スプリンクラー設
備の種類は、図2・8・7のように、冬期の凍結破損の
防護の点などについて、その種類・方式を選定する
必要がある。スプリンクラー設備の計画で、スプリ
ンクラーヘッド（図2・8・8）が設けられていない部
分に補助散水栓を設ける場合、ホース接続口からの
水平距離は、**15m以内**となるように設置する。

a) 閉鎖型スプリンクラー設備

閉鎖型スプリンクラー設備は、湿式、乾式および
予作動式の**3種類**がある。一般的なビルなどに用い
られる**湿式**、寒冷地など配管内の水が凍結しない構
造の**乾式**、病院・重要文化財などに用いられ、2段
階の火災感知で作動する**予作動式**がある。予作動式

の閉鎖型スプリンクラー設備は、非火災時の誤放水
を避けるため、衝撃などでスプリンクラーヘッドが
損傷しても散水を抑える構造となっている。閉鎖型
スプリンクラーヘッドは、感度種別が1種で、かつ、
有効散水半径が2.6m以上であるものは高感度型に
分類される。

b) 開放型スプリンクラー設備

開放型スプリンクラーヘッドを用い、自動か手動
で一斉開放弁を開いて放水する方式。天井が高く
種々の可燃物がある舞台部などに用いる。

c) 放水型スプリンクラー設備

閉鎖型、開放型スプリンクラーヘッドはともに6
m以下の天井高さにしか施工できないので、10m以

図2・8・8　スプリンクラーヘッド

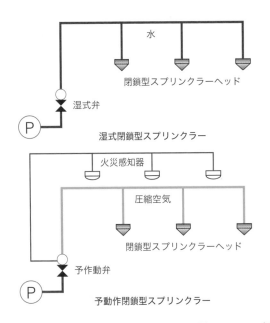
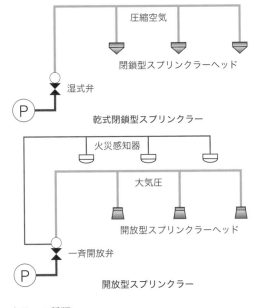

図2・8・7　スプリンクラーの種類

上の天井には放水型スプリンクラーヘッドを取り付ける。放水型ヘッドは放水銃に近いもので、固定式と可動式がある。例として、ホテルの床面から天井までの高さが12mのロビーには、放水型ヘッドを使用したスプリンクラー設備を設置する。

(4) 放水設備

a) 放水銃

放水銃設備はスプリンクラーの代替設備としての消火設備である。該当施設は、屋外では民家園、屋内では大空間の体育館、大型展示場などに設置される（図2·8·9）。

b) ドレンチャー設備

ドレンチャー設備は、火災発生時に水を噴霧して水の幕を形成し、延焼を防止する消火設備である。外部からの延焼を防止するため、ドレンチャーヘッドから放水し、水幕をつくる消火設備であり、重要文化財の神寺などに使用されている（図2·8·10）。

(5) 特殊消火設備

特殊消火設備は、冷却消火ではなく、主に窒息消火である。

a) 水噴霧消火設備

水噴霧消火設備は、散水される水の粒子が細かく**冷却効果・窒素効果**に優れている。噴霧水による冷却作用と噴霧水が火炎に触れて発生する水蒸気による窒息作用などにより、火災の抑制・消火をする固定式の消火設備である。水噴霧消火設備は、**油火災**の消火に適している。

b) 泡消火設備

泡消火設備は、泡により燃焼面を覆うことで消火を行う設備であり、液体燃料の火災に有効である。泡消火設備は、**冷却効果**および**窒息効果**で消火する設備であり、自動車整備場などの**油火災に有効**であり、発電機などは**電気絶縁**の点から**設置されない**。

c) 粉末消火設備

粉末消火設備は、燃焼を抑制する粉末状の消火剤を**加圧ガス**で放出する消火設備であり、液体燃料の火災に有効である。

d) イナード（不活性）ガス消火設備

イナード（不活性）ガス消火設備とは、**二酸化炭素や窒素、アルゴン**などの不活性ガスを消火剤として、これを火災区域に放出することにより、酸素濃

図2·8·10　ドレンチャー設備（川崎市立日本民家園）

岐阜県白川村

高山市 飛騨民俗村・飛騨の里

図2·8·9　放水銃

度を下げ消火する。水などの液体を使わないため電気火災に対して有効で、電気室をはじめ精密機械室や美術館などに設置される。設計値量の消火剤が誤作動により放出されても、人命への**危険性は少ない**と言われている。しかし、二酸化炭素消火設備の場合、二酸化炭素はある一定以上の濃度に達すると危険性があるので注意が必要である。また、地球温暖化係数およびオゾン層破壊係数の点からも優れている。

🔥 2 防災設備

(1) 火災への備え

天井、壁などの内装材料を不燃化することは、火災時に**フラッシュオーバー**（爆発的に延焼する火災現象）に至るまでの時間を長くするための対策として有効である。人は、空気中の一酸化炭素（CO）濃度が1%を超えると、数分間で死に至る。

a) 等価可燃物量

等価可燃物量は、**可燃物発熱量**を、同じ発熱量となる**木材の重量**（等価）に換算した量のことである。火災の規模を評価する指標となり、火災荷重ともいわれている。単位は〔kg/m²〕である。

b) 燃え代設計

火災が発生した場合は、大断面集成材を用いた木造建築物において、想定される**火事で消失する木材の部分**を燃え代といい、燃え代を想定して部材の**断面寸法**を考えることを燃え代設計という。木材が火災にあっても、表面から燃え進むために、中心部は一定時間にわたり強度を保っている。そのため、建築物全体が簡単に倒壊するおそれのない構造とするためには、主要構造部の柱および梁に適切な燃え代を想定しておけば有効であり、出火しても直ちに建築物が倒壊することはない。燃え代を想定して、通常より大きな断面の構造材を使用すれば、**準耐火建**築物の構造として認められる（表2・8・1）。木造のアカマツ、ケヤキなどは、約260℃に達すると引火し、約450℃に達すると自然に発火する。

(2) 防火区画

建築物の用途が異なる部分の区画については、原則として、発生した火災をその**用途部分に留める**ために防火区画する。大規模店舗の売場内に防火区画（面積区画）を設ける場合の階段配置について、防火区画された売場ごとの**避難時間**と避難扉幅当たりの**避難者人数**が概ね均等になるように計画することにする。

a) 水平避難方式

1つの階を複数のゾーン（防火区画や防煙区画）に区画し、火災の発生時に、火災の発生していないゾーンに**水平に移動**することによって安全を確保する方法である。病院などで採用される水平避難方式は、階段での自力避難が困難な者などを出火したエリアから隣接する防火区画されたエリアへ移動させ、避難時間の余裕を生み出した上で、介助避難させる方法である。

b) 層間区画

上下階の延焼拡大を防止するために、耐火構造や準耐火構造の、スラブなどの水平方向の部材や外壁のスパンドレル（外部延焼防止帯の金属化粧板）などの**垂直方向の部材**により形成するものである。

c) 熱風の速度

火災室から廊下へ流出した煙の**水平方向の流動速度**は、0.5～1.0m/sである。火災室で発生した熱を伴った煙は、階段室に流入すると、3～5m/s程度の速さで上昇する。すなわち、階段室などの**竪穴区画**へ流出した煙は垂直方向に上るため速くなる（表2・8・2）。

表2・8・1 柱・梁の燃え代の厚さ

	30分	45分	60分
集成材	25mm	35mm	45mm
無垢材	30mm	45mm	60mm

表2・8・2 熱風速度

熱風移動	熱風速度
水平移動	0.5～1.0m/s
垂直移動	3～5m/s

d）加圧防煙システム

階段室への煙の流入防止とともに、階段室における煙突効果による**煙の拡散防止**にも有効である。

（3）防火計画

a）階段

避難時に利用する階段室への**出入口の幅**は、流動係数を考慮し、一度に大勢の人が階段になだれ込まないよう、階段の有効幅よりも**狭く計画**する。中央部に光庭となるボイド空間を設けた超高層集合住宅において、ボイド空間を取り囲む開放廊下を避難経路とする場合には、煙が滞留・充満しないよう、下層部分からボイド空間への十分な給気を確保する必要がある。

・特別避難階段

特別避難階段とは、屋内避難階段の入口に排煙窓や排煙口の付いた附室（またはバルコニー）があり、それらを経由して避難する安全性の高い避難階段をいう。この附室には、**機械排煙設備を設置する。**

b）窓

横長の窓は、縦長の窓に比べて、上階への**延焼の危険性**が高い。これは窓の幅が大きいほど、炎が上部の壁に吸い付きやすくなってしまうからである。

c）防火扉

不特定多数の者が利用する大規模量販店などにおいて、売場の避難出口に設ける防火扉は、廊下などの有効幅員に配慮しつつ、**外開き**にする。防火扉は、火災や煙の伝播・拡大を防ぐために、**自動的に閉鎖**するようにする（図2・8・11）。

d）防火シャッター

吹抜けに面する通路において、吹抜けを経由した延焼の拡大や煙汚染を防止するための防火シャッターは、手摺の通路側ではなく**吹抜け側に設けること**が望ましい（図2・8・12）。

e）非常ベル

非常警報設備の非常ベルは、音響装置の中心から1m離れた位置に設置し、90dB以上の音圧が必要である。

f）高層建築物

超高層建築物においては、設備シャフトや吹抜けなどの屋内の延焼経路や、開口部を介した屋外の**延焼経路を遮断**する計画を行うことが重要である。

g）籠城区画

手術室の壁は、大きな火災でも数時間は燃えない材料でつくり、扉もまた耐火性に優れた扉とすることで、ほかの場所から区画する。たとえ手術中でもその数時間の間は安全で、手術が終了するまでの**時間を稼げる**。まるで城に籠っているようなので、この区画を籠城区画いう。病院の手術室、未熟児室、ICU、NICUなどは、籠城区画として計画することが望ましい。

図2・8・11　防火扉

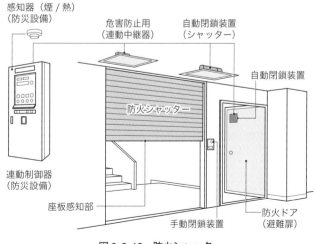

図2・8・12　防火シャッター

3 避雷・振動設備

(1) 避雷設備

避雷設備とは、雷が落ちてきた時に被害を受けないために、建築物を直撃させずに受けた電撃を逃がすための設備である。落雷は地上と上空の電位差によって発生するが、避雷針は空中に放電する。よって、地上と上空の電位差をなくしたり、少なくしたりして、落雷を避ける。振動設備は地震の振動により、建築物の崩壊やひび割れなどの被害から守るための設備である。

a) 避雷設備の設置

避雷設備は、雷撃から保護するために、高さ20mを超える建築物において、その高さ20mを超える部分に設ける（図2·8·13）。例えば、20mを超える煙突・広告塔などの工作物にも設置義務が生じる。

鉄骨鉄筋コンクリート造の建築物においては、**構造体の鉄骨を避雷設備の引下げ導線の代わりに使用する**ことができる。

b) 雷害対策法
①保護角法

避雷設備における、保護レベルは、図2·8·14～2·8·16、表2·8·3、表2·8·4に示すように、建築物の種類や施設の状況により、Ⅰ～Ⅳに区分される。保護角法における突針部の保護角は、一般に45°が多いが、事務所ビルの避雷設備においては、60°以下である。

②メッシュ法

建造物にメッシュシート状の導体を覆って、雷から保護するための雷害対策法である（図2·8·15）。メッシュ導体から建造物の一部分が露出し、適用できない場合には、保護角法、回転球体法で併用される。

③回転球体法

雷撃距離を半径とした球体を2つ以上の受雷部（大地含む）に同時に接するように回転させた時に、球体表面の包絡面から被保護物側を保護範囲とする方法（図2·8·16）。

(2) 振動設備

a) 耐震ストッパ

耐震ストッパは防振材を介して支持される設備機器に対して設けるが、設備機器との間に、設備機器運転中に接触しない程度で、できるだけ小さな隙間を設ける。

b) 防振材

防振材は、防振ゴム（固有振動数5～30Hz）より**コイル**（固有振動数2～6Hz）ばねのほうが、設備機器を含めた防振系の固有周波数を低く設定でき

表2·8·3　避雷設備保護レベルと保護領域

保護レベル	回転球体法 R 〔m〕	保護角法 h 〔m〕					メッシュ法幅 〔m〕	保護効率 〔%〕
		20	30	45	60	60超過		
		α 〔°〕						
Ⅰ	20	25	—	—	—	—	5	98
Ⅱ	30	35	25	—	—	—	10	95
Ⅲ	45	45	35	25	—	—	15	90
Ⅳ	60	55	45	35	25	—	20	80

（出典：日本工業規格 JAS A4201-2003）

表2·8·4　避雷設備保護レベルと施設

保護レベル	該当施設
Ⅰ～Ⅱ	美術館、文化遺跡、通信基地、発電所、火災の危険のある商業施設、製油所、給油所、花火工場、軍需工場、化学プラント、原子力プラント、生物化学研究所およびプラント
Ⅰ～Ⅲ	劇場、学校、百貨店、スポーツ競技施設、銀行、保険会社、事務所、病院、老人ホーム、刑務所
Ⅲ～Ⅳ	住宅、農場、運動場、テント、キャンプ場、臨時施設、建設中の建築物、高層建築物 (60m 超)

図2·8·13　避雷針（東京駅）

る。事務所ビルにおいて、水槽類を除く建築設備機器を同一階に設置する場合、局部震度法による設計用標準震度は、**防振装置を付した機器**のほうが大きい値となる。

c) 地震力

建築設備の耐震設計において、動的設計法を用いない場合、設計用**鉛直地震力**は、設計用**水平地震力**の1/2とする。設備機器を基礎に固定するアンカーボルトの引抜力の算定においては、設備機器の重心位置に水平方向の地震力とともに、鉛直方向の地震力が**上向き方向**に作用するものとする。

d) 緊急給水遮断弁

災害応急対策活動に必要な病院などの施設においては、受水槽や必要な**給水管分岐部**に、**地震感知**で作動する緊急給水遮断弁を設けることが望ましい。

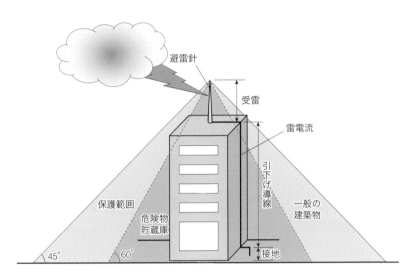

図2·8·14　避雷針と保護角

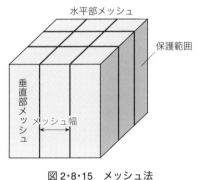

図2·8·15　メッシュ法

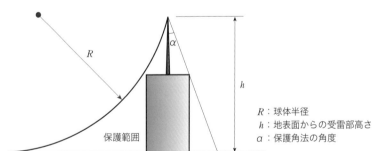

R：球体半径
h：地表面からの受雷部高さ
α：保護角法の角度

図2·8·16　回転球体法

演習問題── 2·8　消火・防災設備

1) A、B、C 火災の種類について説明せよ。
2) 屋内消火栓と屋外消火栓の共通点と相違点を述べよ。
3) 連結送水管設備は何のための設備であるかを説明せよ。
4) 閉鎖型スプリンクラーと開放型スプリンクラーの特徴を説明せよ。
5) ドレンチャー設備の目的と使う場所について述べよ。
6) 特殊消火設備について述べよ。
7) 防災設備では防火区画計画が重要視されている。詳しく説明せよ。
8) 防火計画について述べよ。
9) 避雷設備の高さと保護領域について説明せよ
10) 地震の時に対応できる振動設備について述べよ。

【1】消火・防災設備に関する次の記述のうち、**最も不適当な**ものはどれか。

1. 屋内消火栓設備は、建築物内の使用者が使うもので、火災の初期消火を目的に設置されている。
2. 天井が高いホテルのロビーには、放水型ヘッドを使用したスプリンクラー設備を設置する。
3. 水噴霧消火設備は、油火災には禁止である。
4. 火災時に、木造建築物の構造は、主要構造部に適切な燃え代を見込んだ燃え代設計が有効である。
5. 横長の窓は、縦長の窓に比べて上階への延焼の危険性が高い。

【2】消火・防災設備に関する次の記述のうち、**最も不適当な**ものはどれか。

1. 排煙設備は、消火活動上必要な施設に該当する。
2. 補助散水栓を設ける場合、ホース接続口からの水平距離は、15m以内となるように設置する。
3. 泡消火設備は、液体燃料の火災に有効である。
4. 木造のアカマツ、ケヤキなどは、約260℃に達すると引火し、約450℃に達すると自然に発火する。
5. 吹抜けに面する通路の防火シャッターは、吹抜け側ではなく手摺の通路側に設ける。

【3】消火・防災設備に関する次の記述のうち、**最も不適当な**ものはどれか。

1. 屋内消火栓設備における防護範囲の水平距離は、1号消火栓は15m、2号消火栓は25m以内である。
2. 閉鎖型スプリンクラー設備は、湿式、乾式および予作動式の3種類がある。
3. 粉末消火設備は、液体燃料の火災に有効である。
4. 建築物の用途が異なる部分の区画については、発生した火災をその用途部分に留めるために防火区画とする。
5. 非常警報設備の非常ベルは、音響装置の中心から1m離れた位置で90dB以上の音圧が必要である。

【4】消火・防災設備に関する次の記述のうち、**最も不適当な**ものはどれか。

1. 屋外消火栓設備は、屋外から建築物の1階および2階部分で発生した火災の消火や、隣接建築物への延焼防止を目的としている。
2. 閉鎖型スプリンクラー設備には、湿式、乾式および予作動式の3種類がある。
3. イナード（不活性）ガス消火設備とは、二酸化炭素や窒素などの不活性ガスの消火剤である。
4. 超高層建築物においては、設備シャフトや吹抜けなどの屋内の延焼経路や、開口部を介した屋外の延焼経路を遮断する計画を行うことが重要である。
5. 耐震ストッパは設備機器に対して設けるが、できるだけ大きな隙間を設ける。

【5】消火・防災設備に関する次の記述のうち、**最も不適当な**ものはどれか。

1. 耐震設計で、動的設計法を用いない場合、設計用鉛直地震力は、設計用水平地震力の1/5とする。
2. ドレンチャー設備は、火災発生時に水を噴霧して水の幕を形成し、延焼を防止する。
3. 天井、壁などの不燃材は、火災時にフラッシュオーバーに至るまでを遅延させるのに有効である。
4. 火災室から廊下へ流出した煙の水平方向の流動速度は、0.5〜1.0m/sである。
5. 避雷設備は、高さ20mを超える建築物において、その高さ20mを超える部分に設ける。

【6】消火・防災設備に関する次の記述のうち、**最も不適当な**ものはどれか。

1. 連結送水管設備は、建築物の前面に設置する。
2. 保護角法における突針部の保護角は、一般に60°が多いが、事務所ビルの避雷設備においては、45°以下である。
3. 開放型スプリンクラーヘッドは、天井が高く種々の可燃物がある舞台部などに用いる。
4. 等価可燃物量は、可燃物発熱量が似ている木材の重量に換算した量のことである。
5. 避難時に利用する階段室への出入口の幅は、流動係数を考慮し、階段の有効幅よりも狭く計画する。

2-9 避難・搬送設備

1 避難設備

(1) 排煙設備

火災が発生した時には、建築物中では火の熱よりも煙の一酸化炭素中毒による人の命の被害が多い。そのため火災時の煙の除去は、避難のためには最も重要である。

排煙は、自然排煙と機械排煙に区分できる。これらの手法は、建築基準法により、設置基準や設置方法が決められる。また、被災者避難のためのものではなく、消火活動上必要な設備として消防隊用のものもある。

隣接した2つの防煙区画では、**防煙垂れ壁**を介して一方の区画を自然排煙、他方の区画を機械排煙とすることはできない。その理由は、機械排煙が、自然排煙の開口部からの排煙を阻害するからである。

排煙設備は、専用の設備として設けることが原則であるが、**換気設備が排煙設備**としての性能を有していることがあれば、**兼用**として認められる。

a) 自然排煙

自然排煙は、排煙窓と開放装置より構成される。排煙上有効な開口部として必要な窓の大きさは、床面積の 1/50 である。詳しい規定を図 2・9・1 に示す。

自然排煙方式の排煙の効率は、給気経路に決まる。安全区画を**自然排煙**とする場合、避難先で、煙を吸い込んでしまう恐れがあるので、**避難方向と反対**に煙が流れるようにする。

自然排煙の**排煙量**は、煙層の温度と厚さに依存し、煙層の温度が低い時や天井高が低い時においては排煙効果が小さい。災害時に災害対策室の設置や避難者の受入れが想定される施設については、ライフライン途絶時においても必要な居住環境を確保するため、**自然換気**についても考慮する必要がある。

b) 機械排煙

機械排煙は、排煙機、排煙口、排煙ダクトより構成される。機械排煙設備の方式を図 2・9・2 に示す。

防煙垂れ壁
火災時に煙が広がらないようにし、有毒ガスが建物中に広がるのを防ぐことができる。
ガラス材が多く使われる。

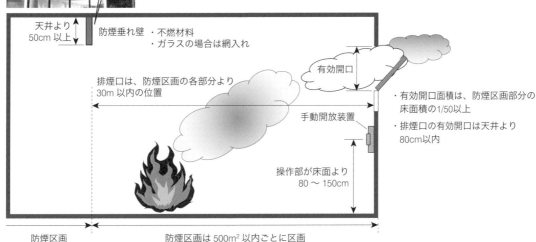

天井より 50cm 以上
防煙垂れ壁 ・不燃材料 ・ガラスの場合は網入れ
排煙口は、防煙区画の各部分より 30m 以内の位置
有効開口
・有効開口面積は、防煙区画部分の床面積の1/50以上
・排煙口の有効開口は天井より 80cm以内
手動開放装置
操作部が床面より 80 ～ 150cm
防煙区画
防煙区画は 500m² 以内ごとに区画

図 2・9・1 自然排煙方式の有効開口

吸引型の機械排煙方式（図2・9・2①、②）は、発生した煙を外部に排出するとともに、煙が発生した室を減圧することにより、ほかの空間への煙の拡散防止にも有効である。押出型の機械排煙方式（図2・9・2③）は、所定の排煙量を確保するために、排煙量よりも多い給気量が必要となる。

①排煙口方式

排煙口の吸引により負圧になることで排煙する方式。煙がほかの部屋に流入しないが、給気が不十分だと効果が落ちる。最も多く使われている。

②天井チャンバー方式

天井内に排煙ダンパーを設け、天井の排煙口から吸引し排煙する方式。空調のリターンとしても用いられる。

③加圧排煙方式

火災が発生した部屋に新鮮な空気を取り入れて正圧にし、避難経路への煙の進入を防いだり煙を押し出して排煙する方式。

c）排煙口

排煙口は、原則として、防煙区画のそれぞれについて、当該防煙区画部分の各部分から排煙口のいずれかに至る**水平距離が30m以下**となるように設ける（図2・9・3）。天井の高さが3m未満の居室に設ける排煙口の設置高さ（下端高さ）は、天井から80cm以内とする。

（2）自動火災報知設備

自動火災報知設備は自動的に火災を感知し、音響装置などにより報知する設備である（図2・9・4）。すなわち、熱や煙を天井に取り付けた感知器の作動により報知する。また、火災発見者が**手動**により発信

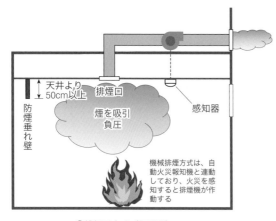

①排煙口方式（吸引型）

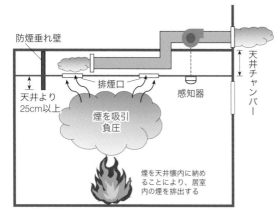

②天井チャンバー方式（吸引型）

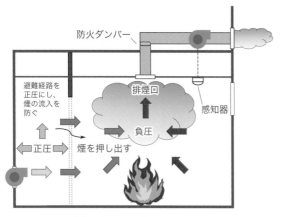

③加圧排煙方式（押出型）

図2・9・2　機械排煙設備

図2・9・3　自然排煙口

機のボタンを押すことで、火災信号を受信機に発信するものもある。

一方、放送設備は通常、一般放送と兼ねることもできるが、火災時には、センサーや総合盤からの信号が放送アンプから自動放送される。スピーカーは各設置室では、約10m以内ごとに設置する。

(3) 感知器

感知器とは、火災により生ずる熱と煙を利用して自動的に火災の発生を感知し、受信機の火災信号を発信する設備である。熱感知器と煙感知器の2種類がある。

a) 熱感知器

・定温式

定温式熱感知器は、火災の熱により**一定温度以上**になると作動するもので、天井に取り付けた感知器の周辺温度が、設定した温度以上になった時に作動するものである(図2·9·5a)。スポット型(直径約10cmの丸型)と感知線型がある。煙の発生する厨房や、使用時に高温となるボイラー室、サウナ室などに設置される。

・差動式

差動式感知器は火災の熱により一定の**温度上昇率**以上になると作動するもので、周囲の温度の上昇率が一定値以上になった時に作動する(図2·9·5b)。スポット型と分布型(空気管、細長い型)があり、

温度変化の少ない事務室、会議室、客室に設置される。

b) 煙感知器

光電式スポット型煙感知器は、**煙の濃度**が一定値を超えた時に作動する。煙の粒子が乱反射する光を捉えて電気信号に変える方式である(図2·9·6)。煙のようなモヤモヤしたもの(埃や水蒸気など)もすべて感知してしまうため、設置できる環境に制限がある。消防法では、火災が起きた時に**危険性の高い場所**には煙感知器を設置する基準があり、それ以外の比較的安全な場所には熱感知器を設置してもよいとされている。

(4) 非常用発電設備

非常用発電設備は非常時だけに使うための設備である(図2·9·7)。非常電源には、非常電源専用受電設備、自家発電設備、蓄電池設備および燃料電池設備の4種類がある。鉛蓄電池などの電力貯蔵設備の主な用途・目的は、負荷や受電電力の平準化、自然エネルギー発電の平準化、停電時の非常用電源、瞬時電圧低下や停電の補償などである。燃料電池設備は、消防法の規定に適合する場合、消防用設備などの**非常電源**として用いることができる。

デュアルフューエルタイプの発電機(ガスおよび

a. 定温式 b. 差動式

図2·9·5　熱感知器 (出典：ニッタン株式会社カタログ)

図2·9·6　煙感知器

図2·9·4　自動火災報知設備

ディーゼルの2つの運転が可能）に用いる燃料は、通常時にはガスを用い、災害時にガスの供給が停止した場合には重油を用いることができる。

屋内に設置する発電機用の**燃料槽**は、消防法の規定による指定数量以上の燃料を備蓄する場合、屋内貯蔵所として**規制**を受ける。発電機は非常電源として併用することが可能である。

(5) 切替時間・連続運転時間

建築基準法では、停電になった時点で、電源切替装置により、40秒以内に電圧を確立することと定められており、非常用の照明装置の予備電源は、停電時に、充電を行うことなく**30分間継続**して点灯できるものとする。消火用ポンプなどの機器類は、定格負荷で60分以上連続運転でき、発電機用燃料油は2時間以上の容量を持つことが求められている。

(6) 非常用エレベーター

消防隊による消火活動の設備としてはほかに、非

図2・9・7　非常用発電設備

常用エレベーター、排煙設備（消防排煙）、消防用水などがある。非常用エレベーターは高さが31mを超える建築物、または地上11階以上の建築物に設置され、火災時に消防隊の消火や**救助活動に使用**されるので、館内人員の避難には使用できない。しかし、平常時は職員専用の一般用または人荷用として使用することができる。

非常用エレベーターには、消防活動のために、戸を開いたままかごを昇降させることができる装置を設ける必要がある。非常用エレベーターを複数台設置する必要がある場合、避難上および消火上有効な間隔を保って配置する。非常時における運転は、専用運転に切替えられ、火災などで商用電源が遮断されても非常用発電機から電力が供給されるので運転できるようになっている。エレベーターホールは、煙や炎を完全に遮断することができる防火戸などの構造が必要である。

(7) 誘導灯と非常照明

a) 誘導灯

誘導灯とは、避難を容易にするために避難口や避難方向を誘導するための避難設備であり、照明設備でもある。誘導灯は、避難口誘導灯と通路誘導灯の2種類に分類する（図2・9・8）。

廊下や通路部において、避難の方向を明示する誘導灯は、通路誘導灯に区分される。無人の避難口誘導灯は、自動火災報知設備の感知器の作動と連動して点灯し、かつ、当該場所の利用形態に応じて点灯するように措置されている時は、消灯することができる。劇場の客席誘導灯においては、客席内の通路

a. 避難口誘導灯
背景は緑、非常口 EXIT の文字は白

b. 通路誘導灯
背景は白、非常口 EXIT の文字は緑

図2・9・8　誘導灯

の床面における水平面照度が、0.2 lx 以上となるように設置する。

b）非常照明

非常用の照明装置の予備電源には、照明器具に蓄電池を内蔵しない方式がある。非常用の照明装置は、常温下で床面において水平面照度で 1 lx（蛍光灯またはLEDランプを用いる場合には 2 lx）以上を確保する（図 2·9·9）。非常用の照明は、床面積が 30 ㎡の居室で地上への出口があるものには、設置しなくてもよい。

（8）その他設備

a）無線通信補助設備

火災が発生した時に、消防隊相互の無線連絡に支障がないようにするための設備であり、延べ面積が 1,000㎡ 以上の地下街に設置される。

b）非常用コンセント設備

消防隊が有効に消火活動を行えるように電力供給する非常用時のコンセント設備であり、地階を除く階数が 11 階以上の建築物および延べ面積が 1,000 ㎡

以上の地下街に設置される。

● 2 搬送設備

建築物における搬送設備として、垂直移動はエレベーター、エスカレーターがある。また、水平移動は動く歩道（オートウォーク、ムービングウォーク）がある。搬送装置は人に頼らず自動で搬送できるだけではなく、人力では移動が難しい重量物でも安全確実かつ低コストで作業可能である。近年の搬送装置として、搬送ロボットが利用されている。

（1）エレベーター

エレベーターは、その用途により積載量や定員が定められているほか、建物規模や利用者数に応じた設置計画が必要になる。

大規模な建築物に設置する多数台のエレベーターの管理において、省エネルギーとサービス性の向上との両立を図るため、群管理方式を採用する。群管理方式とは、ビル内の出勤時・昼食時など周期的に繰り返される交通状況に応じて最適にエレベーター

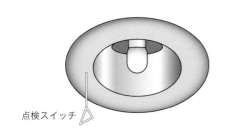

図 2·9·9　非常照明

図 2·9·10　エレベーター機械室内、巻上機

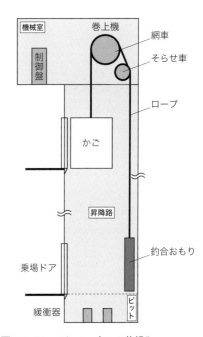

図 2·9·11　エレベーターの仕組み

を運転管理する方式である。エレベーターの仕組み
は図2・9・10、図2・9・11に示す。エレベーターの電
力消費は、電力回生制御と巻上機のギアの有無によ
り変化する。

・事務所ビルの乗用エレベーター

　エレベーターが2台以上ある場合、平均運転間隔
を40秒以下となるように計画することが望ましい。
出勤時のピーク5分間に発生する交通量に基づき、
台数および仕様を計画する。乗用エレベーターは、
利用者の人命確保と閉じ込めの回避を最優先するた
め、一般に災害時における利用は想定されていない。

・荷物用エレベーター

　荷物の輸送を目的とし、荷扱者または運転者以外
の人の利用はできないが、人荷用エレベーターは一
般**乗客も利用**することができる。

・災害の時

　高層建築物の乗用エレベーターにおける火災時の
管制運転は、できるだけ早く**安全な避難階に停止**さ
せ、乗客がかごから降りた後に、運転を中止する計
画とする。すなわち、火災発生時には途中階には**停
止せず**、ただちに避難階に直行し運転を休止する。

　地震時管制運転は、地震時には**閉じ込めを防止**す
るため、**最寄階に着床**して運転を停止する。エレベ
ーターの基礎免震構造を採用しない建築物の場合、
建築物の高さが60mを超えると、高さ60m以下の
場合に比べて、設計用水平標準震度が大きく異なっ
た値となる。

(2) エスカレーター

　エスカレーターは階段状の昇降装置で、一定の速
度で人を運ぶ。勾配が30°を超え35°以下の場合、定
格速度は30m/分以下としなければなない（図2・9・
12）。

　エスカレーターの乗降口では、ハンドレールの折
返し部の先端から2m以内に防火シャッターが設置
されている場合には、当該シャッターの作動と連動
してエスカレーターを停止させる装置を設ける。エ
スカレーターの落下防止のため、エスカレーターの
一端を梁などの支持材に堅固に固定し、他端は非固
定でかかり代を十分に確保する。地震発生の際は、
停電などにより停止する場合があり、危険なので、
エスカレーターの使用を控える。

図2・9・12　エスカレーター（渋谷ストリーム）

図2・9・13　移動歩道（仁川国際空港）

図2・9・14　移動歩道の人感センサー

（3）移動歩道

　歩行者の移動速度は $70 \sim 80\,\mathrm{m}/$ 分である。移動歩道の速度は安全のため $30 \sim 40\,\mathrm{m}/$ 分で運転される。一般的に、移動距離が $100\,\mathrm{m}$ から $2\,\mathrm{km}$ ほどの範囲で適当な輸送能力をもつ交通手段である。中間駆動装置を追加すると、移動距離を延長することが可能である。降り口の手前では徐々に減速し最終的には乗り口と同じ速度になる。型式は、エスカレーターの水平化であるパレット式と、ベルトコンベアの応用である、ゴムベルト式の2通りが存在する。

　規格は、横幅 $800 \sim 1{,}200\,\mathrm{mm}$、傾斜角度 $0 \sim 3°$ が標準である。輸送能力は、$9{,}000 \sim 15{,}000$ 人 $/\mathrm{h}$ で、移動速度が速いほど当然増加する。最近の移動歩道は常時稼働ではなくなり、赤外線による人感センサーによって人の接近を検知し、稼働することで省エネルギー化を図る（図 2・9・13、図 2・9・14）。

演習問題 ― 2・9　避難・搬送設備

1) 自然排煙と機械排煙について述べよ。
2) 自動火災報知設備について説明せよ。
3) 感知器の定温式と差動式の相違点について簡単に説明せよ。
4) 非常用発電設備の燃料について調べよ。
5) 非常用エレベーターを平常時に使用できるのは？
6) 火災時のエレベーター使用について述べよ。
7) エスカレーターの勾配と速度について説明せよ。

【1】避難設備に関する次の記述のうち、最も不適当なものはどれか。

1. 換気設備を排煙設備と兼用してはならない。

2. 排煙口は当該防煙区画部分の各部分から排煙口に至る水平距離が30m以下となるように設ける。

3. 非常電源は、非常電源専用受電設備、自家発電設備、蓄電池設備および燃料電池設備の4種類がある。

4. 非常用エレベーターを複数台設置する場合は、避難上および消火上、有効な間隔を保って配置する。

5. 非常用時のコンセント設備は、11階以上および延べ面積が1,000m²以上の建築物の地下街に設置される。

【2】避難設備に関する次の記述のうち、最も不適当なものはどれか。

1. 自動火災報知設備は自動的に火災を感知し、音響装置などにより報知する設備である。

2. 安全区画を自然排煙とする場合、避難方向と同じ方向に煙が流れるようにする。

3. デュアルフューエルタイプの発電機の燃料は、ガスの供給が停止した場合には重油などを用いる。

4. 廊下や通路部において、避難の方向を明示する誘導灯は、通路誘導灯に区分される。

5. 大規模な建築物に設置する多数台のエレベーターの管理は、群管理方式を採用する。

【3】避難設備に関する次の記述のうち、最も不適当なものはどれか。

1. 災害対策室の設置や避難者の受入れが想定される施設は、自然換気にする必要がある。

2. 非常警報設備の非常ベルは、音響装置の中心から1m離れた位置で90db以上の音圧が必要である。

3. 非常用の照明装置の予備電源は、停電時に10分間継続して点灯できるものとする。

4. エレベーターが2台以上ある場合、平均運転間隔を40秒以下となるように計画する。

5. 非常用の照明装置は、床面の水平面照度で1lx（蛍光灯またはLEDランプは2lx）以上を確保する。

【4】避難設備に関する次の記述のうち、最も不適当なものはどれか。

1. エレベーターは出勤時のピーク5分間に発生する交通量に基づき、台数および仕様を計画する。

2. 定温式熱感知器は天井に取り付けた感知器の周囲温度が、設定した温度以上になった時に作動するものである。

3. 消防隊による消火活動の設備は、非常用エレベーター、排煙設備（消防排煙）、消防用水などがある。

4. 地震時管制運転は、地震時には閉じ込めを防止するため、最寄階に着床して運転を停止する。

5. 劇場の客席誘導灯においては、客席内の通路の床面における水平面照度を、2lx以上とする。

【5】避難設備に関する次の記述のうち、最も不適当なものはどれか。

1. 機械排煙方式で、所定の排煙量を確保するために、排煙量よりも多い給気量が必要となる。

2. 差動式感知器は周囲の温度の上昇率が一定値以上になった時に作動する。

3. 非常用エレベーターは高さが31mを超える建築物、または地上11階以上の建築物に設置される。

4. 人荷用エレベーターは、一般乗客は利用することができない。

5. 非常用の照明装置は、床面積が30m²の居室で地上への出口があるものには、設置しなくてもよい。

【6】避難設備に関する次の記述のうち、最も不適当なものはどれか。

1. 吸引型の機械排煙方式は、ほかの空間への煙の拡散防止にも有効である。

2. 光電式スポット型煙感知器は、煙の濃度が一定値を超えた時に作動する。

3. 非常用エレベーターには、消防活動のために、戸を開いたままかごを昇降させることができる装置を設ける必要がある。

4. 火災が発生した時に、消防隊相互の無線連絡に支障がないようにする。

5. エスカレーターの勾配が30°を超え35°以下の場合、定格速度は50m/分以下としなければならない。

3章

省エネルギー

兵庫県六甲の集合住宅Ⅱ（安藤忠雄設計）

屋上緑化は屋根や屋上の表面温度の上昇を抑えることで室内温熱環境を改善する効果があり、ヒートアイランド現象を制御できる。

環境問題は大きく分けると環境汚染、エネルギーの不足、地殻の変化などがある。このような環境要因が建築に与える影響は大きい。建築環境工学と建築設備の目的は共に、人間生活の快適性を求めることであり、省エネルギーを目指すことである。

（1）エネルギーの定義

エネルギーとは物事を成し遂げる物理的な仕事をすることのできる能力である。力学的エネルギーのほか、光・電気・熱・化学・原子などのエネルギーがある。エネルギー資源というのは産業・運輸・消費生活などに必要な動力の源のことをいう。

a）仕事率による定義

単位時間当たりの仕事を仕事率といい、仕事率に時間を掛ければ**仕事**が求められる。電力量の計量によく用いられる1キロワット時〔kWh〕は、「1時間〔h〕当たり1キロワット〔kW〕の仕事率の仕事」と定義される（図3・0・1）。仕事率と時間の単位から組み立てられたエネルギーの単位は、次の通りである。

・キロワット時：1 kWh = 3.6 MJ
・SI単位のワット秒：1ニュートン〔N〕の力がその力の方向に物体を1 m動かす時の仕事。

$$1 Ws = 1 ジュール〔J〕（= kg·m^2/s^2）$$

b）熱量による定義

熱量もエネルギーと等価である。熱量の単位カロリー〔cal〕は「1グラム〔g〕の水の温度を1℃上げるのに必要な熱量」と定義される。

$$1 cal ≒ 4.2 J$$

（2）エネルギーの分類

エネルギーは資源の利用形態によって一次エネルギーと二次エネルギーがある。一次エネルギーは石炭、原油、水力など自然界に存在する状態のままのもので、二次エネルギーはガソリン、都市ガス、電力などのように取扱いが便利なように一次エネルギーを変換したものである。建築物の二次エネルギー消費量を一次エネルギー消費量に換算して同レベル単位で比較した場合、**一次エネルギー消費量**は二次エネルギー消費量よりも**大きくなる**。

エネルギー資源は枯渇性エネルギーと再生可能エネルギーに分類される。枯渇性エネルギーは石炭や石油のように地球に埋蔵されていて使用すると減少する化石燃料をいい、再生可能エネルギーは太陽光・水力・風力など主に太陽の放射エネルギーに基づくもので、人間の時間尺度内では半永久的に減ることなく再生されるエネルギーをいう（図3・0・2）。

（3）エネルギーの歴史

人類が最初に利用したエネルギー源は自然から得られるものである。メソポタミア文明の時代にはすでに、水のエネルギー（水力）を利用するために水車がつくられており、また風のエネルギーを使用する帆船も移動手段として存在していた。やがて風車がつくられることで、移動以外の動力にも風が利用できるようになった。18世紀までは自然のエネルギーのほか、薪、炭、鯨油などが主であったが、18世紀に入るとイギリスで石炭の利用法の改良が行われ、1765年には、ジェームズワットが蒸気機関の改良を行った。これは人類が利用できるエネルギーに革新をもたらし、産業革命の原動力となった。その

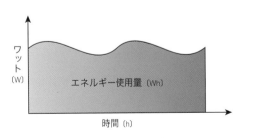

図3・0・1　エネルギー使用量

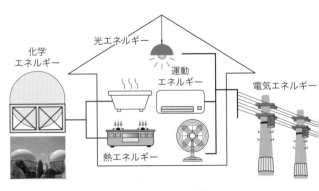

図3・0・2　エネルギーの種類

後、電気エネルギーの実用化が始まり、20世紀に入ると石油が主に用いられるようになり、また、核燃料を利用する原子力エネルギーが実用化された。2018年には世界のエネルギー消費量は138.6億トンに達し、石油が34%、石炭が27%、天然ガスが24%を占め、8割以上が化石燃料となっている。

エネルギー消費の構成が急激に大きく変化し、石炭から石油への急激なエネルギー源の転換などを指して、エネルギー革命という。

(4) 省エネの必要性

電気は、人々の暮らしになくてはならないエネルギーである。しかし、発電するエネルギーの資源には限界がある。また、発電のために化石燃料を燃やすと二酸化炭素が発生し、地球温暖化に大きな影響を与える。だから、今まで頼りにしてきた化石エネルギーの枯渇の抑制と地球温暖化の防止のため省エネが必要である。

最近はその対策として、SDGsとゼロカーボン運動が全世界で行われている。SDGsは省エネを含む持続可能な開発のために17の目標を設定している。また、日本では、2050年までに温室効果ガスや二酸化炭素排出量ゼロを目指すゼロカーボンシティの宣言をしている。このような環境問題を解決するために、省エネは必要不可欠な分野である。

(5) 省エネ法

省エネ法の正式名は「エネルギーの使用の合理化に関する法律」である。日本の省エネ政策の根幹となるもので、石油危機を契機に1979年に制定された。工場や建築物、機械・器具についての省エネ化を進め、効率的に使用するための法律である。

省エネ法が直接規制する事業分野は、「工場等(工場・事務所その他の事業場)」「運輸」「住宅・建築物」「機械器具等(エネルギー消費機器等または熱損失防止建築材料)」の4つで、すべての事業者に省エネの努力義務が課せられている(表3・0・1)。

工場・事業所のエネルギー管理の仕組みや、自動車の燃費基準や電気機器などの省エネ基準におけるトップランナー制度、需要家の電力ピーク対策、運輸・建築分野での省エネ対策などを定めている。

2015年には「建築物のエネルギー消費性能の向上に関する法律(建築物省エネ法)」が制定され、建築物のエネルギー消費性能基準への適合義務等の規制措置が講じられた。この法律に基づく省エネルギー基準の適否の判断に用いられるエネルギー消費量は、一次エネルギーの消費量である。

表3・0・1 省エネ法の概要

分野	対象者と義務
工場・事業場	工場・事業場等を設置して事業を行う者(エネルギー使用量1,500kℓ/年以上の特定事業者・特定連鎖化事業者(=フランチャイズチェーン事業等の本部))・エネルギー管理者等の選任義務・エネルギー使用状況等の定期報告義務・中長期計画の提出義務
運輸	貨物・旅客の輸送を業として行う者(輸送事業者)(保有車両数トラック200台以上、鉄道300両以上等の特定輸送業者) ○エネルギー使用状況等の定期報告義務・中長期計画の提出義務対象:自らの貨物を輸送事業者に輸送させる者(荷主) (年間輸送量が3,000万t・km以上の特定荷主) ○計画の提出義務・委託輸送に係るエネルギー使用状況等の定期報告義務
住宅・建築物 ※2017年4月1日より「建築物省エネ法」において措置	住宅・建築物の建築主・所有者(延べ床面積300㎡以上) ○新築、大規模改修を行う建築主等の省エネ措置に係る届出義務・維持保全状況の報告義務 ○建築主、所有者の努力義務建売戸建住宅の供給事業者(年間150戸以上) ○供給する建売戸建住宅における省エネ性能を向上させる目標の遵守義務
エネルギー消費機器等	エネルギー消費機器・熱損失防止建築材料の製造・輸入事業者〈トップランナー制度〉(乗用自動車、エアコン、テレビ等のそれぞれの機器などにおいて商品化されている最も優れた機器などの性能以上にすることを求める制度)
一般消費者への情報提供	事業者の一般消費者への情報提供の努力義務 ○家電等の小売業者による店頭でのわかりやすい省エネ情報(年間消費電力、燃費等)の提供・電力・ガス会社等による省エネ機器普及や情報提供等

(出典:経済産業省資料をもとに作成)

(1) CASBEE（建築環境総合性能評価システム）

　CASBEE は、建築物の環境性能を建築物における環境品質（Q）と環境負荷（L）で評価するものである。そもそも、CASBEE は、「建築物のライフサイクルを通じた評価」「建築物の環境品質と環境負荷の両側面からの評価」「建築物の環境性能効率 BEE での評価」という3つの理念に基づいて開発されたものである。CASBEE（建築環境総合性能評価システム）における BEE（建築物の環境性能効率）を高めるため、**建築物の環境品質（Q）**の数値を大きく、かつ、**建築物の環境負荷（L）**の数値が小さくなるように計画する。すなわち、CASBEE における BEE は、建築物の環境品質（Q）を分子、建築物の環境負荷（L）を分母とすることにより算出される指標である。CASBEE の評価においては、BEE の値が大きいほど建築物の環境性能が高いと判断される（図3・1・1）。

　他国における建築物の総合環境性能評価システムとしては、BREEAM（英国）、LEED（米国）などがある。

　図3・1・2で示すように縦軸の環境品質（Q）の値が横軸の環境負荷（L）にプロットされる時、BEE値の評価結果は原点（0、0）と結んだ直線の勾配で表示される。Q の値が高く、L の値が低いほど勾配が大きくなり、より**サステイナブル（持続可能）**な建築物と評価する。この手法では、傾きに従って分割される領域に基づいて、建築物の環境評価結果をランキングすることが可能になる。これを環境ラベリング（格付け）といい、建築物の**環境効率（省エネルギー）**を評価する。グラフ上では建築物の評価結果を BEE 値が増加するにつれて、S（大変優れている）、A、B$^+$、B$^-$、C ランク（劣っている）の5段階でランキングされる。

　建築物には、CASBEE により算出される BEE の数値が大きくなるような環境対策を行う。普通のビルでは BEE が 0.5 〜 1.0（B$^-$ ランク）に対し、環境負荷の少ないサステイナブルビルでは 1.5 〜 3.0（A ランク）とし、数値が大きくなるほど環境性能は良い。

　CASBEE において、建築物の設備システムの高効率化評価指標として用いられる **ERR（省エネ計算の低減率）**は、「評価建築物の省エネルギー量の合計」を「評価建築物の基準となる一次エネルギー消費量」で除した値である。

(2) 省エネルギー評価指標

a) LCCO$_2$（ライフサイクル二酸化炭素排出量）

　LCCO$_2$ は建築物の建設を始めてから解体するま

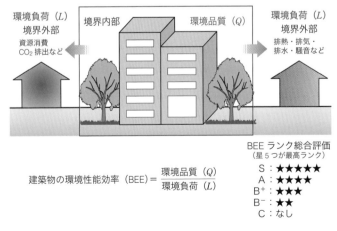

図3・1・1　環境性能効率（BEE）

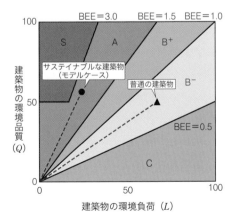

図3・1・2　環境性能効率（BEE）に基づく環境ラベリングによる評価

で（＝ライフサイクル：建設→運用→更新→解体）
の二酸化炭素の排出量をもとに評価するものである。
すなわち、LCCO₂による環境性能評価においては、
「資材生産」「輸送」「施工」「運用」「保守」「更新」
「解体除却」で示される建築物のライフサイクルの各
過程における**二酸化炭素排出量**を推定する。

　35年寿命を想定した一般的な事務所ビルの
LCCO₂排出量において、「建築物の建設にかかわる
もの」と「運用時のエネルギーにかかわるもの」と
の排出割合は、「運用段階の二酸化炭素排出量の占
める割合」のほうが大きい。LCCO₂は、一般に、建
設時・運用時・修繕更新時・廃棄時の4つのフェー
ズで表され、建替え周期35年の場合、それぞれ、
建設時20％・運用時50％・修繕更新時25％・廃棄
時5％程度である。

b) PAL ＊（年間熱負荷係数：Perimeter Annual Load factor）

　PAL＊（パルスター）は、旧PALの外皮基準を改
善した新しい指標で、建築物の熱的性能を評価する
年間熱負荷係数である。PAL＊は建築物のペリメー
ターゾーンの**年間熱負荷**を、ペリメーターゾーンの
床面積の合計で除した値である。値が小さいほど建
築物の外皮の熱性能が高く、省エネルギーになると
判断される。

c) CEC（エネルギー消費係数：
**　　　　　Coefficient of Energy Consumption）**

　CECは、空調、換気、照明、給湯およびエレベー
ターの各設備システムにおけるエネルギーの効果に
対する評価指標であり、**エネルギー消費係数**のこと
である。

d) LCA（ライフ・サイクル・アセスメント：
**　　　　　Life Cycle Assessment）**

　LCAは建築物において、建設から運用、解体に至
る一連の過程で及ぼす様々な**環境負荷**や**環境影響**な
どを分析・評価することをいう。

e) BEMS（Building and Energy Management System）

　BEMSは、室内環境とエネルギー性能の最適化を
図るため、設備の省エネルギー制御やLCC（ライフ
サイクルコスト：生涯費用）削減などの**運用支援を**

行うビル管理システムである。

f) BELS（建築物省エネルギー性能表示制度：
**　　Building-Housing Energy-efficiency Labeling System）**

　BELS（ベルス）とは、省エネ性能を第三者評価
機関が性能に応じて5段階の星の数などで表示され
る、建築物省エネルギー性能表示制度のことである。

g) APF（Annual Performance Factor）

　APFは、パッケージエアコンの「冷房期間＋暖房
期間を通じた除去・供給熱量」を「冷房期間＋暖房
期間に消費する総電力量」で除した値で、**通年エネ
ルギー消費効率**ことである。

h) eマーク（省エネ基準適合認定マーク）

　eマークは、建築物がエネルギー消費性能基準に
適合していることについて、所管行政庁から**認定**を
受けたことを示すものである。

i) LEED（エネルギーと環境設計におけるリーダーシップ
**　　　　Leadership in Energy and Environmental Design）**

　LEEDは、先導的な取り組みを評価するグリーン
ビルディングの国際的な環境性能認証システムであ
る。グリーンビルディングとして環境性能を様々な
視点から評価し、取得したポイントの合計によって
4段階の認証レベルが決まる。

（3）ゼロエネルギー

a) ZEB（Net Zero Energy Building）

　ZEB（ゼブ）とは、建築物の一次エネルギー消費
量を、建築物・設備の省エネ性能の向上、エネルギ
ーの面的利用、オンサイトでの再生可能エネルギー
の活用などにより削減し、年間での**一次エネルギー
消費量**が正味（ネット）で0（ゼロ）または概ねゼ
ロとなる建築物である（図3・1・3）。

b) ZEH（Net Zero Energy House）

　ZEH（ゼッチ）は、快適な室内環境を保ちながら、
断熱性能の向上や高効率設備・再生可能エネルギー
の導入により、年間の一次エネルギー消費量の収支
を0（ゼロ）とすることを目指した**住宅**である（図
3・1・4）。

・1日電力消費量

　2人世帯の標準家庭では、空調の要らない季節は1日当たりの消費電力量は平均で7.7kWh程度であるが、猛暑の日になるとエアコンの稼働率が上がり、エアコン平均0.37kWh/台の計算で、1日の消費電力量は倍の17.4kWh程度になる。世帯人数によっても消費電力量は変わり、エアコン不使用の時は、一人暮らしだと6.1kWh/日、6人以上の世帯では18.4kWh/日程度である。

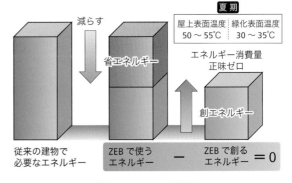

図3・1・3　ZEBの建物

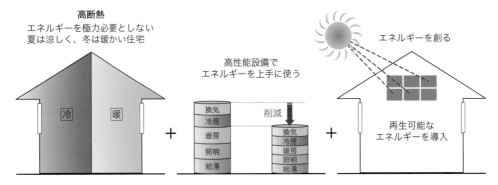

図3・1・4　ZEHの住宅

演習問題 — 3・1　省エネ指標

1) 一次エネルギーと二次エネルギーについて説明せよ。
2) CASBEEについて簡単に説明せよ。
3) サステイナブル（持続可能）な建築物をつくるためにCASBEEをどのように計画するか答えよ。
4) BEEランク総合評価の星数について調べよう。
5) LCCO₂について簡単に述べよ。
6) PAL＊と断熱性能について説明せよ。
7) ZEBとZEHの意味は？

建築士チャレンジ問題　3・1　省エネ指標

【1】CASBEEの記述のうち、**不適当な**ものはどれか。

1. CASBEEは建築環境総合性能評価システムである。
2. CASBEEは、建築物の環境性能を建築物における環境品質（Q）と環境負荷（L）で評価するものである。
3. CASBEEは建築物の環境品質や性能を建築物の外部環境負荷で除した指標になる。
4. CASBEEにおける建築物の環境性能効率を高めるため、環境品質（Q）の数値を大きく、環境負荷（L）の数値が小さくなるように計画する。
5. CASBEEにより算出されるBEEの数値が小さくなるような環境対策を行う。

【2】CASBEE の記述のうち、**不適当な**ものはどれか。

1. CASBEE は、建築物の「ライフサイクルを通じた評価」「環境品質と環境負荷の両側面からの評価」「環境性能効率 BEE での評価」の３つの理念に基づいて開発されたものである。

2. ERR（省エネ計算の低減率）は、「評価建築物の省エネルギー量の合計」を「評価建築物の基準となる一次エネルギー消費量」で除した値である。

3. CASBEE における BEE は、建築物の環境品質（Q）を分母として、建築物の環境負荷（L）を分子とすることにより算出される指標である。

4. 建築物の総合環境性能評価システムとしては BREEAM（英国）、LEED（米国）などがある。

5. Q の値が高く、L の値が低いほど勾配が大きくなり、よりサステイナブルな建築物と評価する。

【3】省エネルギー評価指標のうち、**最も不適当な**ものはどれか。

1. $LCCO_2$ は建築物の建設を始めてから解体するまでの二酸化炭素の排出量を評価するものである。

2. PAL＊は、ペリメーターゾーンの年間熱負荷を、屋内周囲空間の体積の合計で除した値である。

3. 建築物の二次エネルギー消費量を一次エネルギー消費量に換算して同レベル単位で比較した場合、一次エネルギー消費量は二次エネルギー消費量よりも大きくなる。

3. CEC は、空調、換気、照明、給湯およびエレベーターの各設備システムにおけるエネルギーの評価指標であり、エネルギー消費係数のことである。

4. 建築物における LCA は、建設から運用、解体に至る一連の過程で及ぼす様々な環境負荷を分析・評価することをいう。

5. BELS とは、省エネ性能を第三者評価機関が性能に応じて５段階の星の数などで表示する「建築物省エネルギー性能表示制度」のことである。

【4】省エネルギー評価指標のうち、**最も不適当な**ものはどれか。

1. APF は、パッケージエアコンの「冷房期間＋暖房期間を通じた除去・供給熱量」と「冷房期間＋暖房期間に消費する総電力量」を合計した値である。

2. e マークは、建築物がエネルギー消費性能基準に適合していることについて、所管行政庁から認定を受けたことを示すものである。

3. LEED は、建築物や敷地などに関する環境性能評価システムの一つであり、取得したポイントの合計によって４段階の認証レベルが決まる。

4. ZEB は年間の一次エネルギー消費量が正味（ネット）でゼロまたは概ねゼロとなる建築物である。

5. ZEH は快適な室内環境を保ちながら、１年間で消費する住宅の一次エネルギー消費量の収支がゼロとなることを目指した住宅のことをいう。

【5】省エネルギー評価指標のうち、**最も不適当な**ものはどれか。

1. $LCCO_2$ はライフサイクル二酸化炭素排出量を意味する。

2. BEMS は年間熱負荷係数である

3. CEC はエネルギー消費係数をいう。

4. BELS は建築物省エネルギー性能表示制度である。

5. e マークは省エネ基準適合認定マークである。

自然エネルギー利用

再生可能エネルギーは、自然界に存在し繰り返し再生利用できる**自然エネルギー**のことであり、そのエネルギー源としては、太陽光、風力、水力、地熱、バイオマスなどがある（表3・2・1）。

● 1 自然エネルギー

(1) 地中熱

地中熱は、安定した地中の熱を利用し、冷暖房や給湯、融雪などに利用することができる。深さ10～100mの地中温度は、一般に、その地域の年平均気温よりわずかに高く、年間を通じて安定している（図3・2・1）。しかし、地域によって多少違い、九州の南部は20℃、東京は17℃、北海道は10℃程度である。冬と夏には、地上と地中との間で10～15℃の温度差が生じる。温度が一定である地中は、冬は温かく、夏は冷たい。省エネルギーではこの**地中の温度差**を利用して、効率的にエネルギーの節約を行

うことができる。

一方、地熱とは、地球がもっている熱エネルギーのことである。地中熱は地熱の一部である。地熱はエネルギーを発電などに利用する規模が大きく、地中熱は身近にある恒温のエネルギーを温熱・冷熱として利用することであり、地熱に比べて規模が極めて小さい。地中熱の利点は安定的で、いつでも、どこでも利用できる自然エネルギーである。一般のエアコン（空気熱源ヒートポンプ）に比べて効率が高く、二酸化炭素排出量抑制にもなり、ヒートアイランド現象の緩和にもなる。設備機械を地中に埋めるので、原動機から出る低周波の騒音を遮ることが可能である。

(2) 風力

風力エネルギーは風の力を利用して風車を回し、風車の回転運動を発電機に伝えて電気を起こすこと

表3・2・1　自然エネルギーの利用形態

形態		太陽光	太陽熱	地中熱	地熱	バイオマス	風力	水力（小）	雪氷
時間の制約		昼間	昼間	なし	なし	要運搬	風の吹く時間帯	渇水期以外	要運搬
場所の制約		なし	なし	なし	火山・温泉	要施設	風がある場所、海、山等	落差のある河川	積雪地
エネルギー利用形態	熱	—	給湯、冷暖房	給湯、冷暖房	給湯、暖房	給湯、暖房	—	—	冷房、冷蔵
	電気	自家用・事業用発電	事業用発電	—	事業用発電	事業用発電	自家用・事業用発電	事業用発電	—

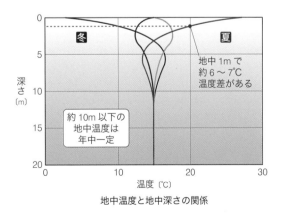

地中温度と地中深さの関係

季節における地中熱の温度

図3・2・1　地中熱と深さの関係

ができる（図3・2・2）。風力発電機は、風の強さや向きを測り、**羽根の角度や風車の向き**を自動的に調整して、効率的に発電できる。風速が大きくなって風車の回転速度が上がりすぎる時は、安全のため回転を停止させる。風力発電の特徴を表3・2・2に示す。

・小型風力発電利用

風力発電の家庭用と中規模の小型風力発電は、発電容量の違いがある。家庭用小型風力発電機は、一般的に発電容量1.5kW/日までのものを導入されることが多い。この程度のものであれば強い風を受けず発電が可能であり、発電効率も30%以上を達成できる。

一方で、中規模の小型風力発電タイプは一般的に数kW以上の発電容量を持つことになり、5〜20kW/日にもなる（図3・2・3）。中規模の小型風力発電機

器になると騒音や景観、場所などの配慮をしなければならない。

風力発電に用いられる風車は**回転軸**により分類するが、一般に、水平軸風車（回転軸が地面に対して水平な風車：**プロペラ型**、図3・2・4a）と垂直軸風車（回転軸が地面に対して垂直な風車：**ダリウス型**、図3・2・4b）がある。垂直軸風車は小型風車での採用例が多い。風力発電の系統連系において、DC（直流）リンク方式は、AC（交流）リンク方式に比べて出力変動の影響を受けにくく、安定供給が可能な電力として系統に連系できる。

（3）バイオマス

バイオマスは、地球上に存在する生物体であり、それらをエネルギー源として利用することをいう。バイオマスは再生可能なエネルギーのなかで唯一有機性であり、炭素を含むエネルギー資源である。このバイオマスを化石燃料の代替として利用すること

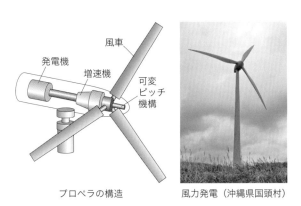
図3・2・2　風力発電の仕組み

表3・2・2　風力発電の特徴

長所	・自然のエネルギーを利用するため、なくなる心配がない。 ・発電時に二酸化炭素などを出さないため、環境にやさしい。
短所	・風の強い地域でないと発電効率が悪く、設置場所が限られる。 ・風の強さに左右されるので、発電が不安定になる。 ・騒音が出る。

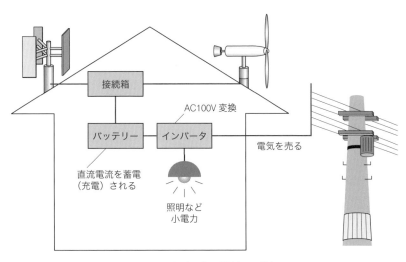
図3・2・3　小型風力発電利用の仕組み

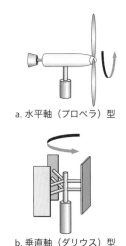
a. 水平軸（プロペラ）型

b. 垂直軸（ダリウス）型

図3・2・4　小型風力発電機器

により、化石燃料使用量の削減を図ることは、地球温暖化防止対策の1つとして注目されている。バイオマス発電は木屑や燃えるゴミなどを**燃焼する際の熱を利用して電気を起こす発電方式**である（図3・2・5）。バイオマス発電の特徴を表3・2・3に示す。

（4）水力

　水が高い所から低い所へ落ちる力を利用して水車を回し、発電機が回ることで電気をつくる仕組みである（図3・2・6）。水車を回すには、たくさんの水を必要とするので、川にダムをつくって水を堰止めて利用する。水力発電のなかには、夜間に火力発電所や原子力発電所でつくられた電気で水を汲み上げ、昼間の電気がたくさん使われる時に、この水を落として発電に使う揚水発電所もある。水力発電の特徴を表3・2・4に示す。

（5）海流力

　海流発電は、海水の流れの海流運動エネルギーを利用し、海流発電機である羽根が回転して電気に変換させるシステムである（図3・2・7）。エネルギーの効率は20〜45%であり、比較的効率が高いシステムである。

　海流は太陽熱と偏西風などの風により生じる海の大循環流であり、地球の自転と地形によりほぼ一定の方向に流れている。幅100km、水深数百mと大規模である。日本列島周辺には黒潮が流れており、海流発電の候補海域である地域が多く存在する。技術の進歩や経済的に実現可能性があり、2017年に実証実験が行われ、風力発電とコスト競争できる環境が整ってきている。海流発電の特徴を表3・2・5に示す。

（6）潮力

　潮力発電（潮汐発電）は、潮汐による海水の移動が持つ運動エネルギーを電力に変える発電で、**海流発電の一種**である（図3・2・8）。発電の際に二酸化炭素の排出がなく、運転による環境負荷は小さいが、大規模な施設では建設により永続的な負荷を与えることがある。潮力発電の特徴を表3・2・6に示す。

図3・2・5　バイオマス発電の仕組み
ゴミの山からエネルギーを生産する焼却炉（ソウル）

表3・2・3　バイオマス発電の特徴

長所	・大気中の二酸化炭素を増やさない。 ・自然エネルギーを利用した発電方法の中では、連続的に資源を得られるため安定している。
短所	・発電効率が低い。 ・資源の収集や運搬・管理に費用がかかる。

表3・2・4　水力発電の特徴

長所	・エネルギー変換効率が高く、温室効果ガスを排出しない。 ・発電や管理のコストが安い。 ・電力需要の増減に対応して発電できる。
短所	・ダムは環境や生態系に影響を及ぼす。 ・降水量によって発電量が左右される。 ・ダムの新造には費用がかかる。

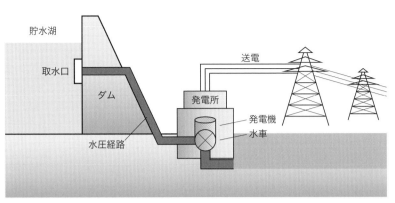

水力発電（奥多摩小河内ダム）

図3・2・6　水力発電の仕組み

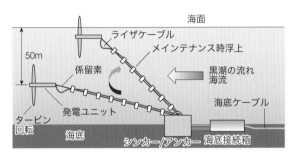

図3・2・7　海流発電の仕組み

表3・2・5　海流発電の特徴

長所	・黒潮の約150km、水深50mの断面におけるエネルギーポテンシャルは、2.1GW程度である。 ・二酸化炭素を排出しないため、環境負荷が極めて小さい。 ・風力発電や、太陽光発電のように天候に左右されない。 ・空気と比べると海水の密度は1,000倍近く大きいため、発電源として比較的安定している。
短所	・タービン翼の製造コストが高い。 ・タービンが鋳造品である場合は製造できる大きさに限界がある。直径11m程度FRP品の場合は強度に不安があり、実用化には増速器等の設置や流速を上げる施設が要求される。 ・技術の進歩や経済的に実現可能性があり、風力発電並みに整備できるとコスト競争できる環境が整ってきている。

表3・2・6　潮力発電の特徴

長所	・燃料が不要で有害な排出物がない。 ・水の密度が大きいためエネルギーの集中が可能。 ・潮汐現象を利用しているため、風力発電とは異なり、出力の正確な予測による電力供給ができる。
短所	・貝などの付着の除去や機材の塩害対策等に維持管理費がかかる。 ・耐用年数が5〜10年と短いためにコストパフォーマンスが悪い。 ・漁業権や航路など様々な制約から設置場所が制限される。

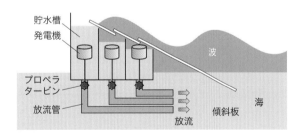

図3・2・9　波力発電の仕組み

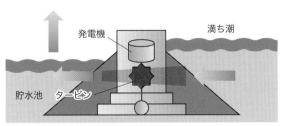

a. 満潮時の発電

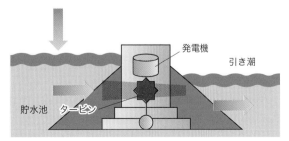

b. 干潮時の発電

図3・2・8　潮力発電の仕組み

地球の自転や月の公転に伴って海水には潮汐力が働く。そのため、時刻によって潮位が変動し、入口の広い湾内では**干満の差が大きい**。その満潮時には堰を開放し、湾内に海水を導入する。そして、干潮時に堰を閉鎖し、海水をタービンに導入する。このタービンの回転力を利用して、発電機を回す。低落差の水力発電の一種ともいえる。

(7) 波力

波力発電は、主に海水などの波のエネルギーを利用する発電方法で、海流を利用したもの、**波の上下振動**を利用したものまで様々なタイプのものがある（図3・2・9）。面積当たりのエネルギーは、太陽光の20〜30倍、風力の5〜10倍である。設置場所、発電機器タイプは自然環境、気象により変動がある。風力などと比べ波の状況は予測しやすく、発電量の見通しが付けやすいといわれている。波力発電の種

表 3・2・7　波力発電の種類

振動水柱型空気タービン方式	没水部の一部が開放された空気室を水中に設置し、ここから入射した波で空気室内の水面が上下し、上部の空気口に設置した空気タービンが往復空気流で回転する。空気タービンには、往復空気流中で同一方向に回転するウェルズタービンが使用される。
ジャイロ方式	波の上下動をジャイロにより回転自動運動に変換する。従来のタービン方式と比較して2倍以上の効率が期待できる。
振り子方式	海面下の渦定常波を利用して、設置された振り子により油圧ポンプを駆動し、それを油圧タービンモータで回転運動に変換し、発電機を駆動・発電するもの。この方法は、海面の波が荒くても、安定した波動を得ることが可能である。

類を表3・2・7に示す。

● 2 太陽エネルギー

(1) 太陽光発電

太陽光発電は、太陽エネルギーを吸収して、太陽電池で直接電気をつくる手法である。太陽電池は、P型シリコン半導体（＋）とN型シリコン半導体（－）を張り合わせてある。この2つの半導体に太陽光が当たれば電気が発生する（図3・2・10）。

太陽光発電設備の太陽電池には、エネルギー変換効率の良いものから、結晶シリコン系（単結晶・多結晶）、薄膜シリコン系（アモルファスシリコン・微結晶シリコン）がある。**単結晶シリコン太陽電池**のほうがエネルギー変換効率が高い。太陽光発電の特徴を表3・2・8に示す。

a) パワーコンディショナー（パワコン・PCS）

太陽光発電システムの構成要素の一つであるパワーコンディショナー（図3・2・11）は、直流電力を交流電力に変換するためのインバータと、系統連系保

表 3・2・8　太陽光発電の特徴

長所	・自然のエネルギーを利用するために、なくなる心配がない。 ・発電時に二酸化炭素などを出さないため、環境にやさしい。 ・仕組みが単純なため、管理しやすい。
短所	・大量の電気をつくるためには、広大な土地が必要になる。 ・エネルギー密度が低い。 ・雨や曇りの日、夜間は発電できないなど、自然条件に左右される。 ・費用が高い。

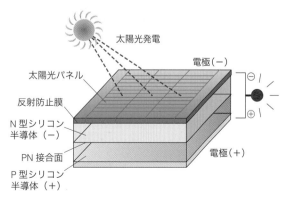

図 3・2・10　太陽光発電の仕組み

図 3・2・11　パワーコンディショナー

護装置[*1]、制御装置が組み合わされたものであり、**蓄電池は含まれていない。**

太陽光発電システムに使用される配線は、アレイ（モジュール）からパワーコンディショナーまでの**直流配線**と、パワーコンディショナーから配電盤までの**交流配線**がある。

b）太陽光発電システム

太陽光発電システムはインバータ配電器で電気を生産し、主に家電製品に使うアクティブ手法のエネルギーである。物質に光が当たると、その物質から電子が外に飛び出してしまう**光電効果**と呼ばれる原理を利用して発電を行う。

逆潮流は、コージェネレーションシステムや太陽光発電システムなどで系統連系を行う場合に、需要家側から商用電力系統へ向かう電力潮流のことである。すなわち、自家発電した電力を電力会社に売ることを意味する（図3・2・12）。

太陽光発電システムの年間発電量を大きくするためには、太陽電池パネルの方位を**真南にし、傾斜角度は 30° 程度で設置する**（図3・2・13）。

（2）太陽熱利用

太陽熱は集熱器を使って熱を生産し、主に給湯や暖房に使うパッシブ手法である（図3・2・14 ～ 3・2・17）。屋根の上に集熱器のパネルを設置し、太陽熱を吸収する。

太陽熱利用は太陽の赤外線を、お湯や温風などのエネルギーに変換することで、より効率的に**給湯や暖房**として利用することができる。太陽熱を利用できるのは給湯や暖房に限定されるが、エネルギー変換効率が高く、太陽光発電より安価で、設置スペースも狭い範囲で済むので設置しやすい。太陽熱利用システムはガス代の節約になるが、天候に左右されてしまう点が短所である。

このような太陽熱を直接利用する手法をダイレクトゲイン（**➜ 1-4 日照・日射 p.37 参照**）という。

・給湯エネルギー消費係数（CEC/HW）

給湯設備のエネルギー消費量（消費係数（CEC/HW））は、給湯設備で必要とする年間のエネルギー総量や配管の熱損失などを加算した値を年間仮想給湯負荷（水から熱損失なしで湯をつくるのに必要となる総熱量）で除した値である。小さいほうが省エネルギーに有効であり、この値によって、効率良く利用されているかどうかがわかる。すなわち、給湯設備は、給湯エネルギー消費係数（CEC/HW）が小さくなるようにシステムを計画する。

$$給湯エネルギー消費係数（CEC/HW）= \frac{年間給湯消費エネルギー量〔MJ/年〕}{年間仮想給湯負荷〔MJ/年〕}$$

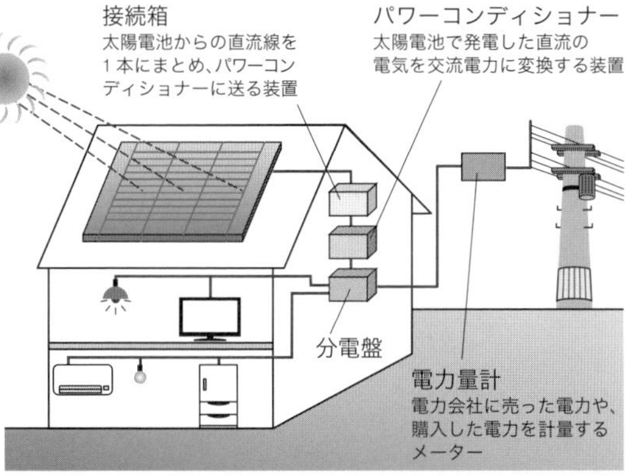

図3・2・12　太陽光発電の利用

図3・2・13　太陽電池「ソーラーパネル」（福島県前沢曲家集落）

＊1　系統連系保護装置：発電機側にトラブルが発生した場合、系統連係する電力会社側に影響しないように設けた遮断装置。

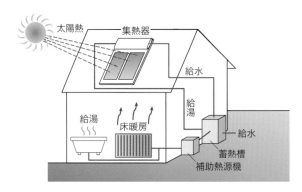

図3・2・14　太陽熱利用の仕組み

a. 真空ガラス管型

b. 平坂型

図3・2・15　集熱器

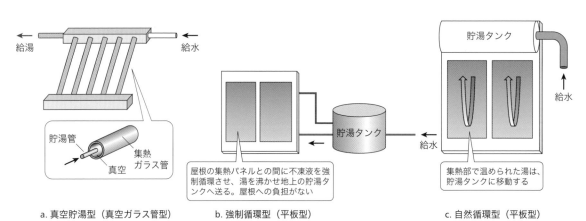

a. 真空貯湯型（真空ガラス管型）

b. 強制循環型（平板型）

屋根の集熱パネルとの間に不凍液を強制循環させ、湯を沸かせ地上の貯湯タンクへ送る。屋根への負担がない

c. 自然循環型（平板型）

集熱部で温められた湯は、貯湯タンクに移動する

図3・2・16　太陽熱温水器の仕組み

太陽熱利用

太陽光発電利用

図3・2・17　太陽エネルギー利用の実例（香川県丸亀市笠島町）

3-3 省エネルギー手法

🔋 1 熱の制御

(1) 日射遮蔽

日射遮蔽とは、窓から侵入する日射を遮ることである。室内の温熱環境を快適にするために、夏期には遮熱タイプのガラスを用いるなどして、窓から侵入する日射を遮ることで、室内気温を上昇させないようにする。特に夏は室内に侵入してくる熱の70%以上が窓ガラスを通過するものであり、夏場の対策が重要である。また開口部は、断熱性がほかの部位よりも低く、日射取得の多いことが室温上昇の要因になるため、夏場を快適に過ごすためには、いかに室内に日射を入れないかが大切である（➔ **1-4 日照・日射 p.37** 参照）。

a) 庇による日射遮蔽

図3・3・1のように庇や軒で太陽の日射を調節できる。庇や軒の役割は、夏期にできるだけ日射を入れないことであるが、冬期にはできるだけ日射を入れるようにしたい。特に窓の上に設置する庇の長さは、地域によって**太陽の高度**が違うので、その地域の風土に合う設計が必要である。例えば、沖縄の場合、図3・3・2のように庇の長さは窓底辺から庇までの高さの3/10の長さにすると適切である。

b) 軒による日射遮蔽

軒は窓だけではなく壁の日射遮蔽にかかわるので、軒の出の長さと床から軒までの高さは最も重要である。四季がある地域では、夏至の南中時の太陽高度（θ）を利用すれば、日射熱を最小限にする日射遮蔽の範囲がわかり、冬至の南中時の太陽高度を利用すれば、日射熱を最大限に取り入れる範囲がわかる。

図3・3・3はその地域における太陽高度による日射熱の遮蔽と取り入れの関係式である。軒の出の長さと、床から軒までの高さが計算できるため、その土地の温熱環境を考えることで建築物のデザインは自然に生まれてくる。

(2) 建築物の遮熱

遮熱は光を反射させることで室温上昇を防ぐことである。例えば、夏の日に窓から差し込んだ光が室内のブラインドに当たり続けていると、ブラインドの温度は高くなり、その熱が放射されると室内の温度が上昇する。こうした熱の放射によって、部屋が暑くなるのを防ぐのが遮熱である。日射遮蔽と似ている手法である。

a) 遮熱塗料

遮熱塗料は、太陽熱高反射率塗料と熱遮蔽塗料に分類される。**太陽熱高反射率塗料**は、太陽光のうち、近赤外線領域の光を高いレベルで反射する。特に白色は、反射効能がある。

熱遮蔽塗料は中空ビーズ（セラミックバルーン）を混入し、塗膜に空気層を設置して、熱を伝わりにくくしたものを中塗りとして用い、上塗りに高反射

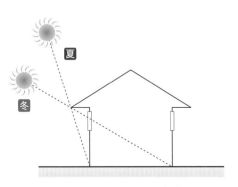

図3・3・1 軒・庇による日射遮蔽

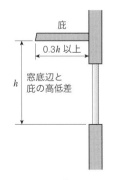

図3・3・2 庇の長さ（沖縄の場合）

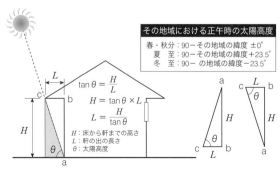

その地域における正午時の太陽高度
春・秋分：90−その地域の緯度 ±0°
夏 至：90−その地域の緯度＋23.5°
冬 至：90− の地域の緯度−23.5°

$$\tan\theta = \frac{H}{L}$$
$$H = \tan\theta \times L$$
$$L = \frac{H}{\tan\theta}$$

H：床から軒までの高さ
L：軒の出の長さ
θ：太陽高度

図3・3・3 軒の出と軒の高さの関係

率塗料を塗装する方法である（図3・3・4）。このタイプは防水はもちろん、**遮音効果**もある。

b) Low-E ガラス

Low-E（ローイー）ガラスは、Low（低い）、Emissivity（放射率）の2つの単語からなり、**低放射率**という意味である。熱は、伝導・対流・放射によって移動するが、この3つをある程度抑えることが可能である。

2枚のガラスの中空層にアルゴンガスを封入し、この層を真空にすれば、熱移動の伝導、対流を防ぐことができ、断熱性能が高くなる（図3・3・5a）。

Low-E複層ガラスには室外側に用いる**遮熱タイプ**と、室内側に用いる**断熱タイプ**の2種類がある。室外側に遮熱タイプのLow-Eガラスを配すると冷房効率が向上する（図3・3・5b）。

暖房時の断熱性を高くするためには、室外側よりも室内側にLow-Eガラスを用いたほうが良い（図3・3・5c）。また、Low-E複層ガラスは結露が発生しにくく、カビなどの繁殖も抑えることができる。

（3）建築物の断熱

a) 鉄筋コンクリート外断熱

RCなど熱容量の大きな材料を使用する建築物では、**外断熱**のほうが断熱工法として冬期結露対策上

有効である。外断熱は内断熱より内部温度差が少ないため、壁体内で、低温の場所ができにくいので結露しにくい（➜ **1-3 結露** p.30 参照）。

b) 木造の断熱工法

・充填断熱工法

図3・3・6aのように主に繊維系の断熱材を用い、柱など構造部に充填する方法。

・外張り断熱工法

図3・3・6bのように発泡系などの、ボード状の断熱材を構造体の外側に張る。

・付加断熱工法

図3・3・6cのように充填断熱工法と外張り断熱工法を合わせた工法で、寒冷地に適用する。

図3・3・7は伝統民家の蔵であるが、屋根は空気層を持つ置き屋根で、壁は空気層のある土壁と板張りで断熱効果を増している。

（4）屋上緑化・壁面緑化

a) 屋上緑化

冷房負荷を低減するため、屋上・壁面緑化や屋根散水を採用すると良い。屋上緑化をする時は、防水への配慮がいる。また、植物育成には芝生で20cm、高木植栽なら1m以上、低木でも最低30cmは土壌

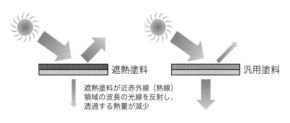

図3・3・4　遮熱塗料による日射遮蔽

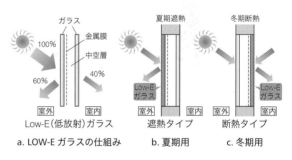

図3・3・5　Low-E ガラス

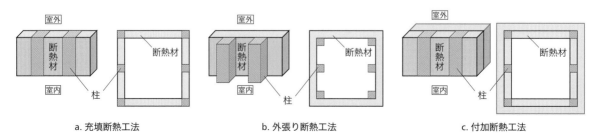

図3・3・6　木造の断熱

層を確保する必要があるので、構造上のチェックが必要である（図3・3・8）。

屋上緑化は、建築物の**温熱環境改善**だけではなく、**地球環境改善**にも寄与するものである。実験により日射量が多い沖縄地域で、屋上緑化をした建築物の室内気温が、コンクリートの平屋根より4〜6℃低くなることがわかった。

屋上緑化を導入する場合、冷房負荷の低減を期待するためには、葉表面からの水分の蒸発散が大きい植物を選んだほうが良い。その理由は屋根表面温度が上がらないからである。

b）壁面緑化

壁面緑化は、屋上緑化と同等の効果をもたらす（図3・3・9）。ゴーヤカーテンなどに代表される、夏期における日射面への壁面緑化、特にガラス面の緑化は、外部からの日射遮蔽効果が大きい。

c）緑化対策

屋上や壁面の緑化は、日射の遮蔽、葉面や土壌表面からの蒸発散による表面温度の低下（冷却効果）、

さらに土壌の断熱性能による省エネルギー効果が期待できる。また、植物の光合成により、温室効果ガスである二酸化炭素も吸収でき、ヒートアイランド現象緩和の有効な手法である。

🔘 2 ペリメーターレス手法

ペリメーターレス手法は、ペリメーターゾーン（→ **2-1 空気調和設備** p.103 参照）に、建築的手法と設備的手法とを組み合わせて熱負荷を可能な限り減少させ、ペリメーターゾーンをインテリアゾーンに近い温熱環境とすることである。そうすることで省エネにつながる。

（1）エアフローウィンドウ

エアフローウィンドウ方式は、二重窓の中にブラインドを組み込み、**室内の空気を二重窓の下部より取り入れ、上部の排気ファンにより夏期は室外へ排出し、冬期は室内へ戻す**ことで、熱負荷の大きい窓面の熱・光・視環境を良好にすることができる。事

図3・3・7 伝統民家の蔵の断熱（岩手県遠野市千葉家）

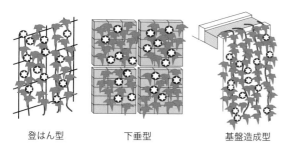

| 登はん型 | 下垂型 | 基盤造成型 |

図3・3・9 壁面緑化

遮蔽ブロックを利用した屋上緑化

夏期：緑化表面温度 30 〜 35℃

屋上緑化
軽量土
基盤土
モルタル
屋上スラブ

モルタル表面温度 28 〜 30℃

夏期：RC 造表面温度 50 〜 55℃

モルタル
屋上スラブ

図3・3・8 屋上緑化とRC造屋根の比較

務所ビルにおいて、日射による窓部からの熱負荷を抑制するために採用すると有効である（図3・3・10）。

（2）ライトシェルフ

ライトシェルフ方式は図3・3・11に示すように、窓部分に取り付けた庇によって直射日光を**遮蔽**しつつ、庇上面で反射した自然光を室内の奥に採り入れる**採光手法**である。室内照度の均斉度を高めることができる。

（3）エアバリア

エアバリア方式は、窓の室内側にブラインドを設置し、室内の窓下に設置した**送風ファン**で風を窓側に送ることによって、エアカーテンをつくる方式である（図3・3・12）。

（4）ダブルスキン

ダブルスキン方式は、外壁の外側をガラスで覆いその間にブラインドを設置し、自然換気により、その中に溜まった熱を排気または回収再利用することで、高い断熱性・日射遮蔽性がある。すなわち、外壁の一部またはすべてをガラスの**二重構造**とし、その中間の空気の換気による熱負荷低減、および室内の窓際の環境改善を図ったものである（図3・3・13）。窓システムにおいて、日射による窓部からの熱負荷低減を図るには、**エアバリアよりダブルスキンのほうが、効果が高い**。

演習問題―3・2　自然エネルギー利用｜3・3　省エネルギー手法

1) 再生エネルギーにはどのようなものがあるか調べよ。
2) 太陽光発電の仕組みについて説明せよ。
3) 太陽熱利用の例を挙げよ。
4) 給湯エネルギー消費係数値について説明せよ。
5) ペリメーターレス手法について述べよ。

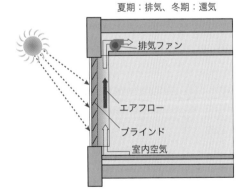

図3・3・10　エアフローウィンドウ

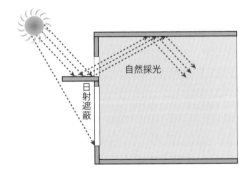

図3・3・11　ライトシェルフ

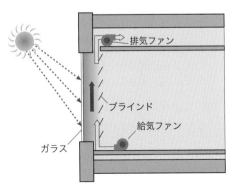

図3・3・12　エアバリア

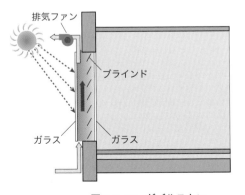

図3・3・13　ダブルスキン

【1】省エネルギー利用に関する次の記述のうち、**最も不適当な**ものはどれか。

1. 地中熱は、安定した地中の熱を利用し、冷暖房や給湯、融雪などに利用することができる。

2. 太陽光発電量を大きくするためには、方位は真南、傾斜角度は30°程度で太陽電池パネルを設置した。

3. 給湯設備のエネルギー消費量は、給湯設備で必要とする年間のエネルギー総量や配管の熱損失を加算した値を年間仮想給湯負荷で除した値である。

4. ダイレクトゲイン方式とは、日射熱を直接、床や壁に蓄熱し、夜間時に放熱させる方式である。

5. 暖房時の断熱性を高くするためには、Low-E複層ガラスにおいて、室内側よりも室外側にLow-Eガラスを用いたほうが良い。

【2】省エネルギー利用に関する次の記述のうち、**最も不適当な**ものはどれか。

1. 深さ10〜100mの地中温度は、その地域の年平均気温よりわずかに高く、年間を通じて安定している。

2. 給湯エネルギー消費係数（CEC/HW）の値は大きいほうが省エネルギーに有効である。

3. 太陽光発電システムに使用される配線は、アレイ（モジュール）からパワーコンディショナーまでの直流配線と、パワーコンディショナーから配電盤までの交流配線とがある。

4. 冷房負荷を低減するため、屋上・壁面緑化や屋根散水を採用する。

5. 屋上緑化で冷房負荷を低減するためには、葉表面からの水分の蒸発散が大きい植物を選んだほうが良い。

【3】省エネルギー手法に関する次の記述のうち、**最も不適当な**ものはどれか。

1. エアフローウィンドウ方式は、室内の空気を下部より取り入れ、上部の排気ファンにより夏期は屋外へ排出する。

2. ライトシェルフ方式は、水平庇により日射を遮蔽し、庇上部の窓から自然光を室内に導く手法である。

3. エアバリア方式は、窓の室内側にブラインドを設置し、室内の窓下に設置した送風ファンで風を窓側に送り、エアカーテンをつくる方式である。

4. ダブルスキン方式は、外壁の外側をガラスで覆い、その間にブラインドを設置するもので、その中に溜まった熱は、排気または回収再利用できない。

5. 再生可能エネルギーは、自然界のエネルギーを利用するもので、太陽光、風力、水力、地熱、バイオマスなどがある。

【4】省エネルギー利用に関する次の記述のうち、**最も不適当な**ものはどれか。

1. 太陽光発電設備の太陽電池には、薄膜シリコン系より結晶シリコン系のほうがエネルギー変換効率が高い。

2. 太陽光発電システムの構成要素の一つであるパワーコンディショナーは、蓄電池を含む。

3. 逆潮流は、コージェネレーションシステムや太陽光発電システムなどで系統連系を行う場合に、需要家側から商用電力系統へ向かう電力のことである。

4. 風力発電に用いられる垂直軸風車は小型風車なので採用例が多い。

5. エアフローウィンドウ方式は、負荷などの大きい窓面の熱・光・視環境を良好にすることができる。

【5】省エネルギー手法に関する次の記述のうち、**最も不適当な**ものはどれか。

1. 風力発電の系統連系において、AC（交流）リンク方式は、DC（直流）リンク方式に比べて出力変動の影響を受けにくく、安定供給が可能な電力である。

2. ペリメーターレス手法は、ペリメーターゾーンをインテリアゾーンに近い温熱環境とする。

3. ライトシェルフは、庇上面で反射した昼光を室内の奥に採り入れ、室内照度の均斉度を高める。

4. ダブルスキンは、外壁の一部またはすべてをガラスの二重構造とし、室内の窓際の環境改善を図る。

5. 太陽光発電のパワーコンディショナーには、インバータ、系統連系保護装置、制御装置などがある。

3-4 省エネルギー技術

● 1 省エネルギー設備

(1) ヒートポンプ

ヒートポンプ（heat pump）は、熱媒体や半導体などを用いて低温部分から高温部分へ熱を移動させる技術である。外気の熱を汲み上げるという意味からヒートポンプと呼ばれる。手法はいくつかあるが、主流は気体の**圧縮・膨張**と**熱交換**を組み合わせたものである。

ヒートポンプは、少ない投入エネルギーで、空気中などから熱をかき集めて、大きな熱エネルギーとして利用する**エコ技術**である（図3・4・1）。

また、地中熱をヒートポンプで利用すると効果的な省エネルギー方法になる（図3・4・2）。ヒートポンプを利用すると、使ったエネルギー以上の熱エネルギーを得ることができるため、大切なエネルギーを

有効に使えて、二酸化炭素排出量も大幅に削減できる。

熱媒体は機器の用途によって呼び方が変わり、冷却機器であれば冷媒、加熱機器であれば熱媒とも呼ばれる。熱媒体を用いるヒートポンプによる熱移動では、可逆（逆の順番も可能）な発熱と吸熱を利用する。冷房時は、室内の空気から**吸熱**し、室外の空気に**発熱**する。暖房時は、室外の空気から吸熱し、室内の空気に発熱する。

ガスエンジンヒートポンプは、暖房時において、ヒートポンプ運転により得られる加熱量とエンジンの排熱量とを合わせて利用できる。

(2) エコキュート

エコキュートの正式名称は自然冷媒ヒートポンプ給湯機であり、ヒートポンプ技術を利用し空気の熱で湯を沸かすことができる電気給湯機である。冷媒として、フロンではなく二酸化炭素を使用している。

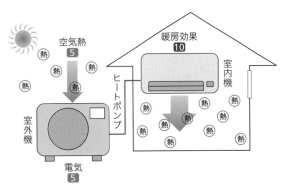

図3・4・1　ヒートポンプの仕組み

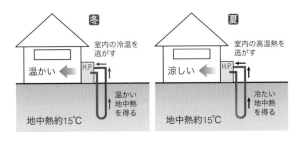

図3・4・2　地中熱をヒートポンプで利用

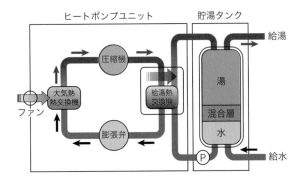

図3・4・3　エコキュートの仕組み

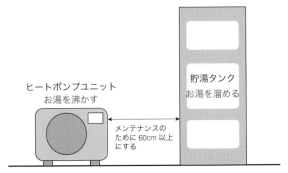

図3・4・4　エコキュートの設置

196

ヒートポンプユニットと貯湯タンクで構成される（図3・4・3、図3・4・4）。ファンを回転させ外気を大気熱交換器（ヒートポンプ内）に取込み、ユニット内の二酸化炭素を暖める。この時に、ヒートポンプ内の低温の冷媒を暖めるのは、冷媒より高い温度の外気である。暖められた二酸化炭素を圧縮機に送り圧縮することで、約90℃の高温にする。この高温になった二酸化炭素により別の熱交換器を介してタンクの水を温め、冷媒の熱エネルギーを水に転移し湯とする。

ファンを回転させることを除けば、基本的に圧縮機駆動に電力が使われるのみであり、通常の電熱機器より発熱の効率が3〜5倍良好だが、外気温が下がると能率が低下し他熱源とのコストメリットが低下することがある。

（3）エコアイス

エコアイスとは夜間電力の安い時に氷をつくっておき、それを昼間冷房に利用するシステムのことである（図3・4・5、図3・4・6）。ビルは一般の住宅とは違い、窓の開閉をして室温や湿度を調整することができない。

ビルが大きくなるほど空調システムが重要になってくるが、かつてビルの冷房といえば水冷式エアコンが一般的で、水を利用して空気を冷やしていた。

氷蓄熱式の空調システムは氷を使う分、水冷式に比べ光熱費が節約でき、排熱も抑えられる。また、冬は同じ時間にお湯をつくり、暖房に活用することもできる。

（4）エネファーム

エネファームとは、家庭用燃料電池コージェネレーションシステムの愛称である。都市ガスやLPガスを燃料とし、ガスエンジンで発電を行い、発電をする時の熱を有効利用することで、省エネになる（図3・4・7、図3・4・8）。エネファームの特徴は燃料電池とコージェネレーションを組み合わせて活用していることで、電気代削減や非常用の発電などに役立つ設備である。

オール電化と比べ、常時即座に大量の熱湯を供給可能で、電気使用量が減り光熱費の削減を図れる。都市ガス・LPガス・灯油などから、改質器を用いて燃料となる水素を取り出し、空気中の酸素と反応させて発電するシステムで、発電時の排熱を給湯に利用する。なお、発電の際には水素を用いるため二酸化炭素が発生しないが、改質で水素を取り出す過程では二酸化炭素が排出される。二酸化炭素排出量が少なく環境に優しいことが長所である。また、自宅で発電をするため、送電ロスがほぼない。発電した分、電気使用量が減る（年間約40%削減）ため、電気料金が安くなる。出力は、発電出力750〜1,000W程度、排熱出力1,000〜1,300W程度である。

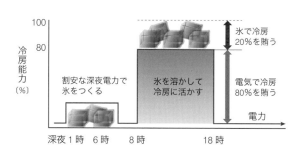

図3・4・5　エコアイスの仕組み

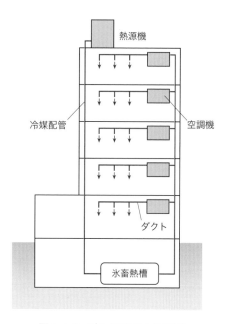

図3・4・6　ビルのエコアイス設備

(5) ナイトパージと外気制御

　ナイトパージとは、夏期の冷房時に、昼間に建築物内部・躯体に蓄積された熱を、温度が低い**夜間**に換気を行う（外気を取り入れ、室内の空気を排出する）ことで冷房負荷を軽減する方法である（図3・4・9）。すなわち、外気温度が建築物内の温度以下となる夜間を中心に、**外気を室内に導入する**ことで躯体などに蓄冷する方法であり、冷房開始時の負荷を低減し、**省エネルギー化**を図ることができる。

　ナイトパージは内部発熱量の多い建築物、断熱性や気密性の高い建築物などで特に有効な空調システムである。

　外気制御は、冬期や春、秋といった中間期のように外気温が室内の設定温度より低い時に外気を積極的に取り入れることで、冷房負荷を軽減して省エネ

を図ることができる。なお、直接外気を取り込むので、除湿や加湿、除塵処理などが必要になる（図3・4・10）。

(6) 高効率照明

　近年の住宅、ビル、店舗などの照明器具は白熱灯や蛍光灯から LED 照明が利用されるようになって発熱量もだいぶ抑えられるようになった。このような高効果照明は、室内熱負荷の低減が期待できる省エネルギー手法である。

　LED 照明は、発光ダイオード（LED）を使用した照明器具のことで、現在は照明器具の主力光源となっている。（**→ 1-5 採光・照明 p.49、2-7 照明・通信設備 p.156** 参照）。LED チップの基本構造は、P 型半導体（＋：positive 正孔が多い半導体）と N 型半導

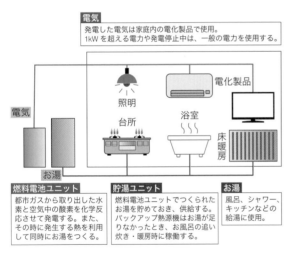

図3・4・7　エネファームの仕組み

図3・4・8　エネファームのユニット

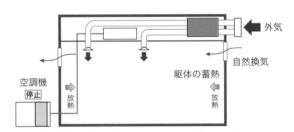

換気により夜間に外気を取り込み、室内熱を取り除く

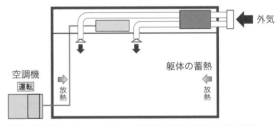

夜間に熱が排出されているため、翌朝の冷房の立ち上がりが早い

図3・4・9　ナイトパージ

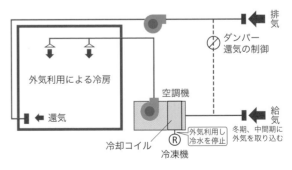

図3・4・10　外気制御

体（−：negative 電子が多い半導体）が接合された
PN 接合で構成されている（図3・4・11）。光の波長は
450 nm 前後が青色、520 nm 前後が緑色、660 nm 前後
が赤色である。この波長の違いが、LED の発光色を
決めている。白色光は R（赤）G（緑）B（青）の3
原色を混色して自然な白色に見える。

　寿命が長く、定格寿命 40,000 時間タイプの場合、
$\dfrac{10 \text{時間}}{\text{日の点灯}}$ で約10年使用可能である（図3・4・12）。人
には見えない紫外線や赤外線をほとんど含まず、可
視光が効率良く得られ、紫外線による商品の退色や
赤外線による熱的負荷を軽減することができる。

　少ない消費電力で明るく点灯するので効率が良い。
白熱電球の約1/6 程度の電力で同じ光束が得られる。
そして、照明の電力消費量を減少させると、冷房用
エネルギー消費量も減少させることができる。低温
でも瞬時に点灯し、環境有害物質（水銀や鉛など）
を含まない。

　照明の省エネルギー手法のうち、**適正照度制御**は、
部屋の用途に合わせて目標照度を設定することで、
照度過多を適正な照度に抑制する制御である。例え
ば、人感センサー照明制御がある。**初期照度補正**は、

照明設置初期の段階で、過剰な明るさが出ないよう
に照明器具にインバータ安定器を内蔵し調整するも
のである。約 15% 程度の電気の節約が可能である
が、LED 照明の波に押されて消えゆこうとしている。
両者とも使用電力量を低減するためには自然採光と
人工照明を併用する。

（7）燃料電池

　燃料電池の発電の原理は、水の電気分解と逆の反
応を利用したもので、**水素と酸素が結合して電気と
水が発生**する化学反応である。乾電池などの一次電
池や、充電してくり返し使用する二次電池のように、
蓄えられた電気を取り出す電池とは異なり、水素と
酸素の電気化学反応により発生した電気を継続的に
取り出すことができる**発電装置**である（図3・4・13）。

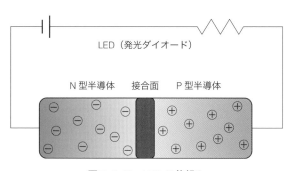

図3・4・11　LED の仕組み

図3・4・12　LED 照明

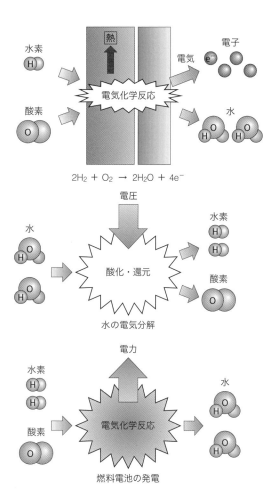

図3・4・13　燃料電池の仕組み

従来の発電では、ボイラーで燃やすことによって化学エネルギーから熱エネルギーをつくり、その熱エネルギーを運動エネルギーに変えてタービンを回し、電気エネルギーに変換するという過程が必要である。そのため変換の際のエネルギー損失が多く、発電効率が良くない。

一方、燃料電池は電気化学反応により直接電気エネルギーに変換するので、発電効率が良い。燃料電池は、地球上に水素と酸素がある限り安定して発電できる、化学反応のみで発電するので騒音が発生しない、発電の際に排出されるのが水のみであり環境に優しいなどの長所があり、クリーンな次世代の発電装置として期待されている。

短所は、コストが高額であることと、寿命が10年程度と長くないことである。

(8) スマートハウス

スマートハウスとは、1980年代にアメリカで提唱された住宅の概念で、家電や設備機器を情報化配線などで接続し最適制御を行うことで、生活者のニーズに応じた様々なサービスを提供する家を示す。一般には太陽電池や蓄電池、エネルギー制御システムなどを装備した、**創エネ、省エネ、蓄エネ型住宅**を指す。

日本においては、1990年代のホームオートメーションブーム、松下電器産業（当時）によるHIIハウスが話題となった情報家電ブームに続き、2010年代にはアメリカのスマートグリッドの取り組みをきっかけとした、地域や家庭内のエネルギーを最適制御する住宅として再注目されている。

1990年代当時のサービスイメージとしては、外出先からプッシュホンにより電気錠やエアコンの操作を行うことができるテレコントロール、テレビ画面による家電機器のコントロール、ホームセキュリティ、ホームバンキングやホームショッピング、トイレで測定した尿検査や血圧データを活用した遠隔診断システムなどである。

2000年代にはそれらの取り組みが、住宅から家電へ、電話回線からインターネットへと変わる。想定されるサービスもネット接続され、最新の機能にアップデートできる電子レンジや洗濯機、携帯電話とWebカメラを活用した留守宅や高齢者の見守りシステムなど、家電のデジタル化やブロードバンド化を前提としたものへと変化している。

2010年代における解釈としては、HEMS（Home Energy Management System）と呼ばれる**家庭の省エネルギー管理システム**で家電、太陽光発電、蓄電池、電気自動車などを一元的に管理する住宅といえる。図3・4・14のように家でエネルギーをつくり、家電製

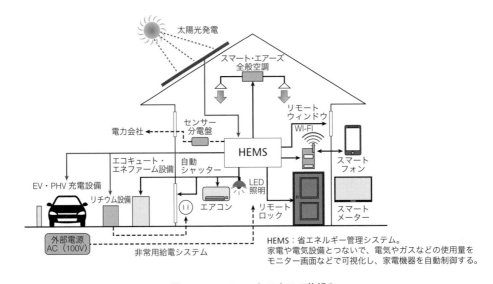

図3・4・14　スマートハウスの仕組み

品を賄い、空調、通信まで行う次世代システムである。

● 2 自然再生利用

(1) 地域冷暖房

　地域冷暖房は、一定地域内の建築物群に熱供給設備（地域冷暖房プラント）から、区域内各建築物に冷水・温水・蒸気などの熱媒を供給し、年間を通じ冷房・暖房・給湯などを集中供給するシステムである（図3・4・15）。地域冷暖房システムの活用は、未利用熱の活用（排熱の有効利用）による排熱削減が期待でき、ヒートアイランド現象の緩和に有効である。地域冷暖房の特徴を表3・4・1に示す。

　地域冷暖房の仕組みは、エネルギーセンターで蒸気・温水・冷水などを製造したり、下水処理施設やゴミ処理施設などの廃熱などを利用して、蓄熱槽に貯え、パイプラインである地域導管を通して各建築物に熱源を供給する。

　1875年、ドイツにおいて世界初の地域暖房、1893年にハンブルクでコージェネレーションによる地域暖房が開始された。以後、寒冷な北欧を中心に蒸気による暖房が徐々に設置されるようになり、1950年代には、都市開発に伴い急速に普及した。

　1970年代のオイルショック以降、石油代替エネルギー導入のために燃料転換や新規導入が行われた。また、温暖な地域においても、冷房・暖房双方を行うものが設置されるようになった。

(2) 雨水利用

　雨水利用の主目的は、敷地外への雨水排水の流出

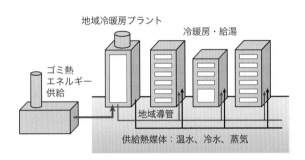

図3・4・15　地域冷暖房

表3・4・1　地域冷暖房の特徴

省エネルギー効果	未利用エネルギーの活用	・ゴミ焼却排熱、バイオマスエネルギー、未利用エネルギー ・河川水、海水、下水、地下水等の温度差エネルギー ・工場排熱 ・変電所、地下鉄、送電線等の排熱
	高効率システムの採用	・熱源機器の適正な台数分割による高効率運転が可能 ・コージェネレーションシステムの排熱利用量の拡大 ・大規模蓄熱システムによる夜間電力の活用と高効率運転 ・大温度差供給システムによる熱搬送動力の削減
	高度な運転技術による安定供給	・負荷予測による最適起動・停止の実施 ・運転データによるエネルギー管理 ・予防保全、劣化診断技術による熱源機器の高効率運転維持
環境保全効果	一次エネルギー削減	・二酸化炭素排出量の削減による地球温暖化対策への貢献 ・ヒートアイランド対策
	クリーンエネルギーの使用、低NO_xバーナーの採用	・NO_x、SO_xの削減による地域の大気汚染防止対策への貢献
地域の都市生活環境の向上効果	都市景観の向上	・冷却塔、煙突が不要または集中設置が可能となり、都市景観が向上
	地域の防災性、安全性の向上	・熱源の集中管理により安全性が向上・プラント内の蓄熱槽を消防用水に転用ができ、防災に寄与
	需要建築物の導入利点	・通年・24時間熱の利用が可能となり、利便性が向上 ・ボイラー等の熱源機器が不要となり、建築物の安全性が向上 ・熱源スペースの縮小により建築物の有効率が向上 ・冷却塔が不要となり、屋上を利用できるとともに、建築デザインの自由度が向上 ・熱源機器設備が不要となり、付属する電気設備や引込み設備、換気設備等を含めてイニシャルコストが低減できる ・建築物の規模によっては特高受電設備の回避も可能となる

の負荷を軽減し、貯水した雨水を利用することである。雨水利用システムにおける雨水の集水場所は、雨水の汚染度を考慮して、屋根や屋上が多い。

　効果的な雨水の集水は、屋根や屋上だけではなく、外壁、庇、ベランダなどから貯水槽に貯め、濾過装置で処理する。そして、洗車、トイレ洗浄水、樹木・芝生の散水などの生活用水、防火用水、冷却塔補給水などの雑用水に使用する。このように水道水を使わずに雨水を利用すれば、水道料金と下水道料金の節約にもなる。最近は、雨水貯留タンクの設置により雨水利用に対して補助金制度を設けている所がある。雨水利用の仕組みを図3・4・16に記しているが、利用できる雨水が不足する場合に備えて、上水など、ほかの水源からの補給水を考慮しなくてはならない。

　雨水利用は経済性の観点よりも、都市の貴重な水資源や環境における水循環の要として、今後は一般住宅向けの簡易処理による**雨水再利用**や、酸性雨対策、非常用飲用水源など、さらに多様な展開が期待されている（図3・4・17）。

（3）中水利用

　通常、水道水は生活用水として利用し、下水道に放流する。一方、中水は上水として生活用水に使った水を、下水道に流す前に再生処理をしてトイレ用水や散水、冷却・冷房用水、消火用水、清掃用水など雑用水として**再利用**するものである（図3・4・18）。

　中水は再生水とも呼ばれ、飲用水にはならないが、節水による環境保全や水道代のコスト削減に大きく役立っている。大量の水を使用する施設では中水設備は必須であり、学校のプールは濾過設備で水を処理し再利用している。

　また、家に雨水タンクを設置して溜めた雨水利用も「中水」に分類される。中水を使う長所は水を無駄なく使えるということである。

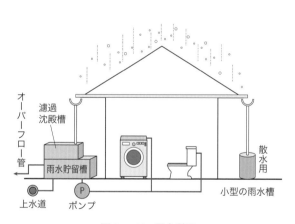

図3・4・16　雨水利用

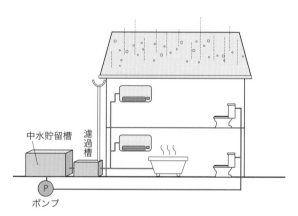

図3・4・18　中水利用

図3・4・17　雨水利用（富岡製糸場、約100年前に使われた雨どいを利用した防火用水）

3-5 蒸暑地の省エネルギー手法

蒸暑地では、冷房に頼りがちになるが、伝統方式である日影をつくり、風通しを良くして過ごすことが望ましい。しかし、都会や密集地域、集合住宅ではこのような環境をつくることは難しい。このような難問を解決するには、建築的な工夫が必要である。暑い地域における冷房負荷の削減や室内快適性を向上するには、日射熱を遮る**日射遮蔽**が最も重要である（→ **1-4 日照・日射** p.37 参照）。

(1) 日射熱の基本知識

太陽の表面温度は想像を超える高温である。地球まで伝わってくる熱は、図3・5・1のように宇宙の真空状態や地球の空気層により低減され、適温状態になることで地球の生き物が生存している。これは、宇宙の真空状態では伝導と対流の熱伝達がなく、赤外線による**電磁波**の放射熱だけを地球上で受けるからである。その太陽のエネルギーは図3・5・2のように熱や電気の資源として使われているが、夏期にはやっかいな**日射**になるので、この熱をどうやって遮るかが、蒸暑地における省エネルギー手法の鍵である。

晴天の日は、直達日射量が多く、天空放射量は少なくなる。しかし、地面や建築物などからの反射日射量も無視できない。日射量は屋根などの水平面では極めて大きくなる。垂直面である壁や窓、開口部では、南北面が小さく、東西面が大きくなる。また、透明部位と不透明部位による日射量の違いがある。

(2) 日射遮蔽の長所

太陽高度が高い蒸暑地は日射量が多く、太陽光が建築物に当たると熱に代わり、室内温熱環境を悪くする。上昇した室温を下げるには、通風では限界があり、冷房の負荷が増えるのが現実である。しかし、日射遮蔽手法によって日射進入量を低減させれば、冷房負荷を削減することができる。

蒸暑地では暖房に比べて冷房の使用期間と日中使用時間が格段に長くなる。日射遮蔽によって冷房の負荷を削減することは、省エネルギーにとって重要な役割である。また、日射進入を抑制すれば、外壁、開口部や屋根の表面温度の上昇を抑制でき、室温上昇を防ぐことができる。そうすることで、健康で快適な室内温熱環境をもたらすとともに光熱費も節約できる。

(3) 蒸暑地の省エネルギー手法の要素

・方位：南面は夏期の日射量が少なく、冬期には日

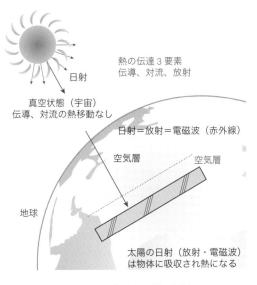

図3・5・1　太陽と日射の関係

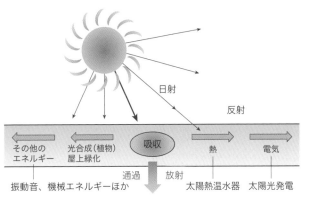

図3・5・2　太陽エネルギー

203

射量を大きく受けることができるため、できるだけ南向きにする。南向きでなければほかの日射遮蔽方法を考える。例えば花ブロックや緑化壁などで対応する。

・開口部：夏期の最多風向に開口部を設ける。風は体感温度と関係し、風があると2〜3℃は低く感じられる。

・屋根：空気層を持つ二重屋根にする。屋上緑化、遮熱塗料を利用する。

・壁：上記の方位が重要であり、二重壁や花ブロックを設置する。緑化壁を利用する。

・軒（庇）：軒や庇を設けることで、夏期の日射を室内に入れない工夫ができる。

（4）外部遮蔽装置による日射遮蔽手法

一度日射が室内に入ると室内温度が上昇するので、日射が入る前に遮蔽する必要がある。日射遮蔽は室内より室外側に設置すると圧倒的に効果がある。庇やルーバーは窓の一部だけに遮蔽効果があるが、軒や花ブロックの場合は、窓だけではなく、壁の一部または全体を遮蔽する効果がある。しかし、日照の問題が発生するので十分注意が必要である。遮蔽装置による遮蔽効果は遮蔽係数で表される。**遮蔽係数が小さいほど日射遮蔽効果が高く、省エネルギー**になる。

$$遮蔽係数＝\frac{遮蔽装置の窓に入射する日射量}{非遮蔽装置の窓に入射する日射量}$$

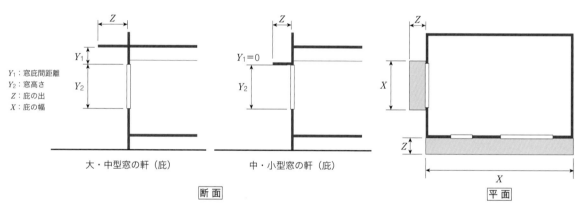

Y_1：窓庇間距離
Y_2：窓高さ
Z：庇の出
X：庇の幅

大・中型窓の軒（庇）   中・小型窓の軒（庇）

断面   平面

図 3・5・3　蒸暑地における軒（庇）の形態と寸法

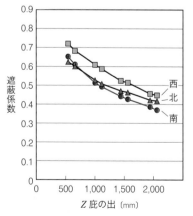

a. 設置方位の違いによる遮蔽係数
（Y_1 窓庇間距離 400、Y_2 窓高さ 2,000、庇の幅 X3,600）

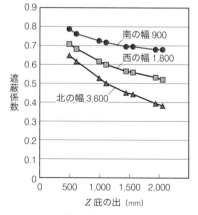

b. 庇の幅（X）の違いによる遮蔽係数
（Y_1 窓庇間距離 400、Y_2 窓高さ 2,000、設置方位：南）

図 3・5・4　庇の出寸法と遮蔽係数の関係（出典：省エネルギーセンターの資料をもとに作成）

a) 庇

庇は窓や壁に対して上方からの直達日射を遮蔽する。天気の良い時に最も日射遮蔽の効果があり、太陽高度が高い時には南面が有効である。蒸暑地における庇の形態と寸法を図3・5・3に示す。

図3・5・4のように、南面では庇の出寸法が大きいほど遮蔽効果は高くなる。この場合、太陽の移動により、日射は正面ばかりではなく、斜め方向からも入射するので、幅の広い庇を設置するほうが有効である。しかし、東西面では、太陽高度が低いので、壁面日射を受け、庇の効果が発揮できない。この場合は樹木、花ブロックの設置や縦ブラインドを設けると効果的である（図3・5・4）。庇の設置高さは、窓のすぐ上に設置することで、小さい庇でも日射遮蔽効果を高める（図3・5・5）。

b) 花ブロック

花ブロックは高い日射遮蔽効果がある装置であり、遮蔽係数は0.1以下、東西の方向にも遮蔽効果は高い（表3・5・1）。

花ブロックは空隙の面積が小さいほど日射の遮蔽効果が高くなる反面、日照効果が悪くなることを認識しなければならない。南面は庇でも日射遮蔽効果が高いので、南は日照を得ることを優先し、花ブロックは東または西のほうだけ設置すれば、採光とのバランスがとれた日射遮蔽計画になる（図3・5・6）。

c) ルーバー

ルーバーは、花ブロックと同じように窓などを面的に覆うことで日射遮蔽を行い、高い日射遮蔽効果がある。また、可動ルーバーの場合は時間帯や天候

表3・5・1 花ブロックの遮蔽係数

方位	遮蔽係数
東	0.06
西	0.06
南	0.02
北	0.03

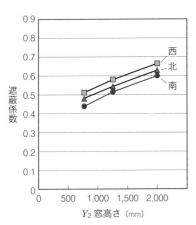

a. Y_1：400、Z：1,100、X庇の幅：1,800の場合

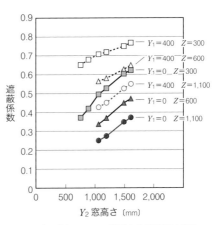

b. X庇の幅：1,800、設置方位が南側の場合

図3・5・5 窓高さと遮蔽係数の関係（出典：省エネルギーセンターの資料をもとに作成）

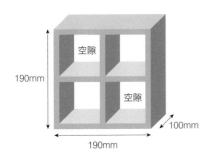

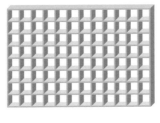

沖縄名護市庁の花ブロック

図3・5・6 花ブロックの形状

に応じ日射量を調節でき、採光や眺望も可能である。ルーバー隙間（H）が小さく、厚み（D）が大きいほど、日射遮蔽効果が高くなる。図3・5・7aで示すように隙間（H）が大きいルーバーの場合には、ルーバーの隙間から拡散光が入りやすく、屋外の眺望も得やすくなる。窓が少ない居室の窓に適切で、採光や眺望のバランスが取れるタイプである。図3・5・7bのような隙間（H）が小さいルーバーの場合には、日射遮蔽効果が高くなる。東西面の日射が多い窓に効果的である。

d) 遮蔽幕と緑化

外付けの日射遮蔽幕（ブラインドやスクリーンなど）は外部で日射を遮蔽するので、内付けのものよりも遮蔽効果が非常に高い。カーテンなどを使用し内部で日射を遮蔽したとしても、窓を通過してカーテンなどの表面に当たった熱のほとんどは室内に放熱されてしまい、室温が上昇するため効果的ではない。夏の直射日光は冷房による電力消費を増やしてしまう。

緑化は、断熱性というよりも、植物や土からの蒸発散作用に伴う潜熱の効果により、表面温度を下げることによって室内温度を下げることを目的とする。設計時には、植栽部分の生育後の荷重を見込んで荷重を検討する必要がある。また、維持管理にも配慮が十分必要であり、十分な排水対策、防水、漏水対策が求められる。

（5）躯体による日射遮蔽方法

躯体の日射遮蔽には、コンクリート躯体の屋根、壁の外側に空気層を設け躯体への日射熱の流入を通気によって排熱する手法を用いる。あるいは、躯体に断熱材を施工するか、躯体外表面の日射反射率を高くし、遮蔽係数を低くする（図3・5・8）。すなわち、通気、断熱、日射反射手法である。夏期において躯体に侵入する熱は、室内外の温度差による熱貫流と、直達日射や天空放射熱による日射熱侵入がある。熱貫流は断熱、日射熱侵入は通気と日射反射が有効である。

a) 通気

通気による対策は、通気層部分の換気回数が関係する。屋根の遮熱ブロック敷き込みによる通気層は、常に外気に開放される空隙が設けられており、必要な換気量は確保されているものと考えられる。このように外付けの通気は効果があるが、一方で屋根裏の通気層の換気量と換気回数も重要である。壁の場合はダブルスキンなどの工夫を施す。

b) 断熱

断熱による対策は、直達日射が当たる屋根を中心にすると有効である。躯体全体を断熱にすると冬期には有効であるが、夏期では室内の熱気の放熱を妨げ、逆効果になるので注意する。

c) 日射反射

日射反射率を向上させる方法として塗料がある。白色や淡色系の一般塗料、遮熱塗料を躯体表面に塗

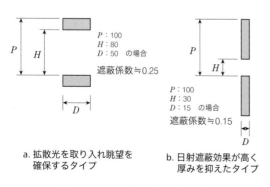

a. 拡散光を取り入れ眺望を　　b. 日射遮蔽効果が高く
　確保するタイプ　　　　　　　厚みを抑えたタイプ

図3・5・7　ルーバーのタイプと寸法

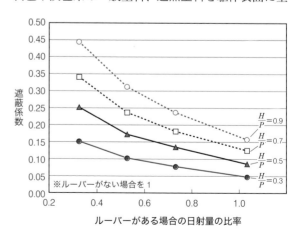

図3・5・8　ルーバーを設置する場合の遮蔽係数

布すると効果的である。しかし、長期的になると紫外線による劣化や外装表面の汚れなどで性能が低下するので、定期的な清掃や塗り替えなどのメンテナンスが必要である。

（6）屋根による日射遮蔽方法

緯度が低い蒸暑地では、屋根は直達日射の影響を最も受け、窓に次いで日射遮蔽を必要とする部位である。

a）日射遮蔽手法

屋根の**日射遮蔽**対策として断熱、通気、日射反射の関係をよく理解することが大切で、日射反射、日射遮蔽、断熱、通気いずれかの対策を選択して講じることが、効率的であるが、著者の研究によれば日射遮蔽が一番効果的であった。なお、蒸暑地で天窓を設ける場合は、日射遮蔽の工夫が必要であり、あまり勧められない。また、日射反射、遮蔽効果があれば、屋根に断熱材を施しても断熱材の断熱効果はあまりない。

b）日射遮蔽ブロック

屋根面上部に敷ブロックを設置することにより通気層を設ける方法は、直達日射の進入対策として優れている（図3・5・9、図3・5・10）。また、その空気層は通気によって天空日射による熱を遮る役割をし、屋根スラブを保護するので屋根部位は耐久性向上に大きな効果がある。

通気層の厚さは最低30mm以上確保し、十分に換気できる構造とするのが重要である。敷ブロックは

置くだけなので、新築だけではなく、既存建築物にも比較的設置しやすい。この場合は既存屋根の許容積載荷重に注意する。図3・5・11は空気層と断熱材による日射遮蔽効果を示しているが、日射遮蔽があれば断熱材はどこに入れても効果がない。A〜Dまでは断熱材が入った構成で、熱貫流率は同じである。また、Eは断熱材がなく板一枚であり、熱貫流率が大きく室内温度は高くなると思われるが、実際にはこの板一枚の遮蔽効果により、断熱材を入れた屋根より温度差は小さい。図3・5・12は日射遮蔽の種類別に室内外の温度差を比較した図である。日射量が多いほど、屋根＋壁面の遮蔽設置のほうが非遮蔽、断熱材より室内温度が低くなる。

（7）材料表面の日射率

外装表面の遮蔽性能を検討する時に図3・5・13に示した材料別の数値を参照すると良い。

材料表面の日射吸収率A_1は下の横軸に、日射反射率A_2は上の横軸に示す。日射を通過しない建築材料の場合、$A_1 + A_2 = 1$の関係である。

材料表面の長波長放射率B_1は左の縦軸に、長波長反射率B_2は右の縦軸に示す。これらの値も日射を透過しない建築材料の場合、$B_1 + B_2 = 1$となる。通気層や中空層内部の遮熱設計を検討する時にこの数値を利用する。

図3・5・9　空気層の日射遮蔽ブロック

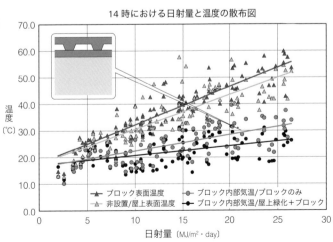

14時における日射量と温度の散布図

図3・5・10　遮蔽ブロックと屋上緑化の効果
（測定場所：沖縄県糸満市、㈱伊是名ブロック工業との共同研究）

207

a) 日射反射率

1に近いほど日射反射性能が良く、数値が小さいほど反射性能が劣る。

b) 日射吸収率

1に近いほど日射反射性能が悪く、数値が小さいほど反射性能が優れる。

c) 長波長放射率

長波長放射率とは、日射を除く約3 ㎛以上の比較的長い波長の熱放射に関する放射率[*1]を意味する。

躯体内部における熱抵抗を高めると、長波長放射率を向上できる。これは、外装材裏面か躯体表面のどちらかに長波長放射率の高い材料（または塗料）を設置する方法で、日射侵入率を大きく削減できる。この方法は、必ずしも通気層のみに使えるものではなく、密閉された中空層にも適用可能である。

通気層を設けて**アルミ箔が裏打ちされた外装材**を使用する方法などがあり、新築ばかりではなく、既存住宅にも比較的簡単に適用できるが、アルミは塩分に弱いので、海に近い蒸暑地には塩害対策などへの配慮が必要である。

(8) 放射冷房

放射冷暖房方式は主に、各部屋に設置する**ラジエーター**と冷温水をつくる室外機、それらをつなぐパイプから構成される。ラジエーターは金属製と樹脂製があり、室外機はエアコンと同様にヒートポンプ式である（図3・5・14）。

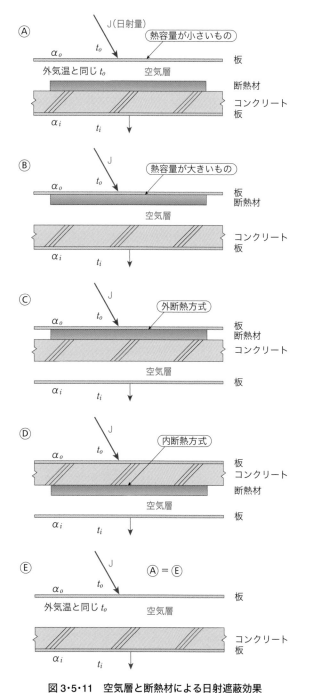

図3・5・11　空気層と断熱材による日射遮蔽効果

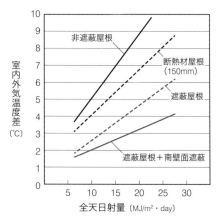

図3・5・12　日射遮蔽効果による室内外温度差の比較

＊1　放射率：完全黒体（すべての放射を完全に吸収する仮想的な物体）の放射エネルギーに対する、その物体の放射エネルギーの比率。すべての物体は温度（絶対温度）の4乗に比例するエネルギーを放射している。しかし、同じ表面温度であっても物体の色など表面の状態により放射率は異なる。

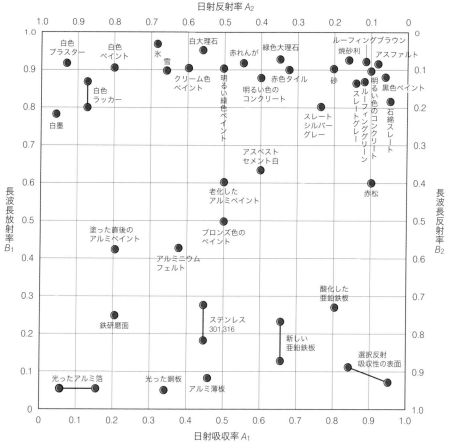

日射反射率 A_2

長波長放射率 B_1

日射吸収率 A_1

長波長反射率 B_2

白色プラスター　白色ペイント　氷　白大理石　赤れんが　緑色大理石　ルーフィングブラウン　焼砂利　アスファルト

白色ラッカー　クリーム色ペイント　雪　明るい緑色ペイント　明るい色のコンクリート　赤色タイル　砂　明るい色のコンクリート　黒色ペイント

白墨　ルーフィンググリーン　スレートグレー　石綿スレート

スレートシルバーグレー

アスベストセメント白

老化したアルミペイント　赤松

塗った直後のアルミペイント　ブロンズ色のペイント

アルミニウムフェルト

鉄研磨面　ステンレス301,316　酸化した亜鉛鉄板

新しい亜鉛鉄板

光ったアルミ箔　光った銅板　アルミ薄板　選択反射吸収性の表面

白色ペイント塗りの壁においては、日射反射率と長波長放射率は高い。しかし、日射吸収率と長波長反射率は低い。

図3・5・13　材料表面の日射反射率・長波長放射率 （出典：日本建築学会編『建築設計資料集成 1. 環境』丸善、1978 年、p.122 をもとに作成）

　夏期は室外機で冷やされた冷水が各部屋のラジエーターに送られる。冷水が室内空気の熱を奪う**冷放射**によって室温を下げる。一方、冬期では室外機で暖められた温水が各部屋のラジエーターに送られ、ラジエーターから放射される熱で室内を暖める。

　各部屋に設置されたラジエーターからの放射で、空間全体を冷やして安定した室温に保つので、快適な室内環境が得られる。暖房の場合は、急激な温度差で起こるヒートショックを防止できる。

　エアコンやファンヒーターのような冷温風を感じることなく、やさしい冷温感である。空気中のホコリやカビなどを巻き上げず、ストレスになるようなニオイや騒音もない。

　基本的にシーズン中は連続運転するものなので、最も電力を使用する立ち上がりの回数が減ることで消費電力が抑えられ、省エネである。初期費用は高額であるが、燃費が良くランニングコストが低い。

　一般的な事務所ビルの執務空間における天井放射冷房は、顕熱の処理を行うことはできるが潜熱の処理を行うことはできない。潜熱処理は、別空調機から低温度の調和空気を送風して行う。

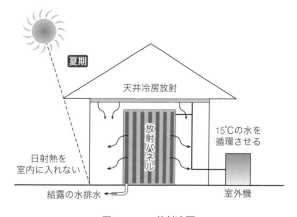

夏期　天井冷房放射　放射パネル　15℃の水を循環させる　日射熱を室内に入れない　結露の水排水　室外機

図3・5・14　放射冷房

（1）日射熱の利用

a）日射熱

暖房期に日射熱を最大限に取り込むためには、日射熱を取得する開口部に窓付属部材をなくすことや、開口部を南側に多く集めるなど集熱量を増やすような平面・開口部計画とすることが必要である。

b）蓄熱容量

蓄熱は室温を安定して保つのに効果がある技術で、日中は熱を吸収し、夜間は吸収して蓄えた熱を放出して室温の低下を防ぐ。蓄熱に有効な建築部位の対象には、床、外壁、間仕切り壁、天井が挙げられる。

c）日射熱取得量

開口部面積を大きくしたり日射熱取得型のガラス仕様にすると効果がある。材料には蓄熱部位として計上できる有効厚さが設定されている。材料の容積算定時において、材料の厚さが有効厚さ以上の場合は、有効厚さを計上する。これは、有効厚さ以上にしても蓄熱効果は変わらないことを意味している。また、熱が伝わりやすい材料ほど、有効厚さは大きくなる。

・日射取得係数（μ値）

「建築物による遮蔽がないと仮定した場合に取得できる日射量」に対する「実際に建築物内部に取得できる日射量」の期間平均的な比率をいう。値が大きいほど日射が住宅に入ることを表す。開口部まわりの設計の工夫で、住宅全体の冬期の**日射取得係数**を大きくすると暖房効果がある。

（2）床暖房

床暖房は、冬期に快適な温度に暖める暖房設備であるが、夏期にも床材によってさわやかで涼しい冷却効果が期待できる。床から直接伝わる**伝導熱**と床から部屋全体に広がる**放射熱**の組み合わせで暖めるシステムである。ファンヒーターのように高温に熱した空気の対流熱で暖める暖房機器とは暖め方が違い、柔らかい暖かさを感じるのが特徴である。

図3・6・1は真冬に蓄熱温水床暖房を測定したグラフである。1日中冷媒の水温は24.1〜25.3℃で、室内平均気温が約20.5℃であり、安定している。

また、室外の湿度は朝は72％で高く、昼は29％で低いが、室内湿度は42〜43％で快適な室内気候である。

床暖房は、床から直に伝わる熱で、部屋の中に温度差を生じさせにくく、足元はぽかぽか、背中も暖かく、頭はスッキリ保てる頭寒足熱の効果がある。また、部屋のホコリやにおい、空気の汚れがない**清潔な暖房**である。結露やカビの原因となる水蒸気を発生させず、床から徐々に広がる熱で部屋全体を暖めるのが長所である。

住宅の床暖房において、**床表面温度は25℃** 程度が望ましい。温度15〜30℃、湿度60〜80％はカビが発生する条件であり、温度20〜28℃、湿度80％以上はカビの繁殖率が急激に高くなる。しかし、床暖房の場合、床面から均等に暖めるため、空気の水蒸気量が少なくなり、図3・6・1のように湿度は高くならないので、カビの発生を抑えることができる。

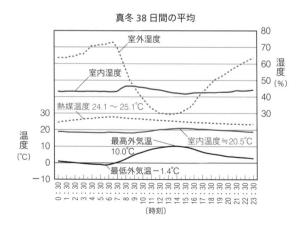

図3・6・1　蓄熱温水式床暖房の1日の温度・湿度変化
（測定場所：千葉県我孫子市、㈱イゼナとの共同研究）

（3）温水式床暖房

温水循環式床暖房は、電気、ガス、灯油などの燃料でお湯を沸かし、その温水がパイプを循環して床面を直接暖める方式である。電気ヒーター式に比べると比較的立ち上がりが遅いが、スイッチを切った後も温水の温もりが床下に残り続ける。温まる時間がかかることに加え、選んだ熱源機の種類次第では、年間の使用コストを抑えることもできる。温水式の欠点は、熱源機の設置が必要なことである。パイプの配管工事も伴うため、電気式に比べると、導入費用は割高である。

a）電気熱源温水式床暖房

電気でお湯を沸かす方式を図3・6・2に示す。

・ヒートポンプ使用：省エネルギー手法
・エコキュート使用：割安な深夜電力を利用

b）ガス・灯油熱源温水式床暖房

ガスや灯油でお湯を沸かす方式を図3・6・3に示す。

・給湯器利用：給湯時の廃熱を利用
・ガスボイラー利用：床暖房専用のボイラーを利用
・エネファーム利用：発電機で発生した排熱や電力を利用
・灯油ボイラー利用：床暖房専用のボイラーを利用
・太陽熱利用：太陽熱で得た温水をガスや灯油ボイラーで再加熱して利用

（4）電気ヒーター式床暖房

電気ヒーター式床暖房は、床下にヒーターを内臓したパネルを設置し、電気によってヒーターが発熱し、床面を直接暖める方式である（図3・6・4）。

熱源機を伴わない電気式は、温水式に比べると設置費が割安である。配管工事の必要もなく、フローリングの張替えだけなので、後付けリフォームにも適する。しかし、電気で電熱線を温める際に時間が短いが、温水式に比べると、部屋全体が温まるまでに余分なコストを要するので、電気容量が多く、電気代が高額になってしまう。

・電熱線ヒーター：発熱体の熱線部分に電気を通して発熱する方式（図3・6・4a）

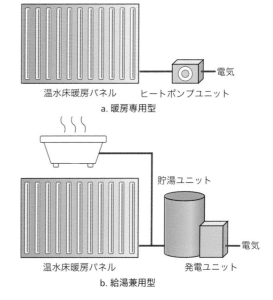

図3・6・2　電気熱源の温水式床暖房

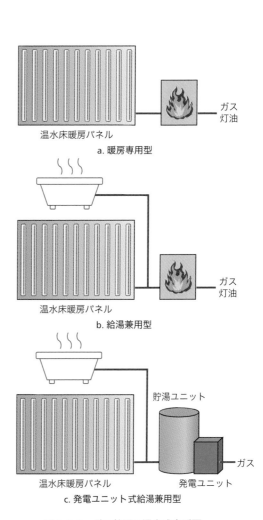

図3・6・3　ガス熱源の温水式床暖房

- PTC ヒーター：自己加熱抑制機能をもち、無駄な発熱を抑える方式（図3・6・4b）
- 蓄熱電気ヒーター：深夜電力を利用しヒーターを暖め、蓄熱材に熱を溜め込む方式（図3・6・4c）
- カーボン式：発熱体がカーボン（炭素繊維）のヒーター方式

(5) 温風式蓄熱床暖房方式

　床の下に**ファンヒーター**を装置し、温風を送ることによって床へ熱を伝える（図3・6・5）。その熱は床を温めて蓄熱される。蓄熱された熱はゆっくり室内へ放射して暖房を行う方式である。室内に断熱材を入れるとその効果が増す。加えて、窓からのコール

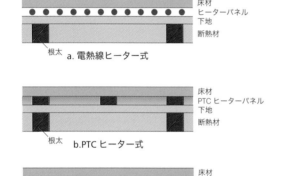

図3・6・4　電気ヒーター式床暖房

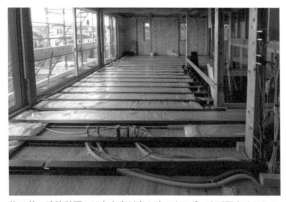

施工前：建築計画では自由度が高く、省エネルギー冷暖房方式である。

ドドラフトを防ぐことが大切である。安価にできる省エネ手法として期待される。夏期には冷房効果も期待される。

(6) 放射暖房方式

　放射暖房方式とは、室内の床や壁、または放熱器（ラジエーター）に熱を与えて放射（輻射）暖房を行うことである。天井の高い病院の待合室や議会ホールなどに有効である。冷たい壁面によって不快感を

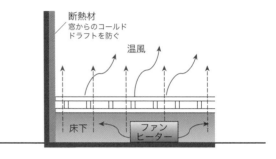

図3・6・5　温風式蓄熱暖房方式

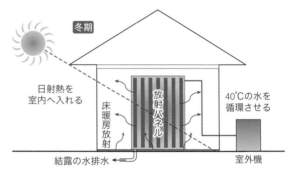

図3・6・6　放射暖房方式

施工後：ペリメーターゾーンはアルミニウム床張りで、ダイレクトゲインと床放射熱により暖房効果は増す。

図3・6・7　蓄熱温水式床放射暖房方式の施工例 （共同研究、写真提供：㈱イゼナ）

生じさせないためには、放射の不均一性（放射温度の差）を 10℃ 以内にすることが望ましい。

室内の床に放熱管を埋め込んだ放射暖房方式は、温風暖房方式に比べて、室内における上下の温度差が少なくなる。

放射暖房方式は、放射パネルが高い放射率をもつ必要があり、反射率の高い受照面には十分な効果を及ぼすことができない。

ファンヒーター暖房システムは、室内の空気そのものを暖めて循環させる**対流空調**が主流となっている。しかし、こうした暖房方式では温風が直接身体に当たることが多く、不快に感じることがある。また、騒音や室内の温度ムラなどの問題がある。放射暖房方式はこうした問題を根本から解決し、同時に二酸化炭素の削減などができる環境にやさしいシステムである。

図3・6・6 に示したのは、日射を室内にできるだけ多く入れて蓄熱量が大きい床や壁などへ熱を蓄えて、放射するパッシブ手法である。また、温められた湯を床や放射パネルへ送って放射するアクティブ手法もあり、パッシブ手法＋アクティブ手法を適切に取り入れて放射暖房を行うと省エネになる。

図3・6・7は自然環境を最大限に利用するダイレクトゲインによるパッシブ手法と、電気ヒーター設備により水の熱媒を温めるアクティブ手法の一つの例である。水は蓄熱が最も高い天然材料であり、冷暖房の効率を高くする。このような方法が建築環境・設備の省エネルギーといえる。

Column 2 省エネによる雪下ろし

近年、高齢化社会による過疎化が進んでいる。豪雪地域においては、高齢者が屋根に上って雪下ろしを行っている最中に屋根から転落し、死傷する事故が多発している。屋根に融雪ヒーター等を使用する対策はあるが、維持費が高く、効率も良くないので、実際に使用されていないのが現状である。この雪下ろしの被害を防ぐためにも、省エネによる手法が有効である。その方法として、蓄熱が多いアクアレイヤー（熱容量 4,180 kJ/K、コンクリート約2倍）床暖房の24時間放熱で、長時間に屋根へ伝熱し、屋根表面の雪を溶かすものがある。屋根を滑りやすい角度や材質にすることで雪が滑り落ちる仕組みである。実験小屋を設置し、アルミ（熱伝導率 209 W/m・K）板屋根と鋼（熱伝導率 40 W/m・K）板屋根の素材や屋根勾配の違いによる比較をした結果、アルミ屋根の滑雪性能が優れていることが明らかになった。それは、床の蓄熱と屋根の熱伝導を利用した環境・設備の知恵である。屋根に上って、人力で雪下ろしをする必要がなく、暖房の効果もある一石二鳥の省エネ手法であり、豪雪地域では期待される。

アルミ4寸 アルミ6寸 参照棟 鋼6寸 鋼4寸

実験小屋1 実験小屋2 実験小屋3 実験小屋4 実験小屋5

雪下ろし実験（新潟県三条市）
左1、2のアルミ屋根は滑雪
（共同研究：㈱アルアピア＋深川良治建築計画研究室）

演習問題―3・4 省エネルギー技術｜3・5 蒸暑地の省エネルギー手法｜3・6 寒冷地の省エネルギー手法

1) ヒートポンプについて述べよ。

2) 省エネルギー手法が使われている身近な例を挙げよ。

3) 燃料電池の原理について簡単に説明せよ。

4) スマートハウスについて説明せよ。

5) 地域冷暖房について述べよ。

6) 蒸暑地における省エネルギーの設計手法について述べよ。

7) 寒冷地における省エネルギーの設計手法について述べよ。

【1】省エネルギー技術に関する次の記述のうち、**最も不適当な**ものはどれか。

1. ヒートポンプは、熱媒体や半導体などを用いて低温部分から高温部分へ熱を移動させる技術である。

2. ナイトパージは冷房開始時の負荷を低減し、省エネルギー化を図ることができる。

3. 雨水利用システムにおける雨水の集水場所は、集水する雨水の汚染度を考慮して、屋根面とする。

4. LED は照明の電力消費量を減少させると同時に、冷房用エネルギー消費量も減少させることができる。

5. 地域冷暖房システムの活用は、未利用熱の活用による排熱削減が期待できるが、ヒートアイランド現象の緩和には効果がない。

【2】省エネルギー技術に関する次の記述のうち、**最も不適当な**ものはどれか。

1. 燃料電池の発電の原理は、水の電気分解と逆の反応を利用したもので、水素と酸素が結合して電気と水が発生する化学反応である。

2. 初期照度補正は、経年に伴う光源の出力低下などを考慮した、照明の省エネルギー手法の一つである。

3. 中水は、非常時でも飲料水にはならない。

4. 住宅の床暖房において、床表面温度は 20℃ 程度を上限とすることが望ましい。

5. 放射床暖房方式は、天井の高い病院の待合室や議会ホールに有効である。

【3】省エネルギー技術・手法に関する次の記述のうち、**最も不適当な**ものはどれか。

1. ガスエンジンヒートポンプは、ヒートポンプ運転により得られる加熱量とエンジンの排熱量とを合わせて利用できる。

2. 使用電力量を低減するためには、自然採光と人工照明を併用する。

3. ナイトパージは、昼間に外気導入を行い、翌日の空調立上げ負荷を減らす省エネルギー手法である。

4. 住宅の床暖房において、床表面温度は約 25℃ が適切である。

5. 冷たい壁面によって不快感を生じさせないためには、放射の不均一性（放射温度の差）を 10℃ 以内にすることが望ましい。

【4】省エネルギー手法に関する次の記述のうち、**最も不適当な**ものはどれか。

1. HEMS とは、家庭の省エネルギー管理システムを意味する。

2. 遮蔽係数が大きいほど日射遮蔽効果が高く、省エネルギーになる。

3. 放射暖房方式は、放射パネルが高い放射率をもつ必要があり、反射率の高い受照面には十分な効果を期待できない。

4. 天井放射冷房は、顕熱の処理を行うことはできるが潜熱の処理を行うことはできない。

5. 外付けの日射遮蔽幕（ブラインドやスクリーンなど）は外部で日射を遮蔽するので、内付けのものよりも遮蔽効果が非常に高い。

【5】省エネルギー手法に関する次の記述のうち、**最も不適当な**ものはどれか。

1. 遮蔽係数は、遮蔽装置を設置した窓に入射する日射量を、遮蔽装置を設置していない窓に入射する日射量と掛け算したものである。

2. 室内の床に放熱管を埋め込んだ放射暖房方式は、温風暖房方式に比べて、室内における上下の温度差が少なくなる。

3. 一般的な事務所ビルの執務空間における天井放射冷房は、室内の天井、壁、床に冷却・加熱パネルを設けることで放射冷暖房を行う方式である。

4. エコキュートは、ヒートポンプ技術を利用し空気の熱で湯を沸かすことができる電気給湯機であるが、冷媒として、フロンではなく二酸化炭素を使用している。

5. エコアイスとは夜間電力の安い時に氷をつくっておき、それを昼間冷房に利用するシステムのことである。

● 1章　建築環境工学

1 室内空気 演習問題

1) $Q = 0.7 \times 0.8 \times 2 \times \sqrt{0.8 - (-0.5)} = 1.276$ 〔m³/h〕

$(1.276 \times 3,600 = 4,593.6$ 〔m³/h〕)

2) $Q = 0.7 \times 0.8 \times \sqrt{\dfrac{2 \times 9.8 \times 3 \times (17 - 2)}{273 + 17}}$

$= 0.974$ 〔m³/s〕

$(0.974 \times 3,600 = 3,506$ 〔m³/h〕)

1) と 2) は同じ窓であるが、1) の場合は風力換気が多いので温度差換気より風力換気が主である。

3) 換気量 $Q = 5 \times \dfrac{0.02}{0.001 - 0.0003} = 142.9$ 〔m³/h〕

換気回数 $n = \dfrac{Q}{V}$

$\dfrac{142.9}{25} = 5.72$ 〔回/h〕

○以下、各ページを参照

4) p.14、5) p.14～15、6) p.16、7) p.17、8) p.17

9) p.18、10) p.19

1 室内空気 建築士チャレンジ問題

【1】答 5　ラドンは放射性汚染物質である。

【2】答 2　第2種機械換気方式は、室内が負圧ではなく、正圧になる。

【3】答 4　室面積ではなく室容積である。

【4】答 1　$Q = \alpha \times A \times \sqrt{\dfrac{2 \times g \times h (t_1 - t_o)}{273 + t_1}}$

ここでは開口間距離 h、開口面積 A だけを比較する。ほかの条件は同じなので気にしない。Q は $\sqrt{h}$ と A に比例する。

$Q_A = \sqrt{3} \times 0.5 = 0.87$

$Q_B = \sqrt{2} \times 0.6 = 0.85$

$Q_C = \sqrt{1} \times 0.7 = 0.7$

したがって、$Q_A > Q_B > Q_C$ になる。

【5】答 3　$Q = \alpha \times A \times \nu \times \sqrt{C_1 - C_2}$ 〔m³/h〕から、$\sqrt{C_1 - C_2}$ の風圧係数の平方根に比例する。反比例ではない。

2 伝熱 演習問題

1) 熱貫流率 K が $= 1.0$ W/(m²·K) なので、

$K = \dfrac{1}{R} = \dfrac{1}{\dfrac{1}{\alpha_o} + \sum \dfrac{d_n}{\lambda_n} + \dfrac{1}{\alpha_i}}$

この壁に新たに断熱材（$d = 40$ mm $= 0.04$ m、$\lambda = 0.04$ W/(m·K)）を設けるため、

$K = \dfrac{1}{1 + \dfrac{d}{\lambda}} = \dfrac{1}{2} = 0.5$ 〔W/m²·K〕

2) この壁体に熱伝導率（λ）が 0.03 W/(m·K) の断熱材を使った時、熱貫流率が 0.4 W/(m²·K) ということは、

$K = \dfrac{1}{1.0 + \dfrac{d}{0.03}} = 0.4$

$d = 0.045$ 〔m〕 $= 45$ 〔mm〕

3) 熱損失量は、次の式により求められる。

熱損失量 ＝（外壁の面積×外壁の熱貫流率＋窓の面積×窓の熱貫流率＋天井の面積×天井の熱貫流率）×気温差

数値を代入すると、

$(180 \times 0.3 + 15 \times 2.0 + 70 \times 0.2) \times (20 - 0) = 1,960$ 〔W/K〕

4) 熱損失係数（Q 値）は、各部位の熱損失量の合計と換気による熱損失量を合わせて床面積で除して（割って）求める。

ロ．屋根（天井）→ $20 \times 0.1 = 2$

ハ．外壁（窓を除く）→ $50 \times 0.2 = 10$

ニ．窓 → $4 \times 2.0 = 8$

ホ．室内外温度差1℃当たりの換気による熱損失 → 20.0

Q 値 $= \dfrac{2 + 10 + 8 + 20}{20（イ.床面積）}$

よって、2.0

5) p.25 参照

2 伝熱 建築士チャレンジ問題

【1】答 5　内側サッシの気密性を高くするほうが効果的である。

【2】答 4　外断熱工法のほうが断熱・蓄熱性に優れる。

【3】答 4　快晴日より曇天日のほうが、温度差が小さいので断熱性は向上する。

【4】答 1　真空状態では電磁波により放射熱を伝える。

【5】答 3　熱伝導率は大きくなる。

3 結露 演習問題

○各ページを参照

1) p.30、2) p.30、3) p.32

3 結露 建築士チャレンジ問題

【1】答 3　空気の相対湿度は低くなる。

【2】答 5　既存の窓（外窓）ではなく、内窓の気密性を高くする。

【3】答 4　乾球温度が低いほど、飽和水蒸気圧は低い。

【4】答 2　非暖房室では表面結露が生じやすい。

【5】答 3　A点8g、B点19gなので

$8 \div 19 \times 100 = $ 約42%

4 日照・日射 演習問題

1) 春分・秋分：$90° - 35.7° = 54.3°$
   夏至：$90° - 35.7° + 23.4° = 77.7°$
   冬至：$90° - 35.7° - 23.4° = 30.9°$
   ここで緯度の分〔′〕を度〔°〕に直して計算する。

2) ・水平面直達日射量（J_H）：
   $300 \times \sin 60° = 300 \times 0.87 = 261$〔W/m²〕
   ・南向き鉛直面直達日射量（J_V）：
   $300 \times \cos 60° = 300 \times 0.5 = 150$〔W/m²〕

3) $D = \varepsilon \times H$ の式から 1.9×25 m $= 47.5$ m

4) 壁の熱負荷量（熱貫流量）$Q = A \times K \times (t_o - t_i)$
   より、
   $Q = 50 \times 2.5 \times (30 - 20) = 1,250$〔W〕

5) 窓ガラス日射熱取得率（日射侵入率）＝

   $$\frac{透過した日射量 + 吸収した室内に放出される熱量}{入射した日射量}$$

   よって、$\dfrac{200 + 30}{300} = 0.77$

○以下、各ページを参照
6) p.37、7) p.38、 8) p.40、9) p.44、10) p.46

4 日照・日射 建築士チャレンジ問題

【1】答5　水平面 > 東・西側壁面 > 南側壁面 > 北側壁面 のようになる。
【2】答4　隣棟間隔を小さくできる。
【3】答2　南鉛直面のほうが大きい。
【4】答2　一般に薄曇りの時のほうが快晴時より多い。
【5】答1　天空放射量は減少する。
【6】答5　水平ルーバーは南側に設置、垂直ルーバーは東・西側に設置するのが有効である。

5 採光・照明 演習問題

1) 昼光率：$D = \dfrac{E_i}{E_s} \times 100$〔%〕

   E_i：室内にあるポイントの照度〔lx〕
   E_s：全天空照度〔lx〕

   $4 = \dfrac{E_i}{E_s} \times 100$〔%〕　　$E_i = 4 \times \dfrac{E_s}{100}$

   曇りの日：$4 \times \dfrac{5,000}{100} = 200$〔lx〕

   晴天の日：$4 \times \dfrac{15,000}{100} = 600$〔lx〕

2) 逆2乗の法則 E〔lx〕$= \dfrac{I〔cd〕}{r^2〔m〕}$

   余弦の法則 E'〔lx〕$= \dfrac{I〔cd〕}{R^2〔m〕} \times \cos\theta$　　より求める。

   A点：$\dfrac{1,000}{1^2} = 1,000$〔lx〕

   B点：$\dfrac{2,000}{(\sqrt{2})^2} \times \cos 45° ≒ 707$〔lx〕

   C点：$\dfrac{2,000}{2^2} = 500$〔lx〕

○以下、各ページを参照
3) p.49、4) p.51、5) p.53

5 採光・照明 建築士チャレンジ問題

【1】答5　光度に比例し、距離の2乗に反比例する。
【2】答4　明順応より暗順応のほうが時間を要する。
【3】答3　単位体積ではなく、単位面積である
【4】答1　cd/m² である。
【5】答4　赤色は低く、白色が高い。
【6】答2　アンビエント照明は省エネルギー手法なので、輝度は考慮すべきである。

6 色彩 演習問題

○各ページを参照
1) p.58、2) p.58、3) p.59、4) p.59、5) p.60、6) p.61
7) p.62、8) p.62

6 色彩 建築士チャレンジ問題

【1】答2　赤ではなく、緑である。
【2】答1　青が明るく、赤が暗く見える現象である。
【3】答5　白色になる。
【4】答3　見る方向によって異なることがある。
【5】答4　彩度・明度ともに高くなる傾向がある。
【6】答5　明度・彩度が高いと膨張して見える。

7 音・音響 演習問題

1) 音速 v〔m/s〕$= 331.5 + 0.6 \times t$ より、
   真夏 35℃ の時：$331.5 + 0.6 \times 35 = 352.5$〔m/s〕
   真冬 −5℃ の時：$331.5 + 0.6 \times (-5) = 328.5$〔m/s〕
   真夏が 24〔m/s〕ほど早い。

2) $IL = 10\log_{10}\dfrac{10^{-5}}{10^{-12}} = 10\log_{10}10^7 = 10 \times 7 = 70$ dB

3) 3 dB 上昇する。

4) 60 dB + 60 dB = 63 dB、63 dB + 63 dB = 66 dB
   ∴ 6 dB 上昇する。

5) p.69 参照

6) 60 dB

7) 室容積 $V = 400 \times 10 = 4,000$ m³、図 1・7・10 (p.70) で、横線の $V = 4,000$ m³ と学校の講堂を示す直線の交点から、最適残響時間 T は、約 1.3 秒となる。

7 音・音響 建築士チャレンジ問題

【1】答3　セイビンの残響時間のほうが長くなる。
【2】答5　6 dB となる。
【3】答1　高い音が聞き取りにくい。
【4】答3　気温が変わると、音速も変わる。

【5】答 5　室面積ではなく、室容積である。

【6】答 4　拡散性の高い室は線音源なので 3 dB 減少する。

8 吸音・遮音・騒音 演習問題

3)　例えば車の走る時、エンジンの音、浴室の中での響き音

○以下、各ページを参照

1) p.74、2) p.76、4) p.78、5) p.79、6) p.79、7) p.82

8 吸音・遮音・騒音 建築士チャレンジ問題

【1】答 2　中高音域の吸音より低音域の吸音に効果がある。

【2】答 1　低音域より高音域のほうが大きい。

【3】答 4　室内騒音の許容値は、図書館の閲覧室 45 dB（A）で、住宅の寝室の室内騒音の許容値は 40 dB（A）であり、音楽ホールは 35 dB（A）であるので、音楽ホールのほうが小さい。

【4】答 5　高い音がマスクされやすい。

【5】答 5　NC-20 ～ 30 である。NC-40 ～ 50 は電話の会話がしづらくなるレベルである。

【6】答 2　高くなる。

9 気候 演習問題

3)　$°F = \dfrac{9}{5} \times C + 32 = \dfrac{9}{5} \times 20 + 32 = 68°F$

7)　全員不快

8)　$0.81 \times 27 + 0.01 \times 60 \times (0.99 \times 27 - 14.3) + 46.3 = 75.63$

　　75% を超えているので 10% の人が不快と感じる。

○以下、各ページを参照

1) p.86 ～ 87、2) p.84、4) p.86、5) p.87、6) p.87 ～ 88

9) p.90、10) p.90

9 気候 建築士チャレンジ問題

【1】答 2　内陸部のほうが沿岸部より大きい。

【2】答 5　着衣量ではなく、放射である。

【3】答 2　代謝量が多くなるほど大きくなる。

【4】答 2　高緯度地域で大きく、低緯度地域で小さくなる傾向がある。

【5】答 2　夜になると陸から海へ吹き、昼は逆になる。

【6】答 3　1 clo で、室温が 30℃ の場合、新有効温度は約 31℃ になる。

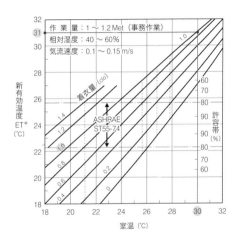

10 地球・都市環境 演習問題

○各ページを参照

1) p.93、2) p.95、3) p.93 ～ 94、4) p.94、5) p.95

10 地球・都市環境 建築士チャレンジ問題

【1】答 1　地球規模であるのでヒートアイランド現象の起きやすい都市部に限ったことではない。

【2】答 4　日本では冷夏になる。

【3】答 3　剥離流の現象である。吹き降ろしは上から下へ斜めに吹く強い風をいう。

【4】答 2　分岐点は、建物の高さの 60 ～ 70% の部分である。

【5】答 5　値は 1.0 である。

● 2章　建築設備

1 空気調和設備 演習問題

○各ページを参照

1) p.105 ～ 106、2) p.108、3) p.110、4) p.111 ～ 112

5) p.113 ～ 114

1 空気調和設備 建築士チャレンジ問題

【1】答 2　ガスタービンよりガスエンジンのほうが高い。

【2】答 3　床面近くに設ける。

【3】答 2　エネルギー消費量が増加する。

【4】答 1　凝縮器に加え吸収器にも冷却水を必要とするため、冷却水を多く要す。

【5】答 4　空気熱源ヒートポンプ方式のルームエアコンの暖房能力は外気の温度が低くなるほど低下する。

【6】答 5　外気のエンタルピーが室内空気のエンタルピーよりも低い場合である。

2 空調機器・換気設備 演習問題

4)　$ガラリ面積〔m^2〕 = \dfrac{風量〔m^3/h〕}{有効開口率 \times 風速〔m/s〕}$

$$\frac{1,800}{0.4 \times 3,600 \times 2} = 0.625\,\mathrm{m^2}$$

例えば、$0.9\,\mathrm{W} \times 0.7\,\mathrm{H}$ のガラリになる。

○以下、各ページを参照

1) p.116、2) p.116、3) p.120、5) p.121 ～ 122

2 空調機器・換気設備 建築士チャレンジ問題

【1】答 4　クリーンルームは常に正圧とする。

【2】答 2　給気を機械換気で行う第 2 種換気方式とする。

【3】答 1　第 1 種換気方式とする。

【4】答 2　外気との接触面積や接触時間により向上する。

【5】答 5　低圧ダクトではダクトスペースが建築面積に対して大きな割合となるので、高圧ダクトにする。

【6】答 2　第 3 種換気方式とする。

3 給水・給湯設備 演習問題

○各ページを参照

1) p.125 ～ 126、2) p.127、3) p.128、4) p.129、5) p.129

6) p.130、7) p.131

3 給水・給湯設備 建築士チャレンジ問題

【1】答 5　給湯ボイラーは、常に缶水が新鮮な補給水と入れ替わるため、ボイラーに比べて腐食しやすい。

【2】答 2　サーモスタット式水栓は節水に有効である。

【3】答 3　1 分間で 20 ℓ の水を 20℃ ではなく、25℃ 上昇させる能力である。

【4】答 2　貯湯槽内は 60℃ 以上に維持する。

【5】答 5　消火用水槽は、躯体を利用することができる。

【6】答 5　30 kPa である。

4 排水・通気設備 演習問題

○各ページを参照

1) p.135、2) p.136、3) p.136、4) p.137、5) p.139

6) p.140 ～ 141、7) p.141 ～ 142

4 排水・通気設備 建築士チャレンジ問題

【1】答 3　排水立て管の管径より小さくしてはならない。

【2】答 5　二重トラップは禁止。

【3】答 4　小さいほどきれいな水である。

【4】答 5　グリース阻集器への流入管には、トラップを設けない。

【5】答 1　S トラップは垂直に排水されるため、P トラップよりも流速が速くなるので、封水が破壊しやすい。

【6】答 5　間接排水とする。

5 衛生・ガス設備 演習問題

1)　新築基礎工事終了後に見られる。

2)　自宅を調べてみよう。

3)　p.145 ～ 147 参照

5 衛生・ガス設備 建築士チャレンジ問題

【1】答 4　洗面器の最低必要圧力は、一般水栓は 30 kPa、シャワーは 70 kPa である。

【2】答 1　LPG は空気より重いので、床面より 30 cm 以内の高さに取り付ける。

【3】答 4　水を使わない方式で、トラップ内に水より軽いシールを入れて臭気拡散を防ぐ。

6 電気設備　7 照明・通信設備 演習問題

1) p.148、2) p.150、3) p.150、4) p.151、5) p.152、6) p.152

7) p.154、8) 自宅を調べてみよう、9) p.156 ～ 157

10) p.158

6 電気設備　7 照明・通信設備 建築士チャレンジ問題

【1】答 3　A 種、B 種、C 種および D 種の 4 種類がある。

【2】答 1　患者の顔色をみて判断する病院や診療所は、演色性が高いほうが良い。

【3】答 4　低圧は直流で 750 V 以下、交流で 600 V 以下である。

【4】答 5　単相 2 線式 100 V または単相 3 線式 100 V/200 V が用いられている。

【5】答 2　高圧用は A 種、低圧用は D 種である。

【6】答 3　電圧降下のため配線サイズを太くする必要があるので、分電盤は、電力負荷の中心に配置する。

8 消火・防災設備 演習問題

○各ページを参照

1) p.160、2) p.160、3) p.160、4) p.162、5) p.163

6) p.163、7) p.164、8) p.165、9) p.166 ～ 167

10) p.166 ～ 167

8 消火・防災設備 建築士チャレンジ問題

【1】答 3　散水される水の粒子が細かく冷却効果・窒素効果に優れるので油火災に対して有効である。

【2】答 5　手摺の通路側ではなく吹抜け側に設ける。

【3】答 1　1 号消火栓は 25 m、2 号消火栓水 15 m 以内である。

【4】答 5　小さな隙間を設ける。

【5】答 1　設計用水平地震力の 1/2 とする。

【6】答 2　一般に 45° が多いが、事務所ビルの避雷設備においては、60° 以下である。

9 避難・搬送設備 演習問題

○各ページを参照

1) p.169 ～ 170、2) p.170 ～ 171、3) p.171、4) p.171

5) p.172、6) p.173 ～ 174、7) p.174

⑨ 避難・搬送設備 建築士チャレンジ問題

【1】答1　換気設備と排煙設備を兼用してもよい。
【2】答2　避難方向と反対に煙が流れるようにする。
【3】答3　30分間
【4】答5　0.2 lx である。
【5】答4　利用できる
【6】答5　30 m/分以下である。

● 3章　省エネルギー

❶ 省エネ指標 演習問題
○各ページを参照
1）p.178、2）p.180、3）p.180、4）p.180、5）p.181
6）p.181、7）p.181 〜 182

❶ 省エネ指標 建築士チャレンジ問題
【1】答5　BEE は建築物の環境性能効率なので、大きく
　　　　　なるようにする。
【2】答3　建築物の環境品質（Q）を分子として、建築
　　　　　物の環境負荷（L）を分母とする。
【3】答2　体積ではなく床面積である。
【4】答1　除した値である。
【5】答2　PAL が正しい。

❷ 自然エネルギー利用　❸ 省エネルギー手法 演習問題
○各ページを参照
1）p.184、2）p.188、3）p.189 〜 190、4）p.189
5）p.193 〜 194

❷ ❸ 建築士チャレンジ問題
【1】答5　室外側よりも室内側に用いる。
【2】答2　小さいほうが省エネルギーに有効である。
【3】答4　その中に溜まった熱を排気または回収再利用
　　　　　する。
【4】答2　蓄電池は含まれていない。
【5】答1　DC（直流）リンク方式は、AC（交流）リン
　　　　　ク方式に比べて出力変動の影響を受けにくい。

❹ ❺ ❻ 演習問題
2）ブラインド、カーテン、庇、雨水利用など
○以下、各ページを参照
1）p.196、3）p.199、4）p.200、5）p.201、6）p.203
7）p.210

❹ ❺ ❻ 建築士チャレンジ問題
【1】答5　ヒートアイランド現象の緩和に有効である。
【2】答4　25℃ が適切であり、20℃ は低すぎる。
【3】答3　昼ではなく夜であり、室温より外気温が低い
　　　　　時に利用する。
【4】答2　小さいほど日射遮蔽効果が高い。

【5】答1　割り算したものである。

索引

■英数

AHU ······························116
APF ······························181
BELS ·····························181
BEMS ····························181
BOD ······························142
CASBEE ··························180
CEC ······························181
COD ······························142
ERR ······························180
e マーク ·························181
FF 式暖房機器 ···················33
HEMS ····························200
HEPA フィルター ················122
LCA ······························181
LCCO₂ ····························180
LEED ·····························181
NC 値 ·····························79
PAL * ····························181
PF 管 ·····························153
PI 制御 ····························116
PM 2.5 ···························94
SHF ······························102
TAC 温度 ·························103
XYZ 表色系 ·······················60
ZEB ······························181
ZEH ······························181
3 路スイッチ ······················154

■あ

アウトレットボックス ············153
アクティブ手法 ·····················9
圧縮式冷凍機 ·····················111
圧力タンク（水槽）方式 ···········126
泡消火設備 ·······················163
暗順応 ····························49
暗所視 ····························49
安全色 ····························62
一次エネルギー ··················178
一酸化炭素（CO）·················14
イナード（不活性）ガス消火設備 ···163
色温度 ····························53
インテリアゾーン ·················104
上向き配管方式 ···················126
ウォーターハンマー（水撃）······126, 129
内断熱 ····························25
エアバリア ·······················194
エアフローウィンドウ ·············193
エアロゾル ·······················93
永久日影 ·························40
液化石油ガス（LPG）··············147
エコアイス ·······················197
エコキュート ·····················196
エネファーム ·····················197
エネルギー代謝率 ···················87
エルニーニョ現象 ···················94
演色性 ····························53
遠心冷凍機 ·······················111
屋外消火栓 ·······················160
屋上緑化 ·························192

■か

オクターブバンドレベル ············80
屋内消火栓 ·······················160
汚水処理施設 ·····················141
音の大きさ（強さ）················66
音の回折 ·························66
音の効果 ·························77
音の速度 ·························66
音の高さ（周波数）················65
音圧 ····························66
音響エネルギー密度レベル ··········70
音響パワー ·······················66
音色（波形）······················66
温水式床暖房 ·····················211
温風式蓄熱床暖房方式 ·············212

外気制御 ·························198
海流発電 ·························186
各階ユニット方式 ·················107
各個通気方式 ·····················140
可とう管 ·························153
加法混合 ·························58
ガラリ換気 ·······················121
乾球温度 ·························30
環境問題 ·························6
桿状体 ····························49
間接排水 ·························137
記憶色 ····························59
機械換気 ·························120
逆サイホン作用 ···················139
逆潮流 ····························189
キャビテーション ·················128
吸音率 ····························74
吸収式冷凍機 ·····················111
給湯エネルギー消費係数 ···········189
キュービクル ·····················152
局所換気 ·························20
許容電流値 ·······················148
均斉度 ····························52
均時差 ····························38
空気線図 ·························30
空気の混合 ·······················103
クリーンルーム ···················122
クリモグラフ ·····················85
グレア ····························53
グローブ温度（GT）················90
クロスコネクション ···········129, 139
系統色名 ·························59
建築化照明 ·······················55
顕熱 ····························102
減法混合 ·························58
コインシデンス効果 ···············76
光化学スモッグ ···················94
光束発散度 ····················50, 52
光束法 ····························155
高置（高架）水槽方式 ·············126
コージェネレーションシステム（CGS）113
コーニス照明 ·····················56
コーブ照明 ·······················56
コールドドラフト ···················27

■さ

サーモグラフィ ·····················13
サステイナブル ···················180
サステイナブル建築 ·················8
さや管ヘッダー配管工法 ···········145
作用温度（OT）····················90
残響室法吸音率 ···················70
酸性雨 ····························93
色彩対比 ·························61
色彩調和論 ·······················60
自己サイホン作用 ·················137
自然換気 ·························120
下向き配管方式 ···················126
湿球温度 ·························30
実効温度差（ETD）················90
実行放射 ·························43
室指数 ····························155
質量則 ····························76
視認性 ····························59
遮熱塗料 ·························206
遮蔽係数 ·························204
終日日影 ·························40
修正有効温度（CET）···············87
重力換気（温度差換気）············16
受水槽 ····························127
需要率 ····························150
照度均斉度 ·······················54
照明率 ····························155
初期照度補正 ·················156, 199
進相コンデンサ ···················150
真太陽時 ·························38
伸頂通気方式 ·····················141
新有効温度（ET *）················88
錐状体 ····························49
水道直結（増圧）方式 ·············125
水道直結（直圧）方式 ·············125
スターデルタ始動 ·················149
スポットネットワーク受電方式 ·····152
スマートハウス ···················200
スロッシング ·····················127
正圧 ····························15
成績係数（COP）···················113
絶対湿度 ·························30
絶対温度（ケルビン温度）··········85
接地工事 ·························154
線音源 ····························69
全天空照度 ·······················51
全天日射量 ·······················44
セントラル方式 ···················107
潜熱 ····························102
潜熱回収型ガス給湯器 ·············132
全熱交換器 ·······················119
全般（混合）換気 ·················120
全般換気 ·························19
相対湿度 ·························30
総合熱伝達率 ·····················23
総発熱量 ·························87
外断熱 ····························25

■た

ターミナルレヒート方式 ……………108
第1種機械換気 ………………………17
第2種機械換気 ………………………17
第3種機械換気 ………………………18
大気透過率 ……………………………44
太陽高度 ………………………………37
太陽光発電 …………………………188
太陽定数 ………………………………42
太陽熱高反射率塗料 ………………191
太陽方位角 ……………………………38
ダイレクトゲイン ……………………46
ダイレクトリターン方式（直接還水方式）…131
タスク・アンビエント ………………53
ダブルスキン ………………………194
ダンパー ……………………………116
地域冷暖房 …………………………201
置換換気 ……………………………120
置換換気・空調方式 ………………109
地球温暖化 ……………………………93
逐点法 …………………………54, 155
蓄熱式空調方式 ……………………108
蓄熱槽 ………………………………118
地中熱 ………………………………184
中央監視装置 ………………………157
中央熱源空調方式 …………………107
中空層 …………………………………25
昼光率 …………………………………51
昼光利用制御 ………………………156
中水 …………………………………202
長波長放射率 …………………44, 208
潮力発電 ……………………………186
直射光（直接光） ……………………51
直達日射量 ……………………………43
通気弁方式 …………………………141
低温送風空調方式 …………………108
定常状態 ………………………………19
定常伝熱 ………………………………22
ディスポーザー ……………………139
定風量単一ダクト方式（CAV） ……105
適正照度制御 ………………………199
デグリーデー …………………………85
デシカント（乾式）空調方式 ………110
電圧降下 ……………………………150
点音源 …………………………………69
電気ヒーター式床暖房 ……………211
天空光（乱射光） ……………………51
天空日射量（天空放射量）……………43
等価可燃物量 ………………………164
同化現象 ………………………………61
透過損失 ………………………………75
等ラウドネス曲線 ……………………68
特別高圧 ……………………………148
都市ガス（LNG） …………………145
ドレンチャー設備 …………………163

■な

ナイトパージ ………………………197
内部結露 ………………………………32
二酸化炭素（CO$_2$） …………………14

二次エネルギー ……………………178
二重ダクト方式 ……………………107
二重トラップ ………………………137
日較差 …………………………………84
日射吸収率 …………………………208
日射遮蔽 ………………………203, 207
日射遮蔽係数 …………………………46
日射反射率 …………………………208
日射取得係数 ………………………210
日射熱取得率（日射侵入率） …………45
日照率 …………………………………38
熱貫流抵抗 ……………………………24
熱貫流率 ………………………………24
熱貫流量 ………………………………24
熱遮蔽塗料 …………………………191
熱損失係数（Q値） …………………27
熱伝達率 ………………………………23
熱伝導率 ………………………………23
熱負荷 ………………………………103
熱放出 …………………………………87
熱容量 …………………………………27
年較差 …………………………………84
燃料電池 ……………………………199

■は

バイオマス …………………………185
ハイサーグラフ ………………………87
排水トラップ ………………………136
排水桝 ………………………………138
配光曲線 ………………………………54
バキュームブレーカー ……………139
バスダクト …………………………152
バスタブ曲線 ………………………100
パッケージユニット方式 …………109
パッシブ手法 …………………………8
花ブロック …………………………205
破封 …………………………………137
バランス照明 …………………………56
波力発電 ……………………………188
パワーコンディショナー …………188
反響（エコー） ………………………71
ヒートアイランド ……………………95
ヒートブリッジ（熱橋現象） …………27
ヒートポンプ …………………119, 196
比エンタルピー ………………………31
日影曲線 ………………………………39
微気候 …………………………………84
比視感度 ………………………………49
非常用発電設備 ……………………114
必要換気量 ……………………………18
比熱 …………………………………27
表面結露 ………………………………32
負圧 …………………………………16
ファンコイルユニット方式（FCU）…107
風速増加率 ……………………………95
風力換気 ………………………………15
フォン〔phon〕 ………………………69
不快指数（DI） ………………………88
負荷率 ………………………………151
プサリ …………………………………54

不定常伝熱 ……………………………22
フラッシュバルブ …………………144
プルキンエ現象 ………………………62
粉末消火設備 ………………………163
平均演色評価数（Ra） ………………53
平均太陽時 ……………………………38
平均放射温度（MRT） ………………90
平衡含湿率（平衡含水率） ……………34
ペリメーターゾーン ………………104
変風量単一ダクト方式（VAV）………106
防煙垂れ壁 …………………………169
放水銃 ………………………………163
膨張水槽（タンク） …………………130
飽和空気 ………………………………30
保守率 ………………………………155
補色 …………………………………59
ホルムアルデヒド ……………………15
ポンプ直送方式 ……………………126

■ま

マスキング効果 ………………………82
マルチパッケージ方式 ……………109
マンセル表色系 ………………………60
水噴霧消火設備 ……………………163
無水小便器 …………………………145
無停電電源装置（UPS） ……………153
明順応 …………………………………49
明所視 …………………………………49
メッシュ法 …………………………166
面音源 …………………………………69
燃え代設計 …………………………164

■や

有効温度（ET） ………………………87
床騒音測定 ……………………………80
床吹出空調方式 ……………………109
予測不満足者率（PPD） ………………90
予測平均温冷感申告（PMV）…………90

■ら

ライトシェルフ ……………………194
ラドン …………………………………15
ラニーニャ現象 ………………………94
力率 …………………………………150
リバースリターン方式（逆還水方式）131
理論廃ガス量 …………………………15
隣棟間隔 ………………………………41
ループ通気方式 ……………………140
ルームエアコン方式 ………………109
冷却除湿方式 ………………………110
冷却塔（クーリングタワー） ………116
連結送水管設備 ……………………160
籠城区画 ……………………………165
露点温度 ………………………………30

おわりに

　本書は、筆者が長年にわたり、日本と韓国の建築系大学や専門学校で「建築環境工学」と「建築設備」を教えてきた講義録や研究経験をベースにした、建築専門テキストであります。

　先に両国で出版された『基礎講座 建築環境工学』『図説やさしい建築設備』（いずれも共著）とは違う、新たな内容で、3分野を一つにまとめました。出版にあたっては学芸出版社のご厚意をいただき、中木保代様、山口智子様には大変お世話になりました。

　この本を通して、日韓教育技術の友好交流に尽力され、両国の建築環境・設備を志す方々が建築教育発展に寄与されることを祈念しています。専門教科書を執筆することは非常に孤独な作業でありましたが、常に使命感をもち、忍耐と努力で刊行することができました。最後になりますが、今まで応援してくださった方々、そして家族に、お礼を申し上げます。

2022年6月　　朴 賛弼

参考文献

・日本建築学会編『建築設計資料集成1 環境』丸善、1978
・石福昭ほか『大学課程建築設備』オーム社、1988
・山田由紀子『建築環境工学』培風館、1989
・彰国社『建築大辞典 第2版』1993
・出和生・田尻陸夫『建築コース建築設備テキスト』1996
・健康をつくる住環境編集委員会『健康をつくる住環境』井上書院、1998
・吉村武ほか『絵とき建築設備』Ohmsha、2001
・日本建築学会編『建築と都市の緑化計画』彰国社、2002
・加藤信介ほか『図説テキスト建築環境工学』彰国社、2002
・小笠原祥五ほか『建築設備第三版』市ヶ谷出版社、2002
・〈建築のテキスト〉編集委員会編『初めての建築設備』学芸出版社、2003
・福田健策・高梨亮子『専門士課程建築計画』学芸出版社、2004
・図解住居学編集委員会編『図解住居学5 住まいの環境』彰国社、2004
・「建築の設備」入門編集委員会編著『建築の設備入門』彰国社、2005
・倉渕隆『初心者の建築講座 建築環境工学』市ヶ谷出版社、2006
・田中俊六ほか『最新建築環境工学』井上書院、2006
・環境工学教科書研究会編著『環境工学教科書』彰国社、2006
・今村仁美・田中美都『図説やさしい建築環境』学芸出版社、2009
・堀越哲美ほか『〈建築学テキスト〉建築環境工学』学芸出版社、2009
・宇田川光弘ほか『建築環境工学』朝倉書店、2009
・大塚雅之『初学者の建築講座 建築設備』市ヶ谷出版社、2011
・朴賛弼『ソウル清渓川再生』鹿島出版会、2012年
・〈建築のテキスト〉編集委員会編『初めての建築環境』学芸出版社、2014
・伏見建・朴賛弼『図説やさしい建築設備』学芸出版社、2017
・三浦昌生『基礎力が身につく建築環境工学』森北出版株式会社、2018
・検定公式テキスト『家庭の省エネエキスパート検定改訂6版』省エネルギーセンター、2018
・朴賛弼・伏見建『基礎講座 建築環境工学』学芸出版社、2020
・朴賛弼『日本の風土と景観－西部地方扁－』技文堂、2020
・朴賛弼『日本の風土と景観－東部地方扁－』技文堂、2021

著者略歴

朴 賛弼（パク チャンピル）
法政大学デザイン工学部建築学科専任教員、環境研究者、（一社）日本民俗建築学会理事
ソウル生まれ。国費留学生（日本文部省）
法政大学建築学科博士課程終了、工学博士
専門は建築計画、環境・設備、民俗建築
教授・講師歴：漢陽大学校工科大学建築学部元兼任教授、韓国 KAYWON 芸術大学空間演出学科元招聘教授、東京工学院専門学校、東京テクニカルカレッジ、武蔵野美術大学、法政大学工学部建築学科（非常勤講師）
職歴：公信建築研究所（韓国）
受賞：日本民俗建築学会竹内芳太郎賞（優秀論文賞）、大韓建築学会著作賞、武蔵野美術大学建築学科長尾重武賞、日本民俗建築学会奨励賞ほか
著書：『清渓川再生ソウルの挑戦―歴史と環境への復活』鹿島出版会、技文堂（日韓同時出版）、『SEOUL CHEONG GYE CHEON STREAM RESTORATION』（英語版）Kimoondang、『日本の風土と景観―西部地方編』技文堂、『日本の風土と景観―東部地方編』技文堂、『韓屋と伝統集落』法政大学出版局（以上単著）、『よみがえる古民家』柏書房、『基礎講座 建築環境工学』学芸出版社、『図説やさしい建築設備』学芸出版社、『絵で見る建築設備』技文堂、『絵で見る建築環境工学』技文堂（以上共著）、『民俗建築大事典』柏書房（編集委員、分担執筆）、『屋根、床の温熱環境に関する研究』ほか論文多数

入門テキスト 建築環境・設備

2022 年 7 月 15 日　第 1 版第 1 刷発行

著　者………朴 賛弼

発行者………井口夏実

発行所………株式会社学芸出版社
　　　　　　〒 600 - 8216
　　　　　　京都市下京区木津屋橋通西洞院東入
　　　　　　電話 075 - 343 - 0811
　　　　　　http://www.gakugei-pub.jp/
　　　　　　E-mail:info@gakugei-pub.jp

編集担当……中木保代・山口智子・真下享子

装　丁………KOTO DESIGN Inc. 山本剛史

印　刷………創栄図書印刷

製　本………新生製本

基礎講座 建築環境工学

朴 賛弼・伏見 建 著

B5 変判・200 頁・本体 2800 円＋税

空気・熱・光・音のほか建築・都市環境について、身近な自然現象から建築計画への応用まで、環境工学の基本を学ぶ。カラー・2色刷の図・写真、コラムを多数掲載し、必要な数値や情報は表やグラフにまとめた、わかりやすく読みやすい入門教科書。建築士試験のキーワードを網羅、章末の練習問題で習得度もチェックできる。

基礎講座 建築設備

金政秀 編著／山本佳嗣・樋口佳樹・伊藤浩士・韋宇銘・中野淳太 著

B5 変判・204 頁・本体 2800 円＋税

建築設備の全体像を二色刷りのイラスト・図表360点以上を用いて解説。「なぜこうなる？」「どこがどうなっている？」の疑問に丁寧に応えた。実務者と研究者の共同執筆により、給排水衛生・空調・電気の基本3分野を現場に即しバランス良く押さえた。二級建築士試験キーワードを網羅、章末の練習問題で習得度もチェックできる。

図説 やさしい建築環境

辻原万規彦 監修／今村仁美・田中美都 著

B5 変判・144 頁・本体 2800 円＋税

難しいという印象がある、光、温熱、空気、音、地球の『建築環境工学』分野。イラストを多用して、内容をイメージからつかめるように構成したテキスト誕生。環境分野を身近に捉え、基本が確実に理解できるよう工夫した。建築士受験レベルにも対応させ、重要ポイントは青刷やゴシック体で強調、章末にはまとめ問題を付けた。

図説 やさしい建築設備

伏見 建・朴 賛弼 著

B5 変判・208 頁・本体 2800 円＋税

建築設備は表面に現れないことが多いのでイメージしづらく関心を持ちにくい。本書では一目でわかるように設備のしくみを図解し現場写真を多数掲載。項目ごとの簡潔な解説により初学者でもわかりやすい構成となっている。また実務でも使える簡単な計算問題や設備図面、建築士等の試験対策問題も掲載。設備の入門書として最適。

改訂版 初めての建築環境

〈建築のテキスト〉編集委員会 編

B5 判・192 頁・本体 2800 円＋税

実績ある初学者向け定番教科書をいっそう親しみやすくなるよう改訂した。建築物をとりまく自然環境と都市環境の基本的な要素と、快適な室内環境をつくりだすために必要な方法をわかりやすく説いた。本文は簡潔な表現を旨とし、図版を多用して対応させ、基礎から体系的に学びたい初学者にも役立ち、楽しく学べるよう配慮した。

学 芸 出 版 社 ｜ Gakugei Shuppansha

📄 図書目録
📄 セミナー情報
📄 電子書籍
📄 おすすめの 1 冊
📄 メルマガ申込
　　（新刊＆イベント案内）
📄 Twitter
📄 Facebook

建築・まちづくり・
コミュニティデザインの
ポータルサイト

✎ WEB GAKUGEI
www.gakugei-pub.jp/